WEHMEYER
KAPITÄN

Über das Buch

„Nimm uns mit, Kapitän, auf die Reise…" erzählt die Geschichte eines 1913 unter widrigen Umständen in das Wilhelminische Kaiserreich hineingeborenen Jungen, der nach der Schulzeit in den Zwanziger Jahren den Wunsch hatte, zur See zu fahren. Nach einer Ausbildungszeit auf dem Segelschulschiff „Padua" und sechs Kap Horn-Umrundungen fuhr er auf verschiedenen Schiffen als Matrose, machte seine Prüfung als Steuermann und erwarb das Kapitänspatent auf Großer Fahrt. Nach den Kriegsjahren, in denen er vor allem in der Norwegenfahrt als Schiffsoffizier seinen Dienst versah, begann er 1946 eine Tätigkeit als Beamter bei der Wasserschutzpolizei, die er 1950 zugunsten der wiederbeginnenden deutschen Seefahrt aufgab. Von 1953 bis zu seiner Pensionierung 1973 fuhr er für die Reederei Stinnes, bei der er schon seit den Dreißiger Jahren beschäftigt war, als Kapitän im Liniendienst und später in der Trampschifffahrt.

Das Buch erzählt nicht nur über Reisen in ferne Länder, sondern setzt sich auch mit den Problemen eines Seemannes, der an Land eine Familie versorgt, auseinander. Außerdem thematisiert es die Vereinsamung eines älter werdenden Kapitäns auf einem Schiff, auf dem alle anderen Mitarbeiten viele Jahre jünger sind. Erzählt wird das Leben des Kapitäns Ernst Wehmeyer von seinem Sohn Klaus, der alte Dokumente, Briefe und Tagebücher sowie Erzählungen von Verwandten und Zeitzeugen zu einer packenden Lebensgeschichte verarbeitet hat.

Über den Verfasser

Klaus Wehmeyer, Jahrgang 1947 wurde in Hamburg geboren. Er lernte zunächst Industriekaufmann und studierte später mit dem Studienfach Sport auf das Lehramt an Haupt- und Realschulen. Den Beruf des Lehrers übte er bis zur Pensionierung an Schulen in Hamburg und im Ausland aus. Seine schulischen Schwerpunkte bestanden in der Eingliederung von Migrantenkindern und in der Gestaltung von Outdoor-Aktivitäten wie Kanufahren und Schilaufen. Als Kind machte er viele Reisen auf den Schiffen seines Vaters, dadurch entstand das Interesse an der Seefahrt. Sein Berufswunsch, Kapitän zu werden, erfüllte sich jedoch nicht, da man bei ihm kurz vor Beginn der Seemannsschule eine Rot-Grün-Schwäche feststellte. Er unternahm jedoch als Schüler und Student etliche Fahrten als Messejunge sowie als Decksmann ohne Wachdienst in der Küstenschifffahrt und auf Großer Fahrt.

Klaus Wehmeyer lebt in Hamburg.

Nimm uns mit, Kapitän, auf die Reise...

Erinnerungen an den Seemann, Kapitän,

Ehemann und Vater

Ernst Wehmeyer

*1913   †1995

Aufgezeichnet

von

Klaus Wehmeyer

Impressum:

© Books on Demand GmbH, 2021

ISBN: 978 3 755 70057 9

Umschlagentwurf: Klaus Wehmeyer, nach einer Zeichnung des Grafikers und Passagiers auf M/S. Niedersachsen J.F. Entelmann 1955 (Geschenk zum 42. Geburtstag von E. Wehmeyer)

Herstellung und Verlag: BoD – Books on Demand, Norderstedt

Die gefährlichste Weltanschauung ist die Weltanschauung derer, die die Welt nie angeschaut haben.

(Wird Alexander v. Humboldt zugeschrieben)

Zum Gedenken an unsere Eltern

Ernst und Irmgard Wehmeyer

Inhaltsverzeichnis

Vorwort

2002, nach dem Tod unserer Mutter, übernahm ich einen Karton mit etlichen Unterlagen aus der Seefahrtszeit meines Vaters, u.a. seine Seefahrtsbücher, seine Tagebücher, in denen er so gut wie nie Gefühle niederschrieb, aber präzise Daten wie in einem Logbuch, viele Fotos, Teile der Familiengeschichte unserer Großeltern, Zeugnisse usw. Dieser Karton lag jetzt fast 19 Jahre im oberen Regal eines Schrankes bei mir zu Hause. Die Corona-Zeiten 2020 und 2021 erzwangen es, dass ich durchgehend zu Hause war und in meinen Schränken Ordnung schaffen wollte. Ich sprach mit meiner Schwester darüber, und sie kam mit einem weiteren Karton zu mir: Alle Briefe meines Vaters an unsere Mutter aus den Jahren 1961 bis 1973, feinsäuberlich sortiert und nach Reisen mit nicht mehr elastischen Gummibändern umspannt. Ich begann mich in all diesen Schätzen aus unserer Familienvergangenheit festzulesen und merkte, dass ich auch ein Großteil meines Lebens vor mir hatte. So entstand mein Plan: Über das Leben meines Vaters weiter zu forschen, weitere Quellen zu finden und anschließend die Geschichte eines Seemannes im 20. Jahrhundert niederzuschreiben.

Die meisten beschriebenen Erlebnisse sind authentisch und durch Dokumente belegt, aber vieles stammt auch aus Erzählungen der Großeltern und anderer Verwandter. Meine Geschwister habe ich immer wieder Korrektur lesen lassen und sie um Berichtigungen gebeten, viele Dinge konnte ich in dem Gehirn unserer Zeit, dem Internet finden. Es ist mir gelungen, Kontakt zu noch lebenden Kollegen meines Vaters zu finden und deren Erinnerungen aufzunehmen.

Aber manchmal musste ich auch Zeiträume überbrücken und karge Aufzeichnungen ausschmücken, deshalb gehe ich davon aus, dass auch Daten und Namen durcheinandergebracht wurden und nicht alles zu 100 % der Wahrheit entspricht, aber so könnte es schließlich gewesen sein…

Ich habe davon abgesehen, Karten über die Reisen einzufügen, ebenso wurden die besonders im Teil II (Segelschifffahrt) auftauchenden seemännischen Fachausdrücke nicht explizit erläutert. Für beides kann beim Lesen das Smartphone zur Hand genommen werden, auf dem man schnell die einzelnen Fahrten und Orte sowie die Fachausdrücke „googeln" kann. Wer sich für die genannten Lieder interessiert, kann mit seinem Smartphone die entsprechenden QR-Codes lesen und dann die dazu gehörigen Stücke über YouTube hören.

Die vier Monate Recherche und Textarbeit haben mir etwas Wunderbares ermöglicht: Ich habe meinen Vater kennengelernt. In seiner ganzen Persönlichkeit. Mit all seinen Widersprüchen. Doch nicht nur ihn, auch meine Rolle als Kind eines Seemannes, aufgewachsen in einer „getrennt" lebenden Familie sowie die unserer Mutter konnte ich auf einmal verstehen und vieles in unserem Leben nachvollziehen.

Und besonders dieses Leben einer Seemannsfrau und so gut wie alleinerziehenden Mutter, die alle Entscheidungen, die in anderen Beziehungen eines Partners bedürfen, treffen musste, hat mir vor Augen geführt, dass wir durchaus in „schwierigen" Familienverhältnissen aufgewachsen sind.

Seefahrt hat sich in der heutigen Zeit völlig verändert. Aber Ernst Wehmeyer gehört zu der Seeleute-Generation, die die ganz harten, aber auch die romantischen Seiten der „Christlichen Seefahrt" er- und gelebt hat. Und ich bin froh, dass ich jetzt, mit 74 Jahren, selbst diese spannenden Epochen als Chronist erleben durfte.

Danke, „Kapitän" Opa Ernst, danke, „Commander in Chief" Oma Irmgard!

Klaus Wehmeyer, 01.10.2021

Teil I

1913 – 1929

Familie, Kindheit, Jugend

- Bremerhaven 1912 – 1914

- Der Weltkrieg 1914 – 1918

- Die frühe Republik 1919 – 1923

- Kindheit und Jugend in Harburg 1924 – 1930

- Erste Erfahrungen in der Seefahrt 1929

Bremerhaven, 1912 - 1914

In der zusammenwachsenden, aufstrebenden Stadt, die neben dem bremischen Bremerhaven zu dieser Zeit noch aus den preußischen Gemeinden *Lehe* und *Geestemünde* besteht, hat sich in den Jahren nach der Jahrhundertwende durch die maritime Aufrüstung des deutschen Kaiserreiches ein wichtiger Flottenstützpunkt für die Kriegsmarine etabliert. In den „besseren" Vierteln von *Geestemünde* haben viele Marineoffiziere für sich und ihre Familien ein Zuhause geschaffen, so auch Korvettenkapitän von Stupnitz, der dort mit seiner Familie eine Villa im Wilhelminischen Stil mit großem Garten bezogen hat. Von Stupnitz hat zurzeit kein Kommando auf einem Schiff, er ist mit für den Aufbau des Marinestützpunktes am Eingang der Weser zur Nordsee zuständig. Er fährt fast jeden Morgen mit einer Droschke zum Dienst und kommt in der Regel auch jeden Abend nach Hause, manchmal auch schon für einige Stunden während des Tages. Auf seinen Fahrten nach Hause wird er oft begleitet von seinem Burschen, dem 21-jährigen Matrosen August Wehmeyer, seit Mitte 1912 zur Verfügung des Korvettenkapitäns abkommandiert. Dieser muss ihm gelegentlich die Tasche mit Akten tragen oder diese von der Standortverwaltung holen, oft muss er auf Stupnitz warten, ihm den Wagenschlag der Droschke bei der Ankunft und Abfahrt geöffnet halten, und er darf bei der Fahrt dann beim Kutscher auf dem Bock sitzen. Von Stupnitz schätzt seinen Burschen, er ist hilfsbereit, freundlich, aber respektvoll, auch zu seiner Familie und den Bediensteten in seinem Haushalt.

So lädt der Marineoffizier den Matrosen August Wehmeyer während der Wartezeiten in den Gesinderaum seines Hauses ein, wo sich auch die guten Geister des Hauses aufhalten. Die Köchin versorgt ihn mit warmem Essen und er fachsimpelt mit dem Gärtner über Landwirtschaft, von der er etwas versteht, weil er nach seiner vierjährigen Grundschulzeit in Kehdingen an der Elbe und dem frühen Unfalltod seines Vaters bei Bauern auf dem Feld arbeiten musste, um die Mutter und die jüngeren der 11 Geschwister durchzubringen. August ist immer gut gelaunt, er sieht in seiner schmucken Matrosen-Uniform beeindruckend aus, er kennt viele Lieder, die er mit seinem tiefen Bariton zum Besten gibt, so dass sich die dort Anwesenden immer freuen, wenn er ihnen Gesellschaft leisten darf. Schon nach kurzer Zeit wartet besonders die fast 18-jährige Haushaltshilfe Elisabeth Grunwald auf ihn, sie hat wahrgenommen, dass August sie immer mit besonders netten Worten begrüßt und mit seinem freundlichen Blick den ihren zu kreuzen versucht. Elisabeth, von August liebevoll „Lieschen" genannt (wobei er es einsilbig als „sch" ausspricht und nicht die Silben hinter dem „s" trennt), war von ihrem Vater, dem Schuhmachermeister und Sargträger Julius Grunewald aus *Lehe*, in Stellung gegeben worden, weil er dann einen Esser weniger zu Hause am Tisch hatte und sie sich so gut auf die Aufgaben und Pflichten als zukünftige Ehefrau vorbereiten konnte.

Lieschen zeigt August gelegentlich auch den Garten der Herrschaften. An lauschigen, noch warmen Herbstabenden des Jahres 1912 verabreden sich gelegentlich beide dann auch, um die Gelegenheit wahrzunehmen, im Gartenhaus. Und eine dieser Wahrnehmungen der Gelegenheiten in der letzten Septemberwoche des Jahres 1912 bleibt nicht ohne Folgen: Lieschen wird nicht vom September, aber von August schwanger. Sie versucht es zunächst geheim zu halten, zieht dann aber doch den Mann, dem sie sich hingegeben hat, ins Vertrauen. August zieht daraufhin ein frisches Päckchen seiner Matrosenuniform an, bürstet diese und in sein schon leicht schütteres Haar Pomade und geht nach *Lehe* zum Schuhmachermeister Julius Grunwald, um ihn um die Hand seiner gerade 18-jährigen, aber noch minderjährigen Tochter Elisabeth zu bitten. Julius, der schon von der Schwangerschaft seiner ältesten Tochter erfahren hatte, ist empört. Nicht nur, dass seine Tochter von diesem ehrlosen Matrosen ehelos geschwängert wurde, nein, noch schlimmer empfindet er die Tatsache, dass dieser Protestant ist, während er der ehrenwerten katholischen Gemeinde von *Lehe* angehört. Er verweist ihn des Hauses und verbietet seiner Tochter jeglichen Kontakt mit diesem anstandslosen Menschen, der Schimpf und Schande über seine Familie gebracht hat. Im Hause des von Stupnitz hat sich diese peinliche Affäre bereits herumgesprochen: Frau von Stupnitz kündigt der Bediensteten Elisabeth Grunwald fristlos, August wird zwar nicht degradiert, aber für ihn ist von jetzt an eine andere Verwendung an einem anderen Ort innerhalb der kaiserlichen Marine vorgesehen.

Julius Grunewald kann diese „Schande" nicht aushalten: Er schickt seine schwangere Tochter im Frühjahr 1913 zu Verwandten nach *Oldenburg* in *Oldenburg*, wo sie niederkommen soll.

August, der inzwischen auf der gerade vom Britischen Empire gegen Sansibar zurückgetauschten Nordseeinsel *Helgoland* Dienst versehen muss, hält jedoch heimlichen Kontakt zu seiner Lieschen und nutzt jede Gelegenheit, aufs Festland zu fahren und sie zu besuchen.

Lieschen und August 1916 in Hamburg-Eimsbüttel

Am 30. Juni 1913 wird das Kind dieser Liaison in Oldenburg geboren: Es ist ein Junge, er erhält den Namen Ernst Julius und heißt laut Geburtsurkunde mit Nachnamen zunächst Grunwald. Schon am 4. Juli wird er in Oldenburg römisch-katholisch getauft.

Augusts Besuche bei seiner Lieschen bleiben auch jetzt nicht ohne Folgen: Ende November 1913 beginnt unter ihrem Herzen ein zweites Kind zu wachsen.

August Wehmeyers Dienstzeit bei der Marine läuft am 7. April 1914 aus, ohne Fehl und Tadel, wie ihm in den Entlassungspapieren bestätigt wird. Er geht wieder nach *Hamburg*, wo er bereits von 1907/1908 eine Ausbildung als Schiffer machte und anschließend bis zu seiner Einberufung Anfang 1912 auf Dampfschleppern arbeitete, mietet eine familiengerechte Wohnung in *Hamburg-Eimsbüttel*, sucht und findet einen sicheren Arbeitsplatz auf einem Schlepper als stellvertretender Schiffsführer, fährt nach *Lehe* und ringt dem Schuhmacher Julius Grunwald in Anbetracht des erwarteten zweites Kindes die Erlaubnis ab, Elisabeth zu heiraten. Dies geschieht unter Berücksichtigung von Lieschens anderen Umständen am 2.8.1914 in einer kargen Zeremonie in *Hamburg*. August erkennt die Vaterschaft seines Sohnes Ernst an, so dass dieser jetzt auch den

14

Familiennamen „Wehmeyer" trägt. Am 26. August kommt in Hamburg – wo die Familie seit der Hochzeit gemeinsam lebt – das zweite Kind der frisch Vermählten zur Welt, Anneliese Wehmeyer.

Der Weltkrieg 1914 - 1918

Inzwischen bricht am 28. Juli 1914 nach dem Attentat von *Sarajewo* der Weltkrieg aus. Die Arbeit von August Wehmeyer im Hamburger Hafen ist jedoch „kriegsnotwendig", und so wird er für „unabkömmlich" erklärt und nicht zum Kriegsdienst einberufen. Kurz nach dem Ende des Weltkrieges wird er jedoch auf einem Minensuchboot verpflichtet, um die Elbmündung von Seeminen zu befreien.

Die ersten Kriegsjahre werden als nicht so schlimm wie in anderen Familien wahrgenommen: der Ernährer kommt jeden Tag von der Arbeit nach Hause, seine Heuer ist so gut, dass die Familie keinen materiellen Mangel erleiden muss, und als in den Wintern 16/17/18 die Versorgungslage immer schlechter wird, findet August im Hafen Möglichkeiten, etwas zu „organisieren". Es besteht auch Kontakt zu den Familien der jungen Eltern. Man fährt ins *Kehdinger Land* elbabwärts bei *Stade*, dem Geburtsort von August, dort leben viele Verwandte, die Landwirtschaft betreiben, bei denen man wohnen kann, wo die Kinder Ernst und Anneliese Spielkameraden haben. Ernst freundet sich mit seinen Cousins Hannes, Theo und Guschi an. *Drochtersen* und das *Kehdinger Land* bieten viele Möglichkeiten für abenteuerliche Spiele, auch an der *Elbe*, wo man vom Deich die Schiffe nach *Hamburg* ziehen sieht. Auch die Beziehung nach *Lehe* ist wieder eingerenkt, August hat es verstanden, seinen Schwiegervater durch Ausstrahlung und Fleiß zu beeindrucken und für sich einzunehmen.

In der Mietswohnung im Arbeiterviertel Hamburg - Eimsbüttel führt Lieschen das Regiment, sie wacht darüber, dass ihr geselliger Ehemann nicht zu viel Geld mit Kollegen ausgibt, sie kocht, versorgt und erzieht die Kinder, näht selbst die Kleidung und liebt ihren Ehemann gerade und aufrichtig.

Die frühe Republik 1919 - 1923

Nach Kriegsende im Dezember 1918 kommt die Familie auch relativ gut durch die wirren Zeiten. August, seiner politischen Gesinnung nach eher kämpferischer Sozialdemokrat als militanter Kommunist, hält zwar mit seiner Meinung nicht hinter dem Berg, aber er lässt sich nicht zu Straßenkämpfen mit den Nationalen, Kaisertreuen und Braunen hinreißen.

1920 wird Ernst zu Ostern in die Grundschule *Lutterothstraße* eingeschult. Und im selben Jahr wird am 17. Juni ein drittes Kind geboren, Rudolf, genannt „Rudi". August hat inzwischen Arbeit als Schlepperführer in der Schifffahrtssparte des Multikonzerns von Hugo Stinnes gefunden. Dies ist 1922 mit einem Umzug ins preußische *Harburg* an der *Elbe* verbunden. Sie ziehen südlich der *Elbe* in eine geräumige Wohnung in der *Grumbrechtstraße 20*, nicht weit vom Harburger Seehafen II, in dem Augusts Schlepper seine Liegeposition hat.

Die galoppierende Inflation 1923 belastet alle Familien, täglich fängt Lieschen ihren August am Hafen ab, um die zum Schluss zweimal täglich ausgezahlte Heuer sofort wieder vor der nächsten Preiserhöhung in Lebensmittel umzusetzen. Doch August kann in dieser Inflationszeit seine finanzielle Situation erheblich verbessern. Einer seiner nach Amerika ausgewanderten Brüder, der in Brooklyn ein kleines Vermögen mit einem Einzelhandelsgeschäft erworben hat, schickt August 400 US-$, damit dieser eine Immobilie für ihn erwirbt. Er will sich nach dem Tod seiner Frau

Ernst, Rudi, Anneliese 1922

wieder in Deutschland niederlassen. August kauft zunächst auf seinen Namen ein Mietshaus auf St. Pauli für seinen Bruder, dieser schifft sich in New York ein, verstirbt jedoch kurz vor seiner Ankunft in Cuxhaven an Herzversagen. Der gerade erworbene Besitz fällt an August. Es gibt keine bessere Geldanlage zu dieser Zeit.

Kindheit und Jugend in Harburg 1924 -1930

Untertertia 1927

Ernst beendet seine Grundschulzeit in *Harburg* mit guten Noten und besteht 1924 die Aufnahmeprüfung zur Oberrealschule (dies entspricht dem heutigen Gymnasium). Vor ihm hatte noch keiner in der Familie eine höhere Schule besucht, aber beide Eltern wollen ihrem Ältesten, trotz hohen Schulgelds, die Chance geben. Sie hatten selbst nur eine Grund- bzw. Dorfschulausbildung im Kaiserreich genießen können, sie spüren den Wind in der neuen Republik, der flüstert, wie wichtig Bildung in dieser veränderten, schnelllebigen Zeit ist. Ernst ist ein guter Schüler in Mathematik, auch Fremdsprachen mag er, man fängt damals in der fünften Klasse mit Französisch an, Englisch wird erst ab Klasse 7 gelehrt. Seine Freizeit verbringt Ernst im Harburger Segelclub, einem „proletarischen" Arbeiterverein an den Süderelbbrücken, dort sind auch einige seiner Schulkameraden Vereinsmitglieder. Neben regelmäßiger seemännischer Ausbildung und Segelunterricht unterhält der Verein auch einen Kutter, mit dem in den Sommerferien längere Törns unternommen werden. Das Bootshaus ist für Ernst mit dem Fahrrad in wenigen Minuten zu erreichen, und es wird zu seinem Revier. Ernst soll auf Wunsch seiner Eltern auch auf musischem Gebiet gefördert werden, um 1924 kauft man für ihn eine

Geige, und er soll einmal die Woche zum Geigenunterricht. Den schwänzt er jedoch meistens, sehr zum Ärger seiner Mutter Lieschen.

Wichtig sind für Ernst und Anneliese das Zusammentreffen mit ihren Cousins aus *Drochtersen*. Man besucht sich dort oder auch in der Wohnung in *Harburg*.

Über Missetaten in der Schule ist wenig bekannt, auch seine Zeugnisse sind bis auf das Abgangszeugnis nicht auffindbar, aber Ernst durchläuft ohne Stolpern die Zwanziger-Schuljahre bis in die Untersekunda, die er 1930 mit der Obersekundareife abschließt (entspricht dem heutigen Realschulabschluss, 10. Klasse).

Untersekunda 1929 Oberrealschule Harburg, Ernst untere Reihe, Dritter von rechts

Über Geschichten mit Mädchen gibt es keine Informationen, in den Erzählungen später war es üblich, diese wichtigen Schritte zum Erwachsenenwerden zu verschweigen.

Erste Erfahrungen in der Seefahrt 1929

Für Ernst ist seit der Untertertia (8. Klasse) sein Berufsziel klar: Er will zur See fahren, um später einmal als Kapitän über die Weltmeere zu schippern. Der Beruf des Vaters, bei dem er häufig mit auf dessen Schlepper sein darf, wenn dieser ein Seeschiff auf den Haken nimmt, um es in den Hafen zu bringen, die Nähe zur *Elbe*, der Segelverein, die Törns mit dem Kutter, die Sehnsucht nach fremden Ländern, all dies wird ihm die Richtung gewiesen haben. Sein Vater August, der ja durchaus etwas von Schifffahrt versteht, warnt ihn vor den Entbehrungen dieses Berufs. 1929 in den Sommerferien lässt er Ernst eine Reise als *Moses* auf einem Kohlefrachter nach *England* machen. Er muss mit seinen gerade 16 Jahren auf diesem Törn etliche Sommerstürme abreiten, sich von der Crew schikanieren lassen, im Dreck wühlen und manchmal 15 Stunden am Tag schuften, aber als er wieder in Harburg ist und seine Eltern glauben, dass er völlig demoralisiert sei, sagt er gleich nach Verlassen des Dampfers mit noch wackeligen Beinen zu ihnen: *„Es bleibt dabei, ich will unbedingt zur See fahren!"*

August besteht darauf, dass sein Sohn eine exzellente seemännische Ausbildung bekommt. Er meldet ihn beim Verein Hamburger Rheder an, die einige Segler der Reederei Ferdinand Laeisz als Schulschiffe nutzen und den seemännischen Nachwuchs ausbilden. Es handelt sich um Frachtsegler, die überwiegend für die Salpeterfahrt nach Chile eingesetzt werden. Um Valparaiso zu erreichen, müssen sie das *Kap Horn* umrunden.

August unterschreibt für seinen Sohn einen Ausbildungsvertrag, er muss ein Entgelt von 500 Reichsmark für die erste Reise als Schiffsjunge (Moses) bezahlen, für den zweiten Törn als *„Jungmann"* reduziert sich dieser Betrag auf 250 Reichsmark.

Ernst soll auf der S. „Padua" seine Ausbildung erhalten. Es ist das neueste Schiff der *Flying P-Liner*, erst 1926 in Dienst gestellt. Die „Padua" ist eine „Viermastbark" (d.h., dass am letzten Mast, dem „Besanmast" das Segel in Längsschiffrichtung angeschlagen ist. Schiffe, auf denen am letzten Mast die Segel zwischen den Rahen getakelt sind, nennt man „Vollschiffe"). Die „Padua" hat eine Länge von 114,5 m ü.a. und eine Breite von 14 m, dabei hat sie vollbeladen bei einer Wasserverdrängung von 5805 t, einen Tiefgang von maximal 6,26 m und eine Masthöhe von 48 m. Die Segelfläche beträgt 3400 m², kann aber mit Stagsegeln auf 3800 m² erweitert werden. Sie gilt als ein sehr sicheres Schiff, das nach modernsten Maßstäben der Stahlbautechnik von der Werft Tecklenborg in *Wesermünde* (gehört seit 1938 zu *Bremerhaven*) auf Kiel gelegt wurde. Sie ist die letzte Bark in dieser Baureihe, ihre Schwesterschiffe sind die „Pamir", die „Passat" und die „Peking". 20 Jahre später, nach dem verlorenen II. Weltkrieg, wird die „Padua" für die russische Handelsmarine unter dem Namen „Kruzenstern" als Schul- und Passagierschiff für Segelromantiker über die Meere fahren und auch noch 2021 bei allen bedeutenden Sail-Events die Einlaufparade der letzten Großsegler anführen. Die „Pamir" soll zusammen mit der „Passat" die deutsche Schulschifftradition fortsetzen, sie sinkt jedoch im September 1957 in einem Orkan auf Höhe der Azoren. Dabei ertrinken 80 Seeleute, 6 werden gerettet. Die „Passat" wird nach diesem Unglück außer Dienst gestellt und liegt seitdem als Museums- und Übernachtungsschiff in Travemünde. Die „Peking" macht nach aufwändiger Restaurierung im August 2020 als neues Wahrzeichen und Bestandteil des Museums der Seefahrt in Hamburg fest. Bevor Ernst jedoch an Bord der „Padua" gehen kann, ist es allerdings Pflicht, an einem zweimonatigen Vorbereitungskurs an der Seemannsschule in

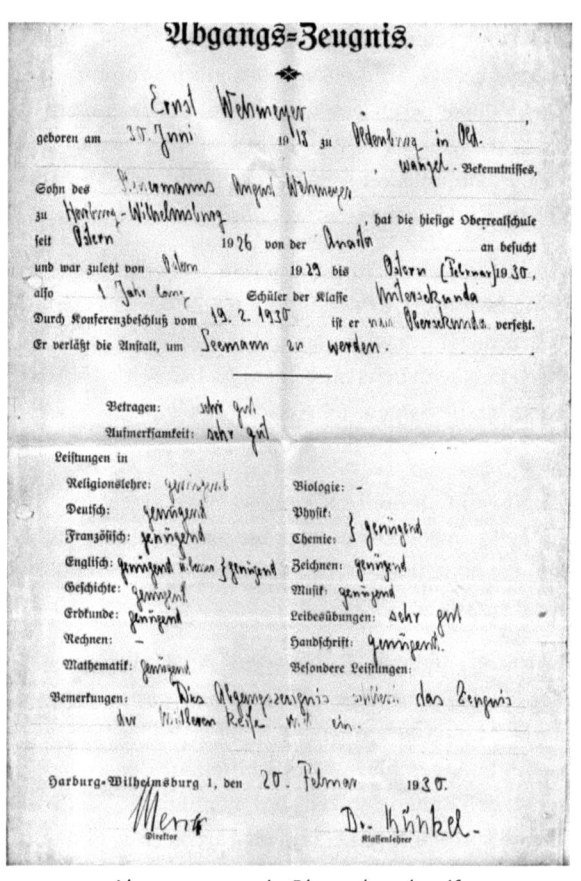

Abgangszeugnis Obersekundareife

Hamburg-Finkenwärder teilzunehmen. Die zukünftigen Schiffsjungen schlafen dort in Hängematten, müssen Uniform tragen, sie lernen die seemännischen

20

Fachausdrücke, Seemannsknoten, sie pullen mit kleinen Booten und segeln mit einem Kutter auf der *Elbe*. Sie haben nur selten Freizeit und ihnen wird klargemacht, was „Hierarchie" bedeutet. Sie werden getriezt, klein gemacht, *„so klein, dass sie mit Mütze unter einer geschlossenen Tür durchpassen, um dann langsam wieder größer zu werden"*, wie Ernst später dem Chronisten erzählen wird. Für diesen Lehrgang muss er seine Oberrealschule vor Abschluss unterbrechen, Vater August hatte es beim Direktor beantragt und genehmigt bekommen. Er bekommt das Zeugnis der Mittleren Reife, das „Einjährige" nach dem Lehrgang auf der Seemannsschule vorzeitig am 20. Februar, es ist ein durchschnittliches Zeugnis (die Note „genügend" entspricht in der heutigen Zeit „befriedigend") bis auf Betragen, Aufmerksamkeit und Leibesübungen, in denen Ernst die Note „sehr gut" erhält.

Teil II

Segelschiffzeit

- Ernsts erste Reise auf der „Padua" 1930

- Die zweite Reise auf der „Padua" 1930/31

- Die dritte Reise auf der „Padua"   1931/32

Anhang Segelschiffzeit:

- Geschichte der „Padua"

- Geschichte der Salpeterzeit

- Deutsche und das Salpetergeschäft

- Die Fahrt um Kap Horn

- Die Firma Laeisz

- Der gute Ruf und der Erfolg der P-Liner

Ernsts erste Reise auf der „Padua"

Das Segelschiff „Padua" liegt den Februar über in Hamburg. Es ist zum Teil Eisgang auf der Elbe, es müssen diverse Überholungsarbeiten durchgeführt

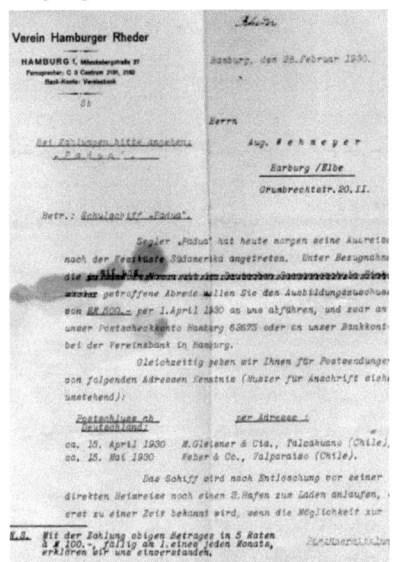

werden, die Ladung, die aus Stückgut und Baumaterial vor allem für *Valparaiso* in *Chile* besteht, muss übernommen und verstaut werden, ebenso der Proviant für einen Seetörn, dessen Dauer nicht vorhersehbar ist.

Die Besatzung besteht aus 70 Mann: Kapitän Piening, dem späteren Reedereiinspektor von Laeiz und einem der legendären Kap Horniers, vier Steuerleuten, je einem Bootsmann, Segelmacher, Zimmermann, Schlosser, Koch, Bäcker, Steward, 18 Matrosen und Leichtmatrosen (die Stammbesatzung an Deck), sowie 18 Jungmännern und 22 Jungen im „Zöglingsverhältnis". Mit an Bord genommen werden ebenfalls vier Ferkel, 15 Hühner, 12 Tauben und ein Hund. „Maschinisten" gibt es nicht, denn die „Padua" wird nur durch Wind angetrieben, auf Revierfahrt ist man auf Schleppboote angewiesen.

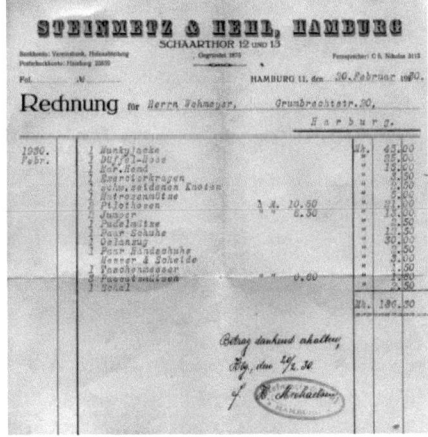

Laut Seefahrtsbuch mustert Ernst schon am 2. Februar 1930 an, tatsächlich ist er aber wohl erst am 21.2. an Bord. Am 20.2. bekommt er die vorgeschriebene Ausrüstung von Steinmetz & Hehl am Vorsetzen, August muss dafür neben dem Ausbildungsgeld von 500 Mark dafür nochmal 186,30 Mark für seinen Sohn investieren.

Am letzten Februartag des Jahres 1930 verlässt die „Padua" mit der Tide ihren Liegeplatz Richtung Nordsee, unterstützt von zwei Schleppern, die das Schiff bis kurz vor *Cuxhaven* ziehen, da der Wind zum Segeln ungünstig steht. August hat seine Frau Lieschen sowie Ernsts Geschwister Anneliese und Rudi an Bord seines Schleppers genommen und begleitet die „Padua" bis zur *Lühemündung*.

Schon nach dem Anmustern am 21.2. gibt es für die neuen Jungen Landgangverbot, sie haben unter Aufsicht des Bootsmanns und zweier Matrosen erste Borddienste zu erledigen und werden mit der Takelage vertraut gemacht, sie müssen die Namen und Funktion sämtlicher Tampen, Rollen und Blöcke kennen, müssen die Wanten schon mal ohne Schiffsbewegung und Segelanschlagen erklimmen, spüren die ersten Schikanen, all dies in der eisigen Kälte des norddeutschen Winters. Sie haben Ordnung in ihrem 10-Kojen-Logis zu halten, denn man schläft auf der „Padua" nicht mehr in Hängematten, sondern luxuriös in Kojen, allerdings schlecht belüftet in den unteren Decks des Achterschiffes. Die Hafenküche bietet eine gewisse Abwechslung, Brot und Zutaten sind noch frisch. Lebensmittelvorräte von Mutti zu Hause sind verboten, es würde die Moral untergraben, schrieb die Reederei schon auf dem Vorweg.

Und jetzt geht es die *Elbe* abwärts. Jeder der Jungen weiß, dass man für die nächsten Monate keinen festen Boden mehr unter den Füßen haben wird. Auch Ernst wird ein bisschen wehmütig, als er die ersten Seemeilen auf dem Elbrevier mal backbord, mal steuerbord den Schlepper seines Vaters auf Höhe sieht und seiner Familie ein letztes Mal zuwinkt. Aber auch besonders seiner Mutter Lieschen fällt dieser Abschied schwer. Sie drückt sich in die der „Padua" abgewandten Seite und vergießt still Tränen, ihre 15-jährige Tochter Anneliese nimmt sie in den Arm und tröstet sie. Als Augusts Schlepper sich bei *Lühesand* mit dem Hornsignal verabschiedet und wieder elbaufwärts dreht, fallen Schneeflocken, in denen die „Padua" entschwindet.

Bei *Cuxhaven* schmeißen die Schleppfahrzeuge die Leinen los, der Wind dreht auf Nordost und bei Feuerschiff Elbe I setzen die Stammbesatzung und die „erfahrenen" Jungmänner schon „volles Tuch".

Jeweils vier der Jungen sind den Wachen zugeordnet, die sich im 6-Stunden Rhythmus unter der Leitung eines Offiziers abwechseln. Bei guter Wetterlage kann der wachhabende Offizier auf die Wachgänger verzichten, das bedeutet, dass die Jungen am Tag dem normalen Borddienst zugeordnet sind.

Der „Alte", Kapitän Piening, hat kurz vor dem Auslaufen eine Rede an die neuen Jungen gehalten, über Mut, Disziplin und Durchhaltevermögen. Jetzt sieht man ihn manchmal über Deck gehen, zusammen mit dem „Ersten", manchmal mit dem Bootsmann, oder er macht seine Brückeninspektion. Ein persönliches Gespräch mit den Jungen führt er grundsätzlich nicht, das ist unter der Würde eines Segelschiffkapitäns.

In den Logis ist es kalt. Es gibt zwar einen Kohleofen, aber die Kohleration wird nur bei extremen Kältegraden zugeteilt, das ist jetzt nicht der Fall. Außerdem würde es die Luft verpesten und die Jungen nicht abhärten, so äußert sich einmal einer der Offiziere. Morgens um 6 Uhr ist Wecken, wenn man Wachgänger der 12 – 6 Wache ist, muss man direkt zum Dienst antreten.

In der Nordsee sind folgende Dienste zu erledigen: Das Schiff wird für den *Ärmelkanal* vorbereitet. Die Namen sämtlicher Taue müssen erlernt werden, sowie ihre Funktionen und Standorte. Die Jungen sind den Matrosen zugeteilt, sie müssen ihnen bei leichteren Arbeiten helfen und sich manchmal von ihnen schikanieren lassen.

Nach zwei Tagen ist der *Ärmelkanal* erreicht, es sind Temperaturen um Null Grad, an Steuerbord ist schwach der Kreidefelsen von *Dover* zu sehen, dessen weiße Farbe sich mit dem Dunst des Nieselregens vermischt. Es geht bei mäßigem achterlichem Wind durch den *Kanal*, in der *Biskaya* kommt auf die „Padua" die erste schwere See zu. Die Jungen sind inzwischen so weit, dass sie zum Segel setzen bzw. reffen eingesetzt werden, nicht bis zu den höchsten Rahen, da übernimmt noch die Stammbesatzung, aber zumindest für die Groß- und die Marssegel. Einige der Jungen werden seekrank, nicht jedoch Ernst, er ist durch seine Vorerfahrungen schon abgehärtet genug. Nach drei Tagen passiert die „Padua" *Cap Finisterre*, den westlichsten Punkt *Spaniens*. Die Temperaturen steigen langsam an, der Wind bleibt, kommt inzwischen aus West. Das Schiff macht mit 13 Knoten gute Fahrt und erreicht nach drei weiteren Tagen die Höhe der Straße von *Gibraltar*, der Einfahrt zum *Mittelmeer*. Inzwischen können die Jungen tagsüber ihre Troyer ausziehen, der bewölkte Himmel ist einem blauen gewichen. Die Neuen haben sich an die Bordroutine gewöhnt, noch nicht an die Eintönigkeit der Bordküche. Der Smutje hat verschiedene Essenspläne, einen für die Mitschiffsbesatzung, die Offiziere und den „Alten", Kapitän Piening, einem weiteren für die Achtergäste. Die von den mit den angemusterten Hühnern gelegten Eier erreichen nie die Mannschaftsmesse, die Schweine werden noch einige Wochen brauchen, bis sie schlachtreif sind, und die Tauben sind sowieso für die mittleren Dienstgrade wie Boots- und Zimmermann sowie Segelmacher, Schlosser und Steward gedacht. Nach zwei weiteren Tagen liegt an Backbordseite, aber nicht in Sichtweite, die Insel *Madeira*. Ernst und die anderen Jungen finden Seefahrt inzwischen als äußerst angenehm, die Temperaturen betragen um 20 °C, im Logis spürt man keine klamme Kälte mehr, und es brauchen bei gleichbleibendem Wind kaum Segelmanöver gefahren werden. Die Jungen dürfen das erste Mal auf die Rahen entern, an denen die Royalsegel angeschlagen sind. Sie müssen sich an die Höhe gewöhnen, nicht alle sind schwindelfrei, aber wenn sie oben, 45 m über dem Deck stehen und mit der „Padua"

„Padua" mit vollem Tuch

auf dem blauen Atlantik dahingleiten, die Gischt des Bugspriets und das Kielwasser weit unter sich wahrnehmen, dann schwillt ihre Brust, gefüllt mit Stolz und Überlegenheit, dann überkommt sie das Gefühl, dass es nichts Schöneres geben kann. Dann vergeht das Heimweh, der Gedanke an Zuhause, an Muttis Essen, an die erste zarte Liebe in der Heimat. Und dann kommen abends und in der Nacht auf der Brücke und Ruderwache oder auf der Freiwache an Deck Gespräche nicht nur mit Jungen gleichen Ranges im „Zöglingsverhältnis", sondern manchmal auch mit Matrosen der Stammbesatzung und sogar den Offizieren auf. Es werden Geschichten erzählt, von Südamerika, den Mädels in Chile, aber auch denen zu Hause, von Stürmen und Flauten, und man hat über sich nur die die Unendlichkeit des Firmaments.

Ernst hatte sich schon in seiner Schulzeit für Astronomie interessiert, jetzt kann er sein Wissen an seine staunenden Kollegen weitergeben, die ihrerseits ihre Fähigkeiten zum Besten geben. Einige können singen und musizieren, haben zum Teil ihre Schifferklaviere und andere Instrumente dabei, andere können zaubern oder jonglieren. So wird die Gemeinschaft immer enger und es entstehen Freundschaften, die in manchen Fällen Jahrzehnte halten.

Die Arbeit ist meist eintönig: Roststechen an der Reling, die Brassen müssen getrant, die Wanten, die Fußpferde und alles übrige Tauwerk muss geteert werden, die Jungen müssen sich als Backschafter abwechseln und das Messing an Bord jeden Tag putzen, und davon gibt es reichlich. Und natürlich hat jeder seinen Wachdienst. Dazu gehört schon seit dem Ärmelkanal zu den Pflichten für die Jungen, als Rudergänger einem Matrosen zu assistieren, den vorgegebenen Kompasskurs zu halten. Da es noch keine „Servo-Lenkung" gibt, ist dies je nach Strömung und Wetterlage Knochenarbeit. Normalerweise reichen zwei Rudergänger, den Kurs zu halten, bei Schlechtwetter werden jedoch an dem „Doppelsteuerrad" auf dem Achterdeck acht starke Arme benötigt.

Der gleichmäßige *Nord-Ost-Passat*, der in diesen Breiten beginnt, trägt die „Padua" an den *Kanaren* vorbei, sie liegen zum Teil in Sichtweite an der Backbordseite. Nun wird Kurs auf die *Kapverdischen Inseln* gehalten. Es sind drei weitere Tage genussvolle Seefahrt, nur die Qualität des Essens lässt immer mehr nach… langsam geht Frisches aus, die ersten Maden finden sich in der täglich ausgegebenen Ration Brot.

Bei der westlichsten Insel *Santo Antão*, dem „grünen Kap", wird der Kurs auf „Süd-West" geändert, bei den bestehenden Wetterbedingungen kein besonders aufwändiges Segelmanöver. Von jetzt an kann bei steuerbord achterlichem Wind des *NO-Passats* mit 13 Knoten der Atlantik in Richtung brasilianische Küste durchpflügt werden. Ernst erfährt von seinem Wachoffizier an Hand der Seekarte, dass die „Padua" Kurs auf die westlichste Stadt Amerikas genommen hat, deren Name in diesem Jahr 1930 von *Paraiba* in *João Pessoa* geändert wird. Nach 38 Tagen auf See wird der Äquator überquert, die Zeremonie der Äquatortaufe fällt dieses Mal aus, da es kurz zuvor einen Unfall an Bord gegeben hat. Ernst wird diese Tortur als Jungmann 10 Monate später auf seiner zweiten Padua-Reise nachholen müssen.

Der Kurs führt nicht ganz an die brasilianische Küste, der Kapitän wählt kurz vorher den Südkurs, um den unregelmäßigen Winden des *Malpassats* zu entgehen, und kommt erst auf Höhe von *Rio de Janeiro* in die Nähe des südamerikanischen Kontinents. Es ist noch immer die Zeit des Arbeitens in Badehosen, aber ganz langsam wird es wieder etwas kühler. Die Jungen schlafen zwar noch meist auf der Poop anstatt im stickigen und zu heißen 10-er-Logis, und die jetzt täglichen, tropenüblichen Regenfälle werden durchaus als Erfrischung wahrgenommen. Im *Süd-Ostpassat* hat die „Padua" keinen achterlichen Wind mehr, der weht jetzt in Richtung *Äquator*, es muss hier also gekreuzt werden, um den südlichen Kurs zu halten. Bald passiert die „Padua" die 23. Südliche Breite, den *Wendekreis des Steinbocks* und fährt damit wieder aus den Tropen heraus, in denen sie seit fast vier Wochen gesegelt ist. Die Schweine wurden in den ersten Wochen gut gefüttert und immer fetter, so dass das erste, das keinen Platz mehr in seinem Verschlag hat, bald nach Queren des Äquators geschlachtet wird. Es ist für die Crew, auch für die niederen Mannschaftsränge, ein Festessen, wenn es Frischfleisch gibt. Aber die besten Stücke gehen nach Mittschiffs in die Offiziersmesse, ebenso wie die mitgenommenen Hühner. Der Speiseplan stellt sich normalerweise als eintönig dar. Das selbstgebackene Brot enthält in den Tropen auf Grund des feuchtheißen Klimas Maden, die erstmal heraus gepult werden müssen. Die Margarine, von der ein großer Kanister auf der Back in der Messe steht, kann mit einer Kelle über das Brot geschüttet werden. Fleisch gibt es bis auf die Schlachttage in Form von Pökelfleisch, hier haben sich inzwischen auch die Maden niedergelassen. Käse ist aufgrund des Madenbefalls ungenießbar, selbst bei größtem Hunger geht er sofort über die Bordkante. Obst und Gemüse gibt es nur in Trockenform, Aprikosensuppe aus getrockneten Früchten ist eine schmackhafte Abwechslung, ebenso Milchsuppe aus Trockenpulver. Hülsenfrüchte sind vorhanden und sorgen für die notwendigen Proteine. Sauerkraut, in Fässern an Bord, sorgt ebenso wie Grünkohl aus großen Dosen für Vitamin C gegen Skorbut. Kartoffeln sind zwar noch an Bord, aber dauernd müssen die Keime entfernt werden, sie sind welk, voller Stellen und können nur noch zum zweimal in der Woche aufgetischtem Labskaus verwendet werden. Auch die Menge ist kaum ausreichend. So kommt es zwischen den Jungen oft zu Balgereien, und auch Ernst kriegt meist nicht genug ab und geht oft abends mit knurrendem Magen in seine Koje. Seine Lieblingsessen sind zum einen Stockfisch, eingesalzener, an der Sonne getrockneter Kabeljau, der in Holzkisten aufbewahrt wird und an den sich die Maden nicht rantrauen, zum anderen Reis mit Curry. Hier werden alle möglichen Speisen wie hart gekochte Eier, Ölsardinen aus der Dose, Rote Beete, Essiggurken, eventuell Fleisch sowie Reis miteinander vermengt und mit einer scharfen, gelben Currysoße getränkt.

Ein Problem wird zunehmend das Frischwasser. Je näher man dem *Äquator* kommt, desto fauliger schmeckt es. Es ist rationiert, zum Waschen gibt es nur eine kleine Ration. Wäsche waschen ist bei der Menge schier unmöglich, und mit Salzwasser geht es nicht, weil die Seife nicht aufschäumt und nach dem Trocknen immer ein Salzrand auf dem Tuch bleibt. Den Körper mit Salzwasser abspülen geht zwar, aber irgendwann fängt die Haut an zu jucken, weil die Poren mit Salz verstopft sind. Also freut man sich auf die zum Glück häufiger fallenden Tropenschauer, von denen man sich abspülen und erfrischen lassen kann. Und man kann das Frischwasser in Persennings auffangen und es dann zur Zeugwäsche nutzen.

Aber im Südatlantik zeigen sich auch immer wieder seine Bewohner. Die Jungen liegen in ihrer Freiwache im Klüverbaumnetz und beobachten die Delphine, die tagelang das Schiff begleiten und im Bugspriet spielen. Auch verschiedene Wale tauchen häufiger auf. Man sieht die Fontänen von Atemluft ablassenden riesigen Blauwalen, Pottwale kreuzen das Schiff, und manchmal begleitet eine Schule von Buckelwalen die „Padua". Aber spannend sind auch die Haie. In den Flautenzonen, den Kalmen, in denen die „Padua" kaum Fahrt macht und die Segel schlaff im Wind stehen, wird immer wieder „Haialarm" gerufen, wenn die verdächtige Dreiecksflossen auftauchen. Der Schlosser an Bord hat für solche Fälle schon große Haken geschmiedet, an die ein sehr großes Stück Salzfleisch (am besten voller Maden) aufgespießt wird. Dann lassen die Jungen diesen an einem langen Tampen befestigte Köder am Heck ins Wasser und ziehen ihn immer wieder bis zur Wasseroberfläche hinauf. Zuerst kommen kleine Fische und beschnuppern den Braten, es sind die Pilotfische des Hais. Dieser kreist um die Beute mehrere Male herum, um dann blitzschnell zuzuschnappen. Der Schlosserhaken bohrt sich in den Gaumen des Raubfisches. Die Haifischer stehen mit lauten Freudenrufen applaudierend an der Reling, gleichzeitig müssen alle am Tampen anpacken, um das zentnerschwere, circa 2,50 m lange um sich schlagende Tier bis zur Reling hochzuziehen. Dort warten schon der Bootsmann und ein zweiter erfahrener Haijäger mit einem weiteren Tampen, an dessen Ende sich eine Schlinge befindet, die um den Schwanz des zappelnden Tieres geworfen und zusammengezogen werden muss. Erst dann wird das riesige Tier über die Bordwand gehievt und aufs Deck gelegt. Die Tampen werden an Pollern befestigt, damit der Hai die Herumstehenden nicht durch

Schlagen mit der Schwanzflosse gefährdet. Der Bootsmann als Chef der Decks-mannschaft kommt jetzt, um der Trophäe den Todesstoß zu versetzen, aber bei den ersten beiden Versuchen gleitet das scharfe Bootsmannsmesser an der harten Haut ab. Es gelingt dann, den Bauch aufzuschneiden und Herz und Leber herauszuholen. Aber der Smutje steht nicht bereit, um sich die Haifischsteaks zu sichern. Diese Haiarten seien ungenießbar und nicht zum Verzehr geeignet, erzählt man den ob dieses Abenteuers aufgeregten Jungen. Der Hai hat eine gewaltige Lebenskraft, auch nach einer Stunde an Deck zuckt er noch. Mit besonders scharfen Werkzeugen trennt man den Kopf vom Rumpf und die Jungen brechen aus dem nun bewegungslosen Maul mit Zangen die scharfen, spitzen Zähne heraus, die an diesem Tier jetzt nicht mehr nachwachsen werden. Für Ernst sind diese Haifischzähne ein lebenslanges Andenken an seine erste Padua-Reise.

Dann wird der Schwanz des nun bewegungslosen Rumpfes vom Poller losgebunden und mit den Eingeweiden und dem Kopf über Bord geworfen. Die Jungen glauben, dass sie der Menschheit mit dieser grausamen Tat zur Ausrottung des „natürlichen Feindes des Seemanns" einen Gefallen getan haben. Dass sie damit ihren Beitrag zur Zerstörung des Gleichgewichts unserer Erde geleistet haben, ist ihnen zu diesem Zeitpunkt nicht bewusst.

Achtergäste mit Kielwasser, Ernst unten 2. v.r.

Weiter südlicher, in den Flauten der „*Ross-Breiten*" zwischen dem 30. und 40. Breitenkreis, haben die Jungen der „Padua" das erste Mal mit dem Albatros Kontakt, dem Vogel mit der größten Flügelspannweite auf dieser Erde. Er lebt nur auf der südlichen Halbkugel und wagt sich so gut wie nie über den Äquator. Die größten Brutkolonien der Albatrosse im Bereich des Südatlantiks befinden sich auf den Falklandinseln und auf Südgeorgien, die beide ca. auf dem 50. Südlichen Breitenkreis liegen. Er hat wegen seiner guten, kräftesparenden Segeleigenschaften einen ungeheuer großen Flugradius und beherrscht aus der Luft die Meere der Südhalbkugel. Er ist aber, wenn er auf einer festen Oberfläche, z.B. einem Schiffsdeck, landet, ein schwerer, unbeweglicher Vogel, der nicht von alleine wieder starten kann.

Die erfahrenen Matrosen lassen ein großes aufgekantetes dreieckiges Blech, an dem ein Köder befestigt ist, an einer langen Leine ins Kielwasser. Ein Albatros kommt angesegelt und geht in die Falle. Er kommt vom Blech nicht herunter und wird langsam aufs Achterdeck gezogen. Dort tapst er schwerfällig umher und lässt sich von den Jungen bestaunen. Er ist nicht aggressiv, aber ein wenig ängstlich. Die Jungen „vermessen" ihn mit dem Zollstock, der Vogel hat eine Flügelspannweite von 3,30 m.

Albatros gefangen

Einer der Offiziere meint zu wissen, dass es sich hier um einen Wanderalbatros handelt. Er wiegt ca. 6 kg, nicht viel für einen Vogel mit dieser Spannweite, denkt sich Ernst. Auf die Frage der Jungen, ob man aus ihm nicht einen „Gänsebraten" machen könne, antwortet der Smutje: *„Das ist Möwenfleisch. Das kriegt man selbst beim ärgsten Kohldampf nicht runter."* Ihr Albatros darf eine Nacht an Bord logieren. Am nächsten Tag aber haben einige Besatzungsmitglieder Mitleid. Sie heben den verängstigten Vogel auf die Reling an der Luvseite und schubsen ihn über die Bordkante. Er breitet seine Flügel aus, der leichte Wind von Vorn fängt sich an ihren Unterseiten, und es gelingt dem Vogel, Auftrieb zu bekommen und mit wenigen Flügelschlägen Höhe zu gewinnen. Wieder majestätisch dreinschauend, schwebt er einen Augenblick später über den Masten der „Padua" und entschwindet dann in südlicher Richtung mit einer Geschwindigkeit, die die Crew des in der Flaute dahindümpelnden Seglers neidisch werden lässt.

Die „Padua" passiert nach 60 Seetagen seit Auslaufen Hamburg den 35. Breitenkreis, die Höhe der *La Plata Mündung*, also *Buenos Aires* bzw. *Montevideo*. Es ist der 29. April 1930, deutscher Frühling, südamerikanischer Herbst. *Montevideo* liegt auf derselben Breite wie *Lissabon*, nur südlich, und es wird zunehmend kälter. Die Jungen, die die letzten Wochen tropische Badehosentemperaturen gewohnt waren, holen sich wieder ihre Troyer heraus, manche sogar ihre Jobben. Der *1 O* (Erster Offizier) gibt Anweisung, die warmen Bekleidungsstücke wegzulassen, er weiß, was in den nächsten Wochen auf sie zukommt. Jeden Tag ist der Sonnenaufgang später, der Sonnenuntergang früher, die Abendtemperatur kühler. Man nimmt sich im Logis wieder Decken, um die wenigen Stunden Schlaf, die einem bei den jetzt wieder häufigeren, auch nächtlichen Segelmanövern sowie den voll besetzten Wachen bleiben, nicht zu frieren.

Nach zwei weiteren Tagen hat die „Padua" den 40. Breitenkreis erreicht: es beginnen die *„Roaring Forties"*, die berüchtigte Westwindzone auf der südlichen Halbkugel, wo der Wind nicht durch Land unterbrochen ist, außer in Südamerika, und wo diese *Westwinddrift* dann mit noch mehr Gewalt um *Kap Horn* fegt. Die „Padua" will von Ost nach West das „Kap der Stürme" umrunden. Man versucht, zunächst halbwegs unter Land zu segeln, trotzdem werden die Bedingungen, auch durch das zunehmend kalte Wetter, immer schlechter. Man passiert die Einfahrt zur *Magellan-Straße*, lässt die *Falkland-inseln* 230 sm weiter östlich an Backbordseite liegen. Hier entlang der Küste *Patagoniens* macht die „Padua" bei gutem westlichem Wind auf klarem Südkurs für zwei Tage noch 13 kn

Schwere See in den Roaring Forties

Fahrt. Es ist inzwischen Anfang Mai, der Monat ist vergleichbar mit dem November auf der Nordhalbkugel. Die Breite entspricht in etwa der *Hamburgs*, 53°, nur südlich und ohne Einfluss des wärmenden *Golfstroms*. Der Sturm peitscht den Regen, der oft in Hagel übergeht, gegen die gerefften Segel, aber an Bord ist sowieso alles nass, weil ständig Brecher über das Schiff gehen. Die Ruderwache muss den südlichen Kurs halten, dafür ist ein erfahrener Matrose der Stammbesatzung verantwortlich, die drei anderen Rudergänger müssen auf seine Anweisung das Doppelsteuerrad bewegen. Der Smutje hat Schwierigkeiten, für die geforderte, frierende Crew noch ein warmes Essen zuzubereiten, oft fehlt selbst ein heißer Tee. Über Deck kann man nur gehen, wenn man sich mit einem Karabiner an den über Deck gespannten Trossen einhakt. Und immer wieder müssen Seeleute – und die Jungen sind inzwischen zu solchen geworden – die Wanten hoch, Beschädigungen ausbessern, klemmende Gordings gangbar machen, um vom Deck aus die Segel reffen zu können. Inzwischen ist man aus den *„Roaring Forties"* heraus, aber mitten in den *„Furious Fifties"*. Auch Ernst Wehmeyer zweifelt an diesen Tagen an seiner Berufung zum Seemann, aber er verzweifelt nicht. Nach der Durchfahrt der *Le Maire Straße* zwischen dem *Kap San Diego* am westlichsten Punkt *Feuerlands* und der *Isla de los Estados*, die Ernst und seine Kollegen wegen der schneebedeckten Berge an Steuerbord und der Brandung an der nahen Insel an Backbord beeindrucken, entschließt sich Kapitän Piening, nicht direkt das *Kap Horn* zu umrunden, sondern auf Südkurs in die *Drake-Straße* zu gehen und von dort in den *Pazifik* zu segeln. Dadurch kann er den Westwind zunächst von Steuerbordseite nutzen, nach dem Kurswechsel nach Norden hat er halbwegs gleichmäßigen Wind von Backbord. Es ist zwar ein Umweg von fast 1000 Seemeilen, es wird immer kälter, die Sicht wird häufig durch Schneetreiben behindert und auch Eisberge sind hier keine Seltenheit, aber es kann bei gleichmäßigem starkem Westwind ein klarer Kurs mit hoher Geschwindigkeit gesegelt werden. Die Wache bekommt auf dem Hochdeck jetzt immer einen Schnaps nach dem Befehl *„Besanschot an!"* eingeschenkt, um die Lebensgeister von Innen zu wecken, auch die Jungen sind hier nicht ausgenommen. Und alle wissen nach dem Kurswechsel im südlichen Eismeer, dass man jetzt dem Ende der Ausreise entgegensehen kann. Piening lässt weit hinein in den Pazifik steuern, er befindet sich ca. 500 Seemeilen westlich vor der chilenischen Küste auf Nordkurs. Es weht weiter ein starker, aber guter Segelwind aus Westen, langsam steigen die Temperaturen, an den kurzen sonnigen Tagen des südlichen Winters kann wieder Kleidung, Bettzeug, Decken und die Seele getrocknet werden, trotz der immer schlechteren Versorgung aus der Kombüse steigt die Laune an Bord. Man träumt sich schon zu chilenischen Mädchen, einige Jungmänner, die schon auf ihrer zweiten Reise sind, haben darüber berichtet. Fast alle der Jungen versuchen jetzt, ihre Zeugpäckchen mit aufgefangenen Regenwasser zu waschen, um in einigen Tagen landfein zu sein. Frischwasser ist kaum noch vorhanden und muss zum Trinken herhalten, obwohl auch im abgekochten Zustand der faulige Geschmack nicht zu verbergen ist. Irgendwann lässt der „Alte" den Kurs auf „Ost" setzen. Die Jungen haben vor seiner seemännischen Leistung höchsten Respekt bekommen, obwohl sie ihn an Bord im normalen Betrieb kaum gesehen haben und er nie ein Wort mit ihnen gewechselt hat. Aber bei Schlechtwetter ist er an Deck oder auf der Brücke, und wenn es sein muss, Tag und Nacht.

Dann kommt die Anweisung, das Schiff „einlauffertig" herzurichten und das Lade- bzw. Löschgeschirr vorzubereiten.

Am 16.5.1930 segelt die „Padua" am Vormittag in den Naturhafen von *Talcahuano* ein und wirft den Anker. Um an Land zu kommen, wird ein Kutter zu Wasser gelassen, für den Kapitän und die Offiziere steht immer eine schlanke Gig bereit mit sechs Ruderern bereit. Die Stadt liegt auf dem 36. südlichen Breitenkreis, vergleichbar wieder der Höhe von *Lissabon* auf der nördlichen Halbkugel. Ernst hat nach 77 Tagen auf See, fast drei Monaten, beim ersten Landgang wieder festen Boden unter den Füßen.

Häfen in *Chile*

Talcahuano ist ein kleines, miefiges Nest, der städtische Fortschritt der 30-er Jahre hat es noch nicht erreicht. Wenig Steinhäuser, kaum Autos auf den sandigen Straßen, aber die Elektrizität hat im Gegensatz zur „Padua" bereits ihren Einzug gehalten, auch eine Trambahn rattert durch die Straßen. Aber es ist auch ein wichtiger chilenischer Kriegshafen, überall begegnen den Jungen beim Landgang chilenische Marinesoldaten. Der Aufenthalt dauert hier 10 Tage. Landgang ist den Jungen nur jeden zweiten Tag erlaubt, und von dem „Taschengeld", das sie dafür ausbezahlt bekommen, ist nach drei Bier in einer Hafenbar auch nichts mehr übrig. In *Chile* gibt es fast überall deutsche Kolonien, und es gehört zum Ha-

Auf der Reede von San Antonio

fenprogramm auch in *Talcahuano*, dass die Besatzung, also auch die Jungen, zu einem Bankett eingeladen werden. Es gibt tolles Essen, Freigetränke, es spielt eine Blaskapelle zum Tanz auf......nur die Mädchen machen sich rar. Die meisten Siedler sollen ihre Töchter zu Hause gelassen haben, wie Ernst später an Bord erfährt, die Angst der Väter ist wohl zu groß, wenn sie auf die auch in dieser Hinsicht ausgehungerten Seeleute stoßen, und so wird aus den an Bord ausgemalten Träumen keine Realität. Aber er geht jeden zweiten Tag mit anderen Jungen, mit denen er an Bord Freundschaft geschlossen hat, zu zweit oder zu dritt durch die Straßen, das Einzige, was sie sich leisten, ist ein „Cerveza", das gehört zu seinen ersten spanischen Wörtern. *„Liebe kaufen"*, wie es sich die Matrosen und andere Dienstgrade von ihrer Heuer leisten können, kommt für Ernst und seine „Zöglingskollegen" nicht in Frage, wohl vor allem wegen ihrer finanziell angespannten Lage. Aber Ernst erhält an Bord Briefe, von seiner Mutter, seiner Schwester und auch von seinem kleinen Bruder. Und Vater August lässt grüßen, lange Briefe schreiben ist nicht seine Sache. Auch Ernst hatte an Bord häufig geschrieben, jetzt gibt er einen Stapel Briefe über die Schiffsleitung an die Agentur, in denen er über seine lange Fahrt berichtet. Aber auch diese Briefe brauchen bis Deutschland mindestens drei Wochen, das Luftpostsystem ist zwar im Aufbau, aber noch nicht voll einsatzfähig.

Von *Talcahuano* geht es in einem 20 Stunden -Törn bei gutem Südwestwind nordwärts nach *San Antonio*, einem kleinen Nest südlich von *Valparaiso*, wo das Schiff nach einer Nacht auf Reede in den Hafen geschleppt und anschließend vier Tage gelöscht wird. Der Landgang ist trostlos, kein Bankett, keine Mädchen, kaum Geld für ein „Cerveza" in der Hafenbar. Also nur auf und ab gehen entlang der Hauptstraße, dann rechtzeitig an Bord sein, um keinen Ärger mit dem Bootsmann und das nächste Mal Landgangsverbot zu bekommen. Ernst genießt es trotzdem, denn er ist in einem anderen Land, er trifft Menschen, auf die er neugierig ist, die eine ihm bisher unbekannte Sprache sprechen, die auch er gerne lernen möchte, er ist beeindruckt von der Landschaft, die ihm dies so weit von seiner Heimat entfernte Land bietet. Heimweh? Nein, das hat er nicht. Er ist gereift, seine Persönlichkeit hat sich entwickelt, auch wenn er oft schikaniert wurde, aber er wusste es vorher, und er meint, dies gehöre dazu, um aus einem Schiffsjungen einen Seemann zu machen. Und er hat Freunde, mit denen er reden kann, offen, über alles, was ihn und die anderen bewegt. Anders als mit seinem besten Schulfreund Walter Kutschbach (der ihm übrigens auch nach Chile geschrieben hat), der am liebsten auch mit Ernst nach der Obersekundareife die Schule verlassen hätte, um mit ihm zur See zu fahren, aber der jetzt weiter auf der Penne in *Harburg* dem Abitur entgegenstrebt.

Der nächste Hafen ist *Valparaiso*. Die „Padua" verlässt *San Antonio*, braucht für die kurze Seestrecke von weniger als 50 sm aber mehr als zwei Tage. In *Valparaiso* müssen sie zunächst zwei weitere Tage auf Reede vor Anker gehen, bevor sie in den Hafen geschleppt werden, um ihre Stückgutfracht zu löschen. Diese Arbeiten werden in der Regel von den chilenischen Hafenarbeitern, die von der Padua-Crew abschätzig als „Kanaken" bezeichnet werden, erledigt, gelegentlich muss jedoch auch die Besatzung ran, denn auch schon zurzeit der Windjammer gilt die Anweisung der Reeder, aus Kostengründen allzu lange Liegezeiten zu vermeiden.

Valparaiso ist der Lieblingshafen der P-Liner Crews. Es ist eine moderne, wohlhabende Stadt, nach *Santiago* die zweitgrößte des Landes, hat eine zeitgemäße Infrastruktur mit vielen Verkehrsmitteln wie Straßenbahnen und Omnibussen, viele Restaurants und Bars, Kulturleben und für die Seeleute, die Geld haben und ausgeben wollen, auch ein Rotlichtviertel, in dem sie ihre Wünsche und Triebe ausleben können. Und natürlich gibt es auch eine wohlhabende deutsche Kolonie, die Mitglieder der Besatzung – und dazu gehören auch die Jungen – zu Begegnungen einladen. Sie machen auch einen Gegenbesuch auf der „Padua", und unser Ernst gehört zu den privilegierten Jungen, die – in Uniform - die Töchter auf dem Schiff herumführen, ihnen alles zeigen, erklären und von Deutschland, der Heimat der Väter, erzählen dürfen.

Ernst versucht, sich mit einem der Mädchen zu einem Landgang zu verabreden, aber trotz sehnsüchtiger Blicke wird nichts aus einer weiteren Begegnung. Stattdessen zieht auch er mit seinen Kollegen am Abend zur Plaza, wo die schönsten Mädchen der Stadt zu zweit oder zu dritt in ihren hübschesten Kleidern promenieren und zeigen, dass sie noch zu haben sind…

Mädchen der Deutschen Schule Valparaiso

Fünf Tage dauert der Valparaiso-Aufenthalt, dann werden die Leinen losgeworfen und es geht in Ballast auf einen 1000 sm-Törn nordwärts nach *Iquique*, für den die „Padua" unter vollen Segeln mit Hilfe des *Südostpassats* und des nach Norden fließenden *Humboldt-Stromes* 5 Tage benötigt.

Es wird nach 3 Tagen der *Wendekreis des Steinbocks* (23° südliche Breiten) geschnitten, dann ist man wieder in den Tropen, aber die fühlen sich hier anders

Aufgegeite Segel vor Valparaiso

als auf der Ostseite Südamerikas. Bedingt durch die Kälte des *Humboldt-Stromes* kühlt sich die Luft ab und verringert die Niederschlagswahrscheinlichkeit an den Küsten, die feuchten Wolken dringen nicht über die *Kordilleren*, und so ist dieses Gebiet (man nennt es die *Atacama-Wüste*) oft für Jahrzehnte niederschlagsfrei.

Ernst wird am 30.6.30, einen Tag nach dem Einlaufen in *Iquique*, 17 Jahre alt – aber es wird nichts Besonderes daraus gemacht. Er verspricht seinen besten Freunden an Bord, mit ihnen in *Iquique* in einer Strandbar ein „Cerveza" zu trinken, viel mehr ist bei der monatlichen Heuer von 29 RM nicht möglich.

Die „Padua" liegt in *Iquique* auf Reede. Zunächst muss der Ballast gelöscht werden, dann auch noch der Wasserballast ins Meer gepumpt werden. Die Salpeterfracht wird von Zubringerkähnen, die längsseits festmachen, in Päckchen zu zwanzig Säcken zu je 60 kg aufs Schiff gehievt und dann in den Laderäumen verstaut. Bei dieser Arbeit müssen die Besatzungsmitglieder, besonders die „Zöglinge", die wenigen Hafenarbeiter unterstützen, denn Liegezeit und einheimische Gangs kosten Geld, die Reederei meint, auch bei einer Reisedauer von mindestens 200 Tagen sei dies ein erheblicher Kostenfaktor, und die Jungen kosten keine zusätzlichen Überstunden! Noch Jahrzehnte später erwähnt Ernst, den oft Rückenschmerzen plagen, diese Tortur.

„Salpeterfahrt" ist schon seit der Erfindung von Schießpulver, Dynamit und anderen Sprengstoffen ein einträgliches Geschäft. Besonders im Weltkrieg war der Import dieses kriegswichtigen Rohstoffes für viele auf der Welt eine gute Einnahmequelle, sowohl Freund und Feind mussten ja ihre Sprengladungen produzieren, um sich gegenseitig auszulöschen!

Aber auch zur Herstellung von Kunstdünger wird der Salpeter zunehmend verwendet. Abgebaut wird er im Tagebau in der *Atacama-Wüste,* diesem unwirtlichen Küstenstreifen in *Nordchile* und *Peru.* Die Salpeterbergwerke werden meist von deutschen Ingenieuren geleitet, wie Ernst und seine Kameraden bei einem von der Schiffsleitung und der Agentur organisierten Ausflug in die „Pampa" (das unwirtliche Wüstengebiet zwischen Küste und den Kordilleren) lernen. Sie fahren auf der Pritsche eines offenen Lastwagens auf einer kaum befestigten Schotterpiste ca. 75 km nach Osten. Dort liegen die Minen. Die einheimischen Arbeiter (auch hier wird zu dieser Zeit der abwertende Begriff „Kanaken" verwendet) wohnen in Wellblechhütten, die sich durch die erbarmungslos herabstrahlende Sonne am Tag auf ungefähr 55° C aufheizen – in der Nacht kann es dann gelegentlich Temperaturen nahe dem Gefrierpunkt geben. Die deutsche Minenleitung und ihre Familien – sofern diese es auf sich genommen hat, mitzureisen – wohnen in halbwegs komfortablen Steinhäusern. Aber im Gespräch mit den Crewmitgliedern der „Padua" erzählen sie, dass sie doch nach einigen Wochen einen Koller bekommen und für drei bis vier Tage in die Küstenstadt *Iquique* flüchten, wo sie sich allen möglichen anständigen und unanständigen Vergnügungen hingeben....

Für Ernst und die anderen Jungen gibt es kaum Vergnügungen. Es fehlt das Geld, sie sind zu müde von der Arbeit, und sie müssen fast eine halbe Stunde zum auf Reede liegenden Schiff pullen. Und das, obwohl *Iquique* eine schöne, wohlhabende und grüne Stadt ist, grün wohl deshalb, weil man Brunnen hat bohren können, die für eine künstliche Bewässerung sorgen.

Apropos Wasser. Seitdem die „Padua" *Talcahuano* angelaufen hat, steht immer genügend Frischwasser zur Verfügung. In jedem Hafen wird neu gebunkert, so dass es im letzten Monat keinen Mangel an Körper- und Zeugpflege gab. Ebenso ist es mit der Verpflegung: es gibt überall frisches Gemüse, frischen Fisch, frisches Fleisch, und natürlich Obst in allen Variationen. Diese gesunde Ernährung sorgt für ein Wiedererstarken der Mannschaft, und die Wärme dieser trockenen Tropenzone schafft nicht nur ein trockenes Logis und entmufft die Kleidung und Bettwäsche.

Das Beladen des Schiffes geht schnell vonstatten, der rot bemalte Unterwasseranstrich versinkt immer mehr im Meer. Das Schiff muss für die lange Reise nach *Europa* seefähig gemacht werden, denn früh genug werden wieder Stürme, Regen, Hagel, Schnee und Eisberge auf die „Padua" zukommen. Und am vorletzten Tag muss der Proviant übernommen werden. Kapitän und Koch haben eine Riesenbestellung aufgegeben, die jetzt in die Lagerräume verbracht wird. Auch viele Stangen Eis zur Kühlung werden in besonders isolierte Räume getragen, aber diese werden kaum bis Kap Horn vorhalten. Aber dort erwartet man im südamerikanischen Winter sowieso Kälte. Übrigens kommt auch neues Lebendvieh an Bord, drei Schweine und ein Dutzend Hühner, die dann auf dem zweiten Teil der Heimreise zum Verzehr kommen sollen.

Am 8. Juli ist es soweit. Das Schiff ist seeklar, die Anker werden gelichtet, die Segel gesetzt. Kapitän Piening lässt einen Süd-Süd-West-Kurs steuern, es geht nur ganz langsam voran, man befindet sich in den *Kalmen*, es weht kaum Wind, und wenn, aus der falschen Richtung.

Am 14.7. ist die „Padua" auf 29° südlicher Breite. Sie passieren in Sichtweite an Steuerbordseite die Inseln San Ambrosio und San Filiz. Sie macht keine Fahrt, es herrscht totale Flaute. In der Nacht zum 16.7. kommt Wind aus Nordwest auf, um 8 Uhr morgens (laut Eintragung im Logbuch) beträgt die Windstärke 6 Beaufort. Die Position ist 30° Süd/83° West. Das Barometer fällt immer weiter und der Wind nimmt zu, er entwickelt sich in Böen zum Sturm. Um 9.10 Uhr lässt Kapitän Piening die Royals wegnehmen und festlaschen. Um 9.35 Uhr kommt luvwärts eine dicke graue Regenbö auf. Die Wachen stehen klar bei den Bramfallen, um das Oberbramsegel unverzüglich einzuholen. Als dieses kaum zur Hälfte runter ist, setzt die Bö mit voller Sturmgewalt bei strömenden Regen ein, das Schiff legt sich hart nach Backbord über. Durch den plötzlichen ungeheuren Druck bricht das Lagerteil des großen Zahnrades der vorderen an Steuerbord befindlichen Brassenwinde. Dadurch wird die Sperrung frei, die Trommeln rollen ab, die Brassen lösen sich von den Endbefestigungen der Trommeln und mit einem fürchterlichen Ruck fliegen alle Vorrahen längsseits und schlagen in Lee gegen die Pardunen. Durch das Weglaufen der auf der Brasswinde befestigten Brassen werden die Bram- und Royalbrassen mit abgerissen. Die gewaltige Beanspruchung knickt die stählerne Vorbramstenge über dem Eselshaupt nach Backbord ab. Unter diesen Umständen muss das Schiff hart luven und nimmt dabei an Backbord eine See über, die das Schiff von der Back bis zur Poop unter Wasser setzt und alles, was nicht niet- und nagelfest ist mit sich fortreißt, sogar die schwere Signalkanone wird aus den Laschings gerissen. Als sich der Wasserschwall etwas verlaufen hat, wird dem Kapitän gemeldet, dass ein Matrose, der Vortoppsgast war, über Bord gespült worden sei. Kapitän Piening will die erforderlichen Maßnahmen zur Bergung des Seemannes einleiten, da kommt die zweite Hiobsbotschaft: der 3. Offizier Körner ruft vom Achterdeck, dass dort drei

Seeleute von der gewaltigen See über Bord gegangen seien. Es waren ein Schiffsjunge, ein Jungmann und ein Leichtmatrose. Die „Padua" wird, nachdem die Freiwache alle Segel bis auf das Unter- und Oberbram dichtgeeit hat, auf Befehl der Schiffsleitung gehalst. Von 10.05 bis 10.45 Uhr geht die „Padua" auf Gegenkurs rechtsweisend Nord 37° Ost. Acht Mann werden auf Ausguck verteilt um Ausschau nach den Verunglückten zu halten. Aber es besteht keine Aussicht, die Kameraden in der sturmgepeitschten See zu finden. Rettungsgürtel werden nicht geworfen, da die „Mann über Bord" Meldungen erst zwei bis drei Minuten nach den Unfällen gekommen sind, als die „Padua" noch 13 kn Fahrt macht. Nach vergeblichem Suchen wird wieder gehalst und die Fahrt fortgesetzt.

(Diese genaue Beschreibung ist den Protokollen des Seeamts Hamburg entnommen, das am 2. November 1930 diesen und einen weiteren Unfall auf der „Padua" verhandelt hat. Das Seeamt kommt zu der Überzeugung, dass die Schiffsleitung kein Verschulden trifft. Auch Ernst Wehmeyer wird in der Seeamtsverhandlung vernommen. Er bestätigt wie zwei andere Jungen, dass in der Takelage alles in Ordnung gewesen sei.)

Es ist Trauer und Betroffenheit an Bord, aber die Reise geht weiter. An Bord befindet sich zwar drahtlose Telegraphie, aber es handelt sich um einen Langwellensender, das Funken nach Europa geht über Landstationen auf dem südamerikanischen Kontinent, und Berichte kommen nur sehr bruchstückhaft bei der Inspektion der Reederei Laeisz in Hamburg an.

„Am 16. Juli ist es auf der „Padua" im Sturm zu einem Zwischenfall im Pazifik vor der chilenischen Küste gekommen. Mehrere Mitglieder der Decksbesatzung sind nach einem Bruch des Vormastes über Bord gespült worden und konnten auch nach eingehender Suche in der aufgewühlten See nicht gefunden werden. Es besteht die Möglichkeit, dass sich auch Ihr Sohn unter den Vermissten befindet. Wir werden Sie, sobald wir genauere Kenntnis der Umstände haben, sofort informieren.

Kapitän Petersen, Inspektor Reederei F. Laeisz"

Nach dem Unglück

Dieses Telegramm (sinngemäß aus Erinnerungsprotokollen niedergeschrieben) erhält August Wehmeyer und seine Frau Elisabeth am 18. Juli. Elisabeth bricht

41

in Tränen aus, sie vermutet ihren Sohn Ernst unter den über Bord gegangenen. Tage der Ungewissheit brechen für die Familie Wehmeyer in *Hamburg* an, bis am 9. August ein mit der Post versandter Brief vom Verein Hamburger Rheder im Briefkasten in der *Grumbrechtstraße 20* in *Harburg* liegt, den Elisabeth und August mit zitternden Händen öffnen. Er enthält folgenden Inhalt:

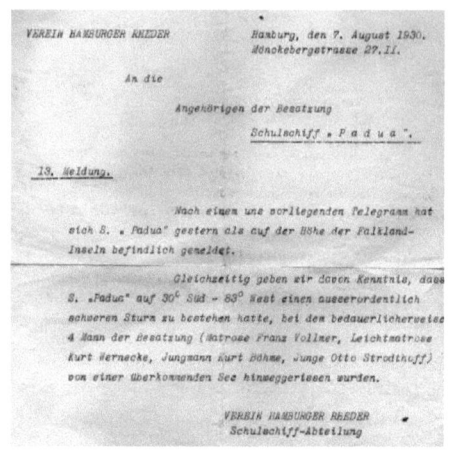

Elisabeth, August und die Kinder Anneliese und Rudolf vergießen Freudentränen darüber, dass ihr Sohn und großer Bruder lebt, aber das Unverständnis über die Herzlosigkeit dieses Schreibens bleibt bestehen. Kein Mitgefühl, keine Worte des Trostes und des Bedauerns, einfach nur Traurigkeit, vor allem bei Lieschen.

Doch nun zurück zum Pazifik, wo die „Padua" weiter Südkurs hält. Die Betroffenheit ist bei allen zu spüren, Traurigkeit und Angst besonders bei den Jungen und Jungmännern. Auch Ernst merkt man noch lange an, wie sehr er unter dem Eindruck des Unglücks steht. Er weiß, dass es auch ihn hätte treffen können. Und eine Koje in seinem 10-er-Logis bleibt von nun an leer. Er räumt die Sachen des vermissten Jungen Otto zusammen, packt alles in dessen Seesack, damit es später in *Hamburg* seinen Angehörigen übergeben werden kann.

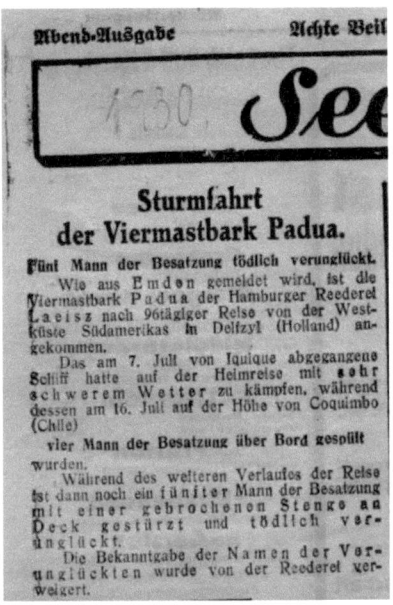

Der Sturm zieht am nächsten Tag wieder ab. Man muss sich um die Reparatur der Stenge des Fockmastes kümmern, die Rahen müssen gerichtet und wieder getakelt werden, die zerfetzten Segel erneuert. Schlosser, Zimmermann und Segelmacher haben alle Hände voll zu tun, die Jungen müssen ihnen zur Hand gehen. Aber man kommt jetzt in die Roaring Forties, der Wind nimmt wieder zu. Am 21. Juli setzt bei etwas schwächerem, vorderlichen Wind starkes Schneetreiben ein, das bis zum 2. August anhält. Die Sicht ist schlecht, man ist im *Kap Horn Revier* und muss kreuzen. Kapitän Piening hat für die Rückreise die direkte Umrundung des Kaps gewählt. Am 3. August wird endlich die kleine Inselgruppe *Diego Ramirez* (südlich von *Kap Horn*) an Steuerbord nahebei passiert. Am 4. und 6. August kommen mehrere Eisberge in Sichtweite, am 8. und 9. August, jetzt auf Nordkurs, trifft man auf einen orkanartigen Sturm mit Schneeböen. Schon im Atlantik, gerät man in eine Depression, man kann dem Barometer beim Fallen zusehen. Der Regen ergießt sich in Strömen vom Himmel, und der Kapitän gibt am 12. August auf Höhe der an Backbord liegenden *Falklandinseln* 48° s.Br / 56° w.L.) den Befehl, dass alle Segel bis auf das Untermars- und das Sturmstagsegel festgemacht werden. Dazu müssen Mannschaftsmitglieder in die Rahen, um das Großsegel zu bergen. Dabei stürzt der Leichtmatrose Herbert aus 15 m Höhe von der Rah auf das Steuerbord-Vordeck und bleibt dort schwerverletzt und bewusstlos liegen. Er wird in den Salon gebracht, kommt auch kurz wieder zu Bewusstsein, verstirbt dann aber nach einigen Stunden. Er wird nach Seemannsbrauch in ein mit Eisen beschwertes Segeltuch eingenäht und dann unter Anteilnahme der Schiffsleitung und der Besatzung dem tosenden Meer übergeben. Man hat schon wieder einen Kameraden und Freund verloren, einen jungen Menschen von 19 Jahren, der seine Zukunft nicht mehr leben kann.

See- und

Die Sturmfahrt der Padua.

Das Schiff wieder in Hamburg.

Auf der Heimreise des am Donnerstag abend in Hamburg eingetroffenen Hamburger Fracht-schulschiffes P a d u a haben sich, wie bereits gemeldet, z w e i Unfälle zugetragen, die f ü n f A n g e h ö r i g e n d e r B e s a t z u n g, dem Matrosen Vollmer, dem Leichtmatrosen Wernecke, dem Jungmann Böhme, dem Jungen Strodthoff und dem Leichtmatrosen Gräbs das Leben kosteten.

Nach dem Sturm am 16. Juli: Der nach oben durchgeknickte Klüverbaum.

Der Unfall am 16. Juli an der chilenischen Küste, bei dem die vier erstgenannten Mitglieder den Tod fanden, hat sich folgendermaßen zugetragen:

An dem betreffenden Morgen wurde der Segler in einer Gegend, in der Stürme an sich selten sind, von einem solchen von äußerster Heftigkeit, etwa Windstärke 9, betroffen. Das Schiff hatte bereits die obersten Segel fest und die Backbordwache war gerade dabei, die nächsten Segel wegzunehmen, als in einer orkanartigen Bö der oberste Teil des Fockmastes, die Vorbramstenge brach. In der Takelage befand sich u. a. der Matrose V., der später als vermißt gemeldet wurde, und somit vermutlich von der Bö beim Ueberholen des Schiffes

aus der Takelage in die See geschleudert

wurde. Am K r e u z m a s t waren an Backbord-seite an Deck der Leichtmatrose W., der Jungmann B. und der Junge St. damit beschäftigt, die

plötzlich vermindert, das Schiff luvte hart an und nahm

eine gewaltige See über das Backbord-Achterdeck,

die die drei genannten Mitglieder der Besatzung über B o r d r i ß. Das Wasser war durch den Sturm und den strömenden Regen ein Gischt und Schaum, so daß auch der beste Schwimmer sich nicht lange hätte halten können. Das Schiff wurde auf den entgegengesetzten Kurs gebracht und die Strecke wurde bis zum Eintritt der Dämmerung abgesucht, doch leider vergeblich.

Der z w e i t e U n f a l l, der sich am 12. August bei den Falkland-Inseln zutrug, wird folgendermaßen geschildert:

Der Leichtmatrose G. befand sich im Groß-mast und war mit anderen mit dem Festmachen des Großsegels beschäftigt, als er plötzlich beim Anziehen eines Zeisings anscheinend zuviel loses Tauwerk bekam, mehr als er erwartete. Er ver-lor den Halt dadurch, daß ihm das nasse Tau durch die Hände glitt, und

stürzte aus ca. 15 Meter Höhe hinteulüber an Deck.

Er hat noch etwa drei Stunden gelebt und ist dann infolge schwerer innerer Verletzungen in den Armen eines seiner Kameraden, der mit ihm die dritte Reise auf der Padua machte, ver-schieden. Er wurde nach Seemannsart bestattet. Die Seeamtsverhandlung wird voraussichtlich nächste Woche stattfinden.

Das im Tau des Schleppers H e r o s in Ham-burg eingetroffene Schiff wurde zur Reparatur nach der Werft von Blohm & Voß gebracht.

Sonstige Hafen-Neuigkeiten.

Bubendey nach Bremen verkauft.

Der Seebäderdampfer B u b e n d e y, der an den Norddeutschen Lloyd verkauft wurde, ist auf den Namen G l ü c k a u f umgetauft worden. Das Schiff wird in der Passagierfahrt zwischen Bremen und Helgoland Verwendung finden.

*

Der Dampfer K e r s t e n M i l e s, der auf der Reede von Bremerhaven mit dem Motorschiff D u i s b u r g kollidierte, wurde zur Ausführung von Reparaturschäden nach den Howaldtswerken ver-holt.

Das Tankmotorschiff S k a g e r r a k, das bei Blohm & Voß repariert wurde, ist gestern wieder in See gegangen.

Jeänderte Leuchtfeuer.

Nachstehend genannten Leuchtfeuern wird am 15. November d. J. eine andere Kennung ge-geben:

L e u c h t f e u e r E c k e N o r d e r - und D o v e l b e: Das bisher feste weiße und grüne, mit Erdgas gespeiste Feuer wird in ein unter-brochenes weißes und grünes mit Flüssiggas ge-speistes Feuer umgewandelt. Die Art der Kennung wird sein: Unterbrechung 2 Sekunden, Schein 5 Se-kunden, Wiederkehr 11 Sekunden.

L e u c h t f e u e r A l t o n a e r L e i t d a m m, O s t e n d e: Das bisher feste rote, mit Erdgas ge-speiste Feuer wird in ein weißes Blinkfeuer mit Gruppen von 2 Blinken umgewandelt. Die Art der Kennung wird sein: Blink 2 Sekunden, Kurze Pause 2 Sekunden, Blink 2 Sekunden, Lange Pause 5 Se-kunden. Wiederkehr 11 Sekunden.

L e u c h t f e u e r A l t o n a e r L e i t d a m m, W e s t e n d e: Das bisher feste grüne, mit Erdgas gespeiste Feuer wird in ein weißes unterbrochenes mit Flüssiggas gespeistes Feuer umgewandelt. Die Art der Kennung wird sein: Unterbrechung 2 Se-kunden, Schein 7 Sekund., Wiederkehr 9 Sekunden.

Schraubenschaden. Nach einer Lloydsmeldung Dampfer U h e n a am

Hamburger Fremdenblatt 29.10.30

44

Eine Depression hängt über der Bark, nicht nur wegen des Wetters, auch die Stimmung hängt tiefer als es die Laderäume sind. Ernst hätte gerne jemanden gehabt, dem er sich hätte anvertrauen können, zum Beispiel seine Schwester Anneliese. Aber er weiß, dass es keine Kommunikationsmöglichkeiten gibt, also ist er mit seiner Trauer alleine bzw. nur mit den anderen Betroffenen, genauso Niedergeschlagenen.

Auch über diesen Unfall entscheidet das Seeamt am 2. November 1930 mit dem Spruch, dass die Schiffsleitung keine Schuld trifft. Es wird die Frage aufgeworfen, ob ein Arzt an Bord den Leichtmatrosen hätte retten können. Die Besatzung der „Padua" betrug bei Auslaufen Hamburg 70 Männer und Jungen. Bei über 70 Personen an Bord hätte auch ein Arzt an Bord sein müssen. Es ist klar, dass die Reederei die Zahl der Besatzung auf 70 begrenzt hat, weil sonst die Personalkosten zu hoch sein würden. Reedereiinspektor Petersen sagte in der Verhandlung, ein Arzt hätte dem Verunglückten auch nicht helfen können.

23 Tage braucht die „Padua", um am 5. September wieder den Äquator zu passieren. In den „*Ross-Breiten*" herrscht immer wieder Flaute, und natürlich auch jetzt keine Äquatortaufe, die Stimmung an Bord ist nach wie vor gedrückt, auch das Essen wird wieder schlechter. Es finden sich die bekannten „Tropenmaden" im Brot, es gibt nur noch Salzfleisch, man wartet auf das nächste Schweineschlachten. Die seemännische Tätigkeit wird zur Routine, mehr und mehr erkämpfen sich die Jungen den Respekt der Stammbesatzung. Die meisten schlafen wieder auf der Poop, aber selbst die schönsten tropischen Sonnenuntergänge können die Stimmung nicht heben. Man sitzt in seiner Freiwache an Deck, raucht die Pfeife (Zigaretten sind für die Jungen zu teuer) und träumt sich in die Heimat, zur Familie, zu Mutters Essen, zu Freunden und Mädchen, mit denen man zwar noch nie etwas hatte, aber denen man im kurzen Heimaturlaub seine Liebe beweisen will.

Man hat noch weitere vier Wochen an Bord. Am 22. September passiert die „Padua" die Azoreninsel *Flores*, da erhält die Schiffsleitung einen Funkspruch, welches der „Order-Hafen" in *Europa* hinter dem *Ärmelkanal* sei: Man hält Kurs auf *Delfzijl* in *Holland*, an der Emsmündung direkt gegenüber von *Emden* gelegen, um dort die Salpeterladung zu löschen. Das Wetter wird herbstlich, schon lange hat man wieder die langen Hosen herausgeholt und schläft wieder in der Koje im Logis. Ernst interessiert sich in diesen letzten Wochen der Reise sehr für die Nautik, er lässt sich von seinem wachhabenden 3. Offizier immer die

Positionen geben, fragt, ob er den eingezeichneten Kurs auf der Seekarte verfolgen darf und lässt sich die Positionsbestimmung durch „Sonne schießen" mit dem Sextanten erklären. Bei Einfahrt in den Ärmelkanal nimmt die Aufregung der Jungen zu, als sie nach Passieren *Dover* entlang der holländischen *Westfriesischen Inseln* segeln, sind sie kurz vor dem Explodieren. Beim Einlaufen in *Delfzijl* am 10.10. kommen nicht nur der Reedereiinspektor aus *Hamburg* an Bord, auch die Ehefrauen der Schiffsleitung und Offiziere nehmen die „Padua" in Empfang. Auch von zwei oder drei Jungen sind die Eltern, in einem Fall ist sogar dessen Liebste an der Pier. Kapitän Piening setzt sich in den Zug, um nach *Hamburg* über Land zu fahren und vor dem Einlaufen der „Padua" in ihren Heimathafen seiner Reederei über die Unfälle Bericht zu erstatten.

Aber die Fahrt ist noch nicht zu Ende, das Schiff muss nach *Hamburg*, bei Blohm & Voß nach der Havarie generalüberholt werden. Am 27. Oktober verlässt die „Padua" den holländischen Löschhafen und fährt in Ballast in Richtung Elbmündung. Bei *Feuerschiff Elbe 1* wird der Seelotse an Bord genommen, bei *Brunsbüttel* übernimmt der Elblotse. Wegen des günstigen Windes und des auflaufenden Wassers kann auf dem Elbrevier zunächst ohne Schlepphilfe gesegelt werden, aber bei *Wischhafen* springt die Tide um. Aber dort wartet schon der Schlepper „Heron", um den P-Liner auf den Haken zu nehmen. Und bei *Krautsand* kurz vor *Stade* sieht Ernst, der auf der Back Wache geht, einen weiteren Schlepper, der die „Padua" mit seinem Signalhorn begrüßt. Schon von weiten erkennt Ernst, dass es sein Vater August ist, der seinen Sohn nach seiner ersten Segelschiffreise in den Hamburger Hafen begleiten wird. Auch Lieschen und seine beiden Geschwister sind an Bord und winken ihm zu. Ernst geht das Herz auf, er wischt sich ein paar Tränen aus den Augenwinkeln. Nach dem Festmachen im Segelschiffhafen kann er seine Familie noch am Abend in die Arme schließen. Eine überglückliche Mutter, ein stolzer Vater, Geschwister, die ihren zum „Mann" gereiften Bruder bewundernd umarmen.

Die nächsten Tage muss Ernst noch an Bord bleiben, am 2. November muss er zum *Seeamt Hamburg*, um zu dem Unglück am 16. Juli Stellung nehmen. Das Unglück ist mehr als drei Monate her, trotzdem ist ihm am Tag der Verhandlung alles so gegenwärtig, als sei es gestern gewesen.

Dann bekommt Ernst Urlaub. Aber seine Entscheidung bleibt. Er will weiter zur See fahren. Und auch seine zweite Reise will er mit der „Padua" nach *Chile* machen. Schon am 31. Oktober erhält August ein Schreiben vom Verein

Hamburger Rheder, dass der Junge Ernst Wehmeyer nach erfolgreicher Ausbildungsfahrt zum „Jungmann" befördert sei. Für die zweite Ausbildungsfahrt, die ab Mitte Dezember 1930 ab Hamburg ginge, brauche August nur noch 250 RM bezahlen. Ernst will, August bezahlt.

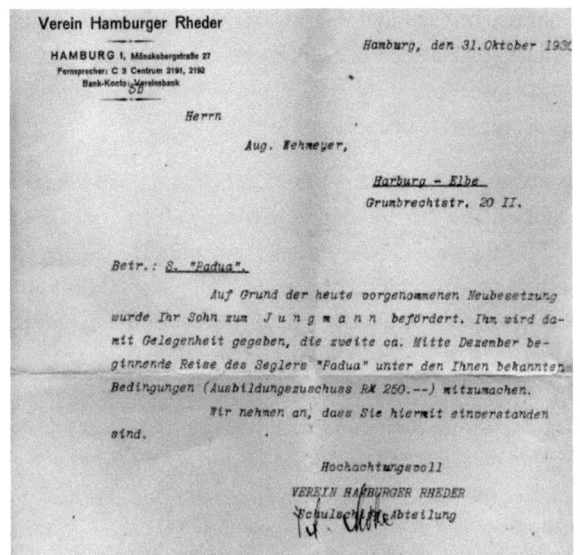

Ernst freut sich als Erstes über das Essen seiner Mutter. Es ist November, es hat bereits die ersten Nachtfröste gegeben, also Grünkohlzeit. Seine Mutter kocht ihn so, wie er auch noch 90 Jahre später in der der Familie des Chronisten gegessen wird, mit frischem Schweinebauch, geräuchertem durchwachsenen Speck, Kasseler Nacken und Kohlwurst vom Schlachter Elend am Harburger Sand, dazu mehlige Salzkartoffeln und Bratkartoffeln. Da man Grünkohl immer für drei Tage kocht und er jeden Tag besser schmeckt, ist Ernst nach drei Tagen mehr als satt. Dann wird er in der Familie rumgereicht. Muss überall erzählen, was er erlebt hat, er spürt, wie alle an seinen Lippen kleben und er auf einmal Bewunderung genießt.

Er trifft auch seine alten Klassenkameraden von der Oberrealschule, seine alte Klasse, die jetzige Obersekunda ist inzwischen in das neue Schulgebäude am *Alten Postweg* (das jetzige *Friedrich-Ebert-Gymnasium*) umgezogen.

Ernst bester Freund Walter Kutschbach, der noch die Penne besucht, arrangiert es, dass Ernst noch mal einen Tag seine alte Klasse besucht. Er spürt förmlich die Hochachtung, die die anderen vor ihm haben, einschließlich der Lehrer. Sie alle hatten von der Unglücksfahrt der „Padua" im *Hamburger Fremdenblatt* gelesen und daran Anteil genommen, und jetzt steht einer vor ihnen, der dabei war... Es ist für Ernst ein seltsames Gefühl, er hatte es nie geliebt, im

Mittelpunkt zu stehen, und er merkt, wie unwohl ihm in dieser Situation ist, als er seinen ehemaligen Schülern seine Reise anhand der in der Klasse hängenden Weltkarte erklärt.

Er besucht auch seinen Cousin Hannes Raab in *Drochtersen* an der Elbe, der inzwischen seine Zimmermannslehre beendet hat. Mit ihm versteht er sich, ihm vertraut er sich an. Sie trinken eins oder mehrere Biere zusammen und rauchen Zigaretten, zwischen beiden ist Vertrauen. Hannes stellt Ernst auch seine Freundin Mimi vor, die er einige Jahre später heiraten wird.

So vergeht der nasse November 1930. Ernst bekommt auf einmal auch die politischen Spannungen in Deutschland mit. Bei den Reichstagswahlen am 14. September 1930 wurde die NSDAP zweitstärkste Partei, sie profitiert von der allgemeinen Wirtschaftskrise und den Versprechungen ihres Führers Adolf Hitler. Ernst hatte an Bord der „Padua" von alledem nichts mitbekommen, es interessierte ihn auch nicht allzu sehr. Sein Vater August, inzwischen ein strammer Sozialdemokrat, wettert gegen das „braune Gesochs", er nimmt kein Blatt vor den Mund, Lieschen muss ihn immer mäßigen. Ernst hat keine Meinung dazu, er will von Politik auch nichts wissen, die Stimmung ist ihm zu aufgeheizt. Gegen Ende des Monats fängt er an, sich nach seinem Logis auf der „Padua" zu sehnen, wo er nichts mehr mit diesen Wirren zu tun hat. Am 12. Dezember soll er wieder an Bord sein, dann kommt sein Schiff wieder aus der Werftüberholung bei Blohm & Voß.

Die zweite Reise mit der „Padua"

Ernst packt seine Sachen in den Seesack, einiges muss erneuert werden, denn er ist nicht nur kräftiger und muskulöser geworden, er ist auch noch gewachsen im letzten halben Jahr. August muss bei Steinmetz & Hehl noch einmal in die Tasche greifen, um die Ausrüstung wieder auf den aktuellen Stand zu bringen.

Etliche seiner alten Kameraden sind auch wieder an Bord, auch sie sind jetzt „Jungmänner", der zweitniedrigste Dienstgrad im Decksdienst der Handelsmarine. Und es kommen die „Neuen", die jetzt nach Besuch der Seemannsschule *Finkenwärder* ihre erste Reise als „Junge" machen sollen. Ernst spürt auf einmal seine Überlegenheit den „Greenhorns" gegenüber, ohne diese jedoch auszuspielen.

Auch ein neuer „Alter" ist an Bord. Kapitän Piening wurde abgelöst, ob es mit der Unglücksserie zu tun hat, weiß Ernst nicht, aber die Crew spekuliert darüber. Der neue „Alte" ist noch gar nicht so alt, gerade 37 Jahre. Ein Kerl wie ein Baum, mindestens 1,90 m groß, mit einer respekteinflößenden Stimme. Auch er wird später zu den Großen der Kap Horn umfahrenden Segelschiffkapitänen gerechnet. Der Neue, Kapitän Robert Clauß, hatte, bevor ihm die Reederei Laisz das Kommando auf der „Padua" übertrug, die „Pamir" geführt.

Es wird geladen, wieder Stückgut für diverse Häfen in Chile, bevor die „Padua" am 23. Dezember 1930 mit Schlepperhilfe, aber diesmal ohne Begleitung von Vaters Augusts Schlepper, die Elbe abwärts in die Nordsee fährt. Ernst ist froh, wieder an Bord zu sein, aber auch traurig, weil er das Weihnachtsfest 1930 nicht zu Hause verbringen kann. Den Jahreswechsel 30/31 verbringt die „Padua" in der *Biskaya*, *Lizard Point*, den Ausgang des *Ärmelkanals* auf der Halbinsel *Cornwall* passiert die „Padua" am 30.12. Dann wieder vorbei an *Kap Finisterre*, entlang der spanischen und portugiesischen Atlantikküste, *Afrika*, *Kanaren*, *Kapverden*, dann Südwestkurs auf *Brasilien* zu mit dem *Nordwestpassat*.

Die Reise läuft mit günstigen Winden relativ schnell. In der Nähe des *Äquators* ist man wieder vom *Malpassat* betroffen, es gibt einige Tage absoluter Flaute, und die Hitze nimmt bei der totalen Windstille zu, nicht einmal ein Fahrtwind kann die Besatzung erfrischen. Doch am 21.Januar 1931, als der *Äquator* von Nord nach Süd überquert wird, gibt es Spaß und Abwechslung, obwohl den Spaß nur die Nichtbetroffenen haben. Es findet die große Zeremonie der Äquatortaufe statt. Nicht nur die neuen Jungen sind dran, sondern auch Ernst und die anderen Jungmänner, die auf ihrer Jungfernfahrt über den Äquator nicht in den Genuss dieses Seemannsbrauches kamen. Es sind also über dreißig junge Männer, für die die Taufe auf dem Programm steht.

Zeremonienmeister ist der Bootsmann, er leitet die Veranstaltung als Meeressgott Neptun mit knielangem Bart und eine Krone auf den langen Haaren aus *Werg*, an seiner Seite dessen Ehefrau Salacia mit langen, blonden Haaren, ebenfalls aus *Werg*, das sonst zum *Kalfatern* benutzt wird. Sie trägt züchtig einen langen Rock und Pyjamaoberteil, in das ihr Busen eingearbeitet ist. Den beiden zur Seite stehen als Gehilfen fünf „Neger", Face-Painting ist zu dieser Zeit noch  populär und nicht anstößig in einer Zeit, wo Rassismus allseits akzeptiert wird.

Begleitet wird die Zeremonie von einer Kapelle mit zwei Schifferklavieren, mehreren Flöten und einer Trommel, die die „Novizen" über die Laufbrücke geleitet. Zunächst müssen die Täuflinge zum Doktor, dort werden sie untersucht und bekommen dann erstmal Medizin eigeschenkt, damit sie auch gesund den Äquator passieren. Die Medizin ist aus allen abscheulich schmeckenden Substanzen zusammengesetzt, allerdings zur Betäubung der Sinne auch hochprozentigem Alkohol. Dann geht es zum Barbier, dort werden die Köpfe kahlgeschoren. Dann stehen alle beim Astronomen (er ist in Personalunion auch Astrologe), der mit dem Schiffsbesteck in den Himmel schaut und etwas über die Zukunft des Täuflings verbreitet. Der Hofnarr, der zum Stab Neptuns gehört, macht am laufenden Band derbe Scherze über die Täuflinge, über die diese überhaupt nicht lachen können. Dann führen die „Neger" die Täuflinge einzeln zum Taufbecken, wo diese unter Wasser gedrückt werden, bis sie dem Ertrinken nahe sind. Als sie wieder an die Luft gelassen werden, müssen die „Neger" die vor Erschöpfung nach Luft prustenden Täuflinge stützen, damit diese halbwegs bei Bewusstsein den Taufspruch des Neptuns wahrnehmen können. Dann unterschreibt Kapitän Clauß, der sich köstlich amüsiert, sowie Neptun die Taufurkunde. Diese ist mit viel Mühe von den Gebrauchsgrafikern der Crew gestaltet worden. Ernst wird auf den Namen „Butt" getauft. Aber er ist durch damit, er hat jetzt endgültig seine Weihe als Seemann erfahren. Auf seiner nächsten Reise als Leichtmatrose und Mitglied der Stammbesatzung gehört er schon zu denen, die mit den neuen „Zöglingen" ihren Ulk treiben und Spaß daran empfinden.

Die Besatzung ist in Party-Stimmung, es wird auch Alkohol ausgeschenkt, aber für die Täuflinge doch nur sehr rationiert. Aber am nächsten Tag kommt wieder ein wenig Wind auf, Arbeit gibt es genug, und Ernst hat das Gefühl, immer mehr in die Gemeinschaft hineinzuwachsen. Er gewinnt Sicherheit in seiner seemännischen Tätigkeit, aber auch - für ihn sehr wichtig – im Umgang mit „Höhergestellten". Er zeigt Respekt, aber er lässt sich auch nicht unterbuttern. Er mag die Freiwachen, die Gespräche über die Sehnsüchte, die jeder der jungen Menschen hat, und wenn einer seiner Kameraden das Schifferklavier holt und diese Sehnsüchte in Melodien und Gesang ausgedrückt werden, dann ist er dabei, obwohl in ihm nicht die Musikalität und die Stimmgewaltigkeit seines Vaters August stecken.

Die Fahrt geht weiter durch Flauten der *Rossbreiten*, durch die *Roaring Forties* und *Furious Fifties*, sie passieren das *Kap San Diego* mit dem wundervollen Blick auf die schneebedeckten Gipfel *Feuerlands*, und um *Kap Horn* geht es weiter nördlich als auf seiner ersten Reise, in Sichtweite der Inselgruppe *Diego Ramirez* an Backbord. Es gibt Sturm, wie erwartet, die Schiffsleitung reagiert besonnen, und die Mannschaft ist ein eigespieltes Team, zu dem jetzt auch Ernst gehört. Am 3. März läuft die „Padua" in *Talcahuano*, man hatte ab Hamburg nur 70 rekordverdächtige Seetage gebraucht. Man löscht, bunkert sauberes Trinkwasser und bekommt frische Lebensmittel, Ernst erhält einen Packen Briefe von zu Hause und gibt seine an Bord geschriebenen Briefe an die Agentur zur Weiterleitung nach *Deutschland*. Weiter geht es nach *San Antonio* (wo zur gleichen Zeit die „Pamir" liegt) und *Valparaiso*. Die Landgänge, bei dem Ernst auf Grund seines höheren Dienstgrades ein wenig mehr Geld zur Verfügung hat, werden zu einem „déja vu". In *San Antonio* trifft man sich mit der Besatzung der „Pamir", einige kennen das Schiff, besonders Kapitän Clauß, der dort vorher

Mädchenbesuch aus Taltal auf der Poop, Jungmann Ernst Wehmeyer ganz rechts

das Kommando hatte und dort von seinem Nachfolger begrüßt wird. In *Valparaiso* gibt es wieder ein Treffen mit der deutschen Schule, also auch mit den Mädels, die schon auf der letzten Reise an Bord waren. Jetzt sind einige zu einem gemeinsamen Schlendern auf der Plaza bereit, sie lassen sich zu einem Eis einladen, aber nicht zu mehr, außer dass sehnsüchtige Blicke und Adressen ausgetauscht und gemeinsame Fotos gemacht werden. Die Stückgutfracht aus Europa wird in diesen drei Häfen gelöscht, in Ballast geht zu einem neuen Salpeterhafen, nach *Taltal*. Es liegt im südlichen Bereich der *Atacama-Wüste*, ca. 140 sm südlich von *Antofagasta*. Auch hier liegt man auf Reede, die Salpeterfracht wird in Kähnen zur „Padua" geschleppt, dann werden die 60 kg Säcke mit eigenem Ladegeschirr übernommen und von der Besatzung unter Aufsicht des 2 O sauber in den Räumen verstaut, so dass später kein Verrutschen der Ladung möglich ist.

52

Taltal ist ein sehr übersichtliches Wüstenstädtchen, kaum Vegetation, keine asphaltierten Straßen, wenige Autos, dafür noch viele Pferdegespanne. Es gibt, natürlich, eine gepflasterte Plaza, an deren Stirnseite wie überall in *Spanien* oder *Südamerika* die Kirche steht, einige Bänke, die zum Sitzen einladen, aber keine Cafés, keine Bars, nur am Hafen einige dunkle Kaschemmen. Erlebniswert für Ernst und seine Kollegen hat eine organisierte Fahrt in die Pampa zu den Salpeterminen, und Abwechslung bieten auch einige deutschstämmige Mädels, die die „Padua" besuchen und einige der Jungen in ihrer Landgangsfreizeit zu einem Gegenbesuch auf die „Hazienda" ihrer Eltern einladen.

Das ist eine großartige Abwechslung, die Siedler, meist schon in der zweiten oder dritten Generation in Chile, sind neugierig auf Berichte aus Deutschland, sie wollen vor allem viel über die politische Lage und dem neuen Füh-

Gegenbesuch auf der Hazienda

rer der Nationalisten, Adolf Hitler wissen. Aber die Jungen sind schon wieder 100 Tage von der Heimat weg, sie wissen selbst nicht den neuesten Stand in dieser schnelllebigen Zeit, und Ernst möchte sich auch nicht über Politik unterhalten.

In der letzten März-Woche des Jahres 1931 wird die „Padua" wieder seeklar gemacht. 90 bis 100 Tage auf See stehen ihnen bevor. Ernst ist jetzt schon über 13 Monate auf der Viermastbark, inzwischen ist es sein Zuhause. Er ist in seinem „Seemann sein" angekommen.

Am 13. April verlässt die voll mit Salpeter und frischem Proviant beladene „Padua" *Taltal* mit Kurs auf *Europa* – der Zielhafen für die Salpeterladung soll später über Funk bekannt gegeben worden. Mit an Bord ist neben der Fracht ein „blinder Passagier", der nach Europa will. Man entdeckt den Chilenen nach mehreren Tagen, er muss von jetzt an Passage, Kost und Logis abarbeiten und wird dann später in *La Pallice* den französischen Behörden übergeben.

Im Gegensatz zu Ernsts erster Reise stehen die Winde aus West beständig und günstig. Es setzten zwar wieder die Winterstürme ein, aber Kapitän Clauß kann die *Westwinddrift* zur Rundung des *Kap Horns* nutzen, auch wenn Wind und Kälte der Mannschaft zusetzen. Aber schon am 30. April werden die *Falklandinseln* auf Nordkurs an Backbordseite passiert, und der Wind ist bis in die *Rossbreiten* günstig. Auch jetzt auf See inte-

Zerfleddertes Tuch am Klüverbaum

ressiert sich Ernst wieder für Navigation, dabei nutzt er die Gelegenheit in warmen, sternenklaren Nächten zur Orientierung den Sternenhimmel zu studieren. Und er wagt es auch, seinen Wachoffizier zu fragen, wenn dieser den Kursverlauf in die Seekarte einträgt und die Positionsbestimmungen vornimmt. An Trigonometrie erinnert er sich noch aus seinem Mathematikunterricht in der Untersekunda. Ernst ist Realist, kein Träumer, er hat Selbstdisziplin und eine gesunde Selbstwahrnehmung. Für ihn ist klar, dass er Nautiker, wenn möglich Kapitän werden will, und die Stufen, die er dabei ersteigen muss, erscheinen ihm nicht unüberwindlich. Darüber unterhält er sich immer wieder mit Kameraden, die ein gleiches oder ähnliches Ziel haben. Aber er spricht wie schon auf der ersten Reise auch mit Jungen, die ganz sicher keine zweite Reise auf einem Segelschiff machen wollen, die sich nach nichts mehr sehnen, als wieder festen Boden unter den Füßen zu bekommen um dann nie wieder Schiffsplanken zu betreten, geschweige denn Wanten und Masten zu erklettern. Es ist für ihn schon wie ein altes Lied: das Wetter wird wärmer, das Essen wird schlechter. Aber auch damit kann Ernst leben. Der Smutje ist der derselbe geblieben, sein Reis mit Curry schmeckt nach wie vor richtig gut, und er zaubert zweimal in der Woche immer noch ein leckeres Labskaus hin. Die Haare sind nach der Äquatortaufe vor rund drei Monaten wieder gewachsen, so dass man sich auf der Freiwache beim „Bordfriseur" sie wieder schneiden lässt. Inzwischen ist die

Frischfleisch an Bord

"Padua" zurück auf der nördlichen Halbkugel und man hält Kurs auf den europäischen Sommer. Auf Höhe der *Azoren* erhält die Schiffsleitung ein Telegramm der Reederei-Inspektion: der Bestimmungshafen für die Salpeterladung soll *La Pallice* in der *Vendée/Frankreich* sein. In dem Telegramm wird weiter mitgeteilt, dass die "Padua" von *La Pallice* nicht nach Hamburg oder in einen anderen Hafen nördlich des Kanals laufen wird, sondern in *La Pallice* löschen und die Stückgutfracht für die nächste Chilereise hier komplett übernehmen wird. Diese Information wird jedoch zunächst zurückgehalten, es würde Unruhe unter die Mannschaft bringen. Zwischen den Azoren und *La Pallice* "feiert" Ernst auch seinen 18. Geburtstag. Kein besonderes Ereignis, Alkohol wird den Zöglingen auf See grundsätzlich nicht ausgeschenkt, mit Ausnahme der Kap Horn-Umrundung, aber trotzdem Anteilnahme der Kameraden. Es sind in die *Biskaya*, an deren östlicher Küste *La Pallice* liegt, bei relativ beständigem Südwestwind noch gute sechs Tage zu segeln. Am 10. Juli läuft die "Padua" in *La Pallice* ein. Kleine Schäden, die auf dem langen Seetörn entstanden sind, werden behoben, die Salpeterfracht wird zügig von französischen Hafenarbeitern gelöscht, frisches Wasser und frischer Proviant kommt an Bord, und in diesem milden französischen Sommer genießen die Seeleute ihren Landgang auf europäischen Boden. Erst hier erfährt die Mannschaft, dass das Schiff nicht nach Deutschland kommt, sondern *La Pallice* der einzige europäische Hafen ist. Viele wollten nach dieser Reise aussteigen und abgelöst werden, etliche Seeleute müssen also mit dem Zug von *La Rochelle* die Heimreise nach Hamburg antreten, und viele Besatzungsmitglieder, auch die neuen Jungen, müssen nach *Frankreich* anreisen.

Ernst hatte sich schon vorher entschieden, an Bord zu bleiben und eine Reise als Leichtmatrose anzutreten. Damit würde er auch nicht mehr zu den "Zöglingen", sondern zur Stammbesatzung mit einer eigenen Heuer von nunmehr 60 RM gehören.

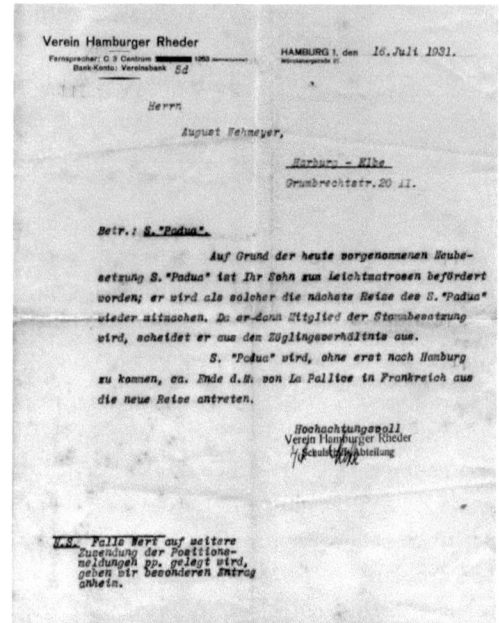

Vater August in *Harburg an der Elbe*, der ja immer noch Erziehungsberechtigter für seinen jetzt 18-jährigen Sohn ist, wird durch einen Brief des Vereins Hamburger Rheder darüber informiert. Er und seine Familie sind traurig, ihren Jungen und Bruder diesmal nicht sehen, umarmen und bei sich haben zu können. Froh ist August jedoch, dass er von nun an kein Ausbildungsgeld mehr für den Leichtmatrosen Ernst Wehmeyer bezahlen muss.

Die Crewmitglieder, die in *La Pallice* abgelöst werden sollen, packen schon in der *Biskaya* ihren Seesack. Als sie mit Schlepperhilfe einlaufen, steht schon ein Teil der neuen Crew an der Pier. Die Abgelösten werden in Autos von der Agentur nach *La Rochelle* zum Bahnhof gebracht, von wo sie über *Paris* die Zugreise nach *Hamburg* antreten.

Man macht sich mit den „Neuen" (einige der Stammbesatzung sind übrigens „Alte", sie hatten schon etliche Reisen auf der „Padua" in den Jahren zuvor angetreten) bekannt, weist sie ein, stellt die Rangordnung klar und versucht, so gut es geht, das *„savoir vivre"*, die französische Lebensart, zu leben. Ernst genießt es noch mal, seine sechs Jahre Schulfranzösisch anwenden zu können und damit ein wenig bei seinen Kameraden zu glänzen.

Am 28. Juli 1931 meldet Kapitän Clauß seiner Reederei-Inspektion in *Hamburg*, dass das Beladen abgeschlossen, die Mannschaft vollzählig an Bord und das Schiff auslauffertig sei.

Die „Padua" wird in Ballast elbaufwärts geschleppt

Die dritte Reise mit der „Padua"

Am 29. Juli 1931 läuft der Leichtmatrose Ernst „Butt" Wehmeyer zu seiner fünften *Kap Horn*-Umsegelung mit dem Frachtsegler und Schulschiff S."Padua" des
Vereins Hamburger Rheder von *La Pallice/Frankreich* mit Kurs auf *Chile* aus. Er
ist mit seinen gerade 18 Jahren ein starker, muskulöser junger Mann, aber halt
ein Mann, kein Junge mehr. Zur Stammbesatzung zu gehören, in einem richtigen Heuerverhältnis, das ist schon etwas Besonderes. Er kennt jeden Tampen,
jedes Fall, er kann jeden Befehl auch bei Segelmanövern in den Rahen unterhalb
des Royals, ohne Nachzudenken und vor allem ohne Angst ausführen, er kann
sich am Sternenhimmel orientieren, kennt die Winde und ihre Entstehung, er
weiß um die Flauten und um die Stürme. Er überquert zum fünften Male den
Äquator, kann bei der Taufe mit den „Novizen" seinen Schabernack treiben.
Aber er hat sich an Bord auch das Rauchen angewöhnt, meist mit Tabak und
Pfeife, weil es preiswerter ist, aber gerne auch mit den damals üblichen filterlosen Zigaretten, in der ersten Zeit immer selbstgedreht. Er hat auch Appetit auf
eine Rum-Ration nach Schlechtwetterwachen bei *Kap Horn*, auch nach einem
oder mehr Bieren in einer Hafenbar. Und er hat Sehnsucht nach Mädchen,
träumt von den deutschstämmigen Chileninnen in *Valparaiso* und *Taltal*, einer
hatte er auf der letzten Reise versprochen, wiederzukommen. Und nun ist er
auf dem Weg, die schon bekannte Route, jetzt wegen des Sommers von Anfang
an eine Badehosenfahrt, vorbei an *Finisterre*, entlang *Portugal*, den *Kanaren*, den
Kapverden und dann mit dem *Passat* Kurs auf die brasilianische Küste, gute
Winde, Flauten, Delphine, Wale, Haie, nach dem Queren des *Äquators* Albatrosse. Ernst staunt nicht mehr, er genießt, die schnellen tropischen Sonnenuntergänge immer gegen 6 Uhr abends, den Vollmond beim Schlafen auf der Poop
mit Blick auf die zum Himmel ragenden Masten, das Gefühl, wenn er bei gutem
Segelwind auf den Fußpferden der Rahen steht und auf die Bugwelle, das 40 m
tiefer liegende Deck, die prallen Segel, das Kielwasser bei 13 kn Fahrt und auf
das endlose, sich ewig bewegende Meer schaut. Diese Reise hat keine traurigen
Höhepunkte wie seine erste, keine schweren Unfälle, gelegentliche Reibereien
werden auch einmal körperlich ausgetragen, aber man gibt sich hinterher die
Hand und raucht eine Friedenspfeife. *Kap Horn* wird nach 70 Tagen auf See weit
südlich gerundet, auch Kapitän Clauß zieht es trotz winterlicher Temperaturen,
Schneestürmen und Eisbergen in Sichtweite vor, den unberechenbaren Winden
in unmittelbarer Kap-Nähe zu entgehen und erst südlich in der *Drake-Straße*
Nord-West-Kurs anzulegen.

Es geht weitere 20 Tage nordwärts, es wird schnell wärmer, trotz des Winters auf der Südhalbkugel. Der erste Löschhafen ist diesmal *San Antonio*, dann geht es weiter nach *Valparaiso*, wo die „Padua" für 8 Tage festmacht. Ernst geht mit anderen Mitgliedern der Stammbesatzung an Land und kann sich jetzt auch mal ein Bier mehr auf der Plaza oder in der Hafenkneipe leisten. Von den Mädels der Deutschen Schule sind einige wohl jetzt schon vergeben und lassen sich nicht mehr auf der „Padua" blicken. Zum Laden des Salpeters geht es wieder nach *Taltal* 600 sm nördlich an den Rand der *Atacama-Wüste*. Ernst freut sich drauf, es hatte ihm auf der letzten Reise mit dem Pampa-Ausflug und dem Besuch der Hazienda deutschstämmiger Siedler und ihrer Töchter gut gefallen. Die Einladung ist auch dieses Mal eine nette Abwechslung von der eintönigen Arbeit des Salpeterladens, denn natürlich müssen auch die Leichtmatrosen beim Säcke-Schultern und Schleppen derselben mit ran, trotz seines zunehmend stabilen Körperbaus (er hat das Gefühl, dass er jetzt nicht mehr in die Höhe schießt) und seines Muskelwachstums des letzten Jahres spürt er, wie die harte Arbeit auf seine Knochen geht. Ernst beginnt im Moment in einer leichten Depression zu realisieren, dass er jetzt schon 310 Tage von zu Hause weg ist. Er denkt an seine Familie, an Deutschland, von dem er nicht weiß, wie sehr dort die Welt auf dem Kopf steht. Ja, er bekommt Briefe, aber auch sie sind mindestens 30 Tage unterwegs und bieten kaum eine aktuelle Information. Er spürt ein Gefühl in seiner Brust, das er vorher nicht hatte: Heimweh. Es geht auch Kameraden so, und da nur Durst schlimmer als Heimweh ist, sitzen sie, so lange sie sich noch den *Pisco*, das chilenische Trauben-Destillat mit 43 % Vol., in Bars bestellen können, zusammen und malen sich zusammen ihr Zuhause aus. Ernst hat, wie manche seiner Kollegen, noch keine Liebste in der Heimat, aber er spürt doch die starke Bindung zu seiner Familie und seiner Heimatstadt an der *Elbe*. Und als sie wieder auf der Rückreise sind und an warmen tropischen Abenden an Deck sitzen, holt einer seiner Kameraden immer wieder das Schifferklavier hervor und sie stimmen zusammen „*Rolling Home*" an:

QR-Code „*Rolling Home*", www.bit.ly/rolling-home-ronnie

Dor fohr von Hamburg mol so'n olen Kassen, mit Namen heet de Magelhan
Do weer bi Dog keen Tid tom Brassen

dat leet man all'ns bit Obends stohn

Refrain: Rolling home, rolling home, rolling home across the sea
Rolling home, to good old Hamburg, rolling home, min Deern to di

Bi Dag, dor kunn dat weihn un blasen, dor wör noch lang keen Hand anleggt
Doch so an'n Obend eben no veer Glasen, denn wör de ganze Plünnkrom streckt.
Refrain
Dat weer so recht den Ohl sien Freeten, dat gung em över Danz un Ball,
Harr Janmaat graad een Piep ansteken, den rööp de Ohl: Pull Großmarsfall
Refrain
Dat kunn de Kerl verdeubelt ropen, dat weer em just so no den Strich.
Man schraal de Wind denn noch 6 Streeken, wat weer de Kerl denn gnatterich.
Refrain
Un usen heilgen stillen Freedag, wat doch uns höchste Festdag is,
Un usen heilgen Buß- und Beeddag, dor seggt de Ohl: Dat gifft dat nich!
Refrain
Jedoch so recht bi Licht bekeeken, do weer uns Ohl noch lang nicht slecht,
Harr Smutje_mol ein Swien afsteken, trangscheer he sülben dat torecht
Refrain
De Lüüd de kreegn so recht dat Lopen, se freiten sick, ik weet nich wie,
Se kreegen von dat Schwien de Poten un gele Arfensupp dorbi.

Ernst ist im Plattdeutschen zuhause, sein Vater hat auf der Arbeit, mit Freunden, in der Familie immer Platt gesprochen, seine Mutter weniger. Aber selbst
in der Klasse in Hamburg und Harburg hat man untereinander „Platt ge-
schnackt", es wurde zwar nicht gern von den Lehrern gesehen, aber es war in
den 20-er und auch noch 30-er Jahren an der Küste Umgangssprache. Auch
an Bord der Segelschiffe wird meist Platt gesprochen, die Binnenländer müssen es halt lernen. Ernst will wieder nach Hause, und so ist er froh, als die
„Padua" am 21. Oktober 1931 Anker lichtet und die Reede des Naturhafens
von *Taltal* verlässt. Der südamerikanische Sommer mit mäßigen Winden aus
West lässt die „Padua" mit im Schnitt 12 kn Fahrt die Westküste des

südamerikanischen Kontinents herunterlaufen. Um nicht gegen den starken *Humboldtstrom* direkt an der Küste segeln zu müssen, hält auch Kapitän Clauß erstmal westwärts auf den Pazifik, um in einer Entfernung von ca. 500 Meilen von der Küste der Gegenströmung zu entgehen. Auf der Höhe der Inseln *San Ambrosio* und *San Filiz* – diesmal bei allerbestem Wetter - denkt Ernst voller Trauer an das Unglück vor fast eineinhalb Jahren, als vier Kameraden bei dem plötzlich einsetzenden Schlechtwetter von einer Sturzsee über Bord gefegt wurden. Aber diese Reise ist beherrschbar. *Kap Horn* wird umrundet, es gibt den üblichen Schnaps für alle, man lässt die *Falkland-Inseln* wieder an Backbord liegen, freut sich über die steigenden Temperaturen und ärgert sich über die nachlassende Qualität der Kombüsenerzeugnisse. Aber man macht gute Fahrt, kriegt zusätzlichen Schub durch den Brasilstrom, passiert die Insel *Trinidade* auf der Höhe des brasilianischen *Belo Horizonte*, hängt fast 10 Tage in den Flauten der *Rossbreiten*, um nach Passieren des Äquators Kurs rechtweisend Nord auf die 2300 sm entfernten *Azoren* zu nehmen. Nach weiteren 17 Tagen ist *San Miguel* in Sichtweite, dort bekommt die Schiffsleitung der „Padua" telegrafisch Order für den spanischen Löschhafen *Santander* in der Biskaya. Sie erreichen *Santander* am 7. Januar 1932. Neben den Löscharbeiten müssen auch wieder Instandsetzungsarbeiten vorgenommen werden, trotzdem bleibt der Crew in den 21 Tagen bis zum Auslaufen Zeit zum Landgang, im kalten und regnerischen spanischen Biskaya-Winter jedoch kein reines Vergnügen.

Die *Biskaya*, der *Ärmelkanal* und die *Nordsee* werden von Winterstürmen heimgesucht. Es geht in Ballast in Richtung Heimathafen *Hamburg*, „*homeward bound*". Für diese Sturmfahrt, bei der vor allem in der Enge des Ärmelkanals Kapitän Clauß beim Kreuzen gegen den Wind kaum Strecke machen kann, werden vier Wochen benötigt. Endlich wird Feuerschiff *Elbe 1* passiert und der Seelotse an Bord genommen. In *Cuxhaven* wartet ein Schlepper und nimmt die „Padua" auf den Haken, um sie nach Hamburg zu ziehen. Diesmal kommt ihr Ernsts Vater nicht mit seinem Schlepper entgegen. Aber die Melodie von „*Rolling Home*" geht Ernst während der Schleppfahrt elbaufwärts nicht aus dem Sinn, ihm stehen die Tränen in den Augen, als sie *Krautsand*, *Lühesand* und *Blankenese* passieren. Aber beim Einlaufen in den Hamburger Hafen steht die Familie Wehmeyer an der Pier, und sie winken ihrem „verlorenen Sohn" zu, bevor sie ihn in die Arme schließen.

Ernst ist jetzt etwas mehr als zwei Jahre an Bord der „Padua", gewesen, nur unterbrochen von vier Wochen Urlaub im November 1930, und er hat drei Salpeterfahrten von und nach Chile überstanden. Es geht ihm gut, er ist zum Mann gereift, sicher mehr als seine alten Schulkameraden, die gerade ihre Reifeprüfung auf der Oberrealschule am Alten Postweg in Harburg abgelegt haben. Er ist jetzt fast 19 Jahre alt. Für ihn war klar, dass er nach dieser Reise abmustern wird. Die Segelschifffahrt hat keine Zukunft, man ist mitten in der Weltwirtschaftskrise. Die Reederei Laeisz verkauft in diesem Jahr mehrere ihrer stolzen Viermastbarken, unter anderem die *Pamir* und die *Passat.* Zwei Tage später kann Ernst seinen Zappel schultern und von Bord gehen. Er bekommt die Restheuer ausbezahlt und sein Seefahrtsbuch mit den eigetragenen Fahrtzeiten auf der „Padua" zurück.

Zu Hause erwartet ihn seine Mutti Lieschen mit einem Grünkohlessen, wie er es seit seinem letzten Urlaub im November 1930 nicht mehr genießen konnte.

Anhang Teil II

(Die Quellen des Anhanges beziehen sich auf Wikipedia-Auszüge)

Die „Padua" heute als „Kruzenstern"

Die Padua

wurde 1926 auf der Joh. C. Tecklenborg-Werft an der Geeste inWesermünde (heute Bremerhaven) als *Padua* vom Stapel gelassen. Es gehörte mit Schiffen wie der *Pamir* und der *Passat* zu den berühmten Flying P-Linern der Hamburger Reederei F. Laeisz, deren Namen traditionsgemäß mit einem „P" begannen. Auf der Jungfernreise brauchte sie von Hamburg nach Talcahuano (Chile) 87 Tage.

Die *Padua* wurde anschließend als Frachtsegler und Segelschulschiff eingesetzt. Unter anderem brachte sie Baumaterialien nach Südamerika, kehrte von da mit Salpeter zurück (siehe Salpeterfahrten) und transportierte später auch Weizen aus Australien. Den Weg von Hamburg nach Port Lincoln in Süd-Australien legte sie 1933/1934 in der Rekordzeit von 67 Tagen zurück.

In den 1930-er und 1940-er Jahren wurde die *Padua* mehrfach vorübergehend als Filmkulisse genutzt, so für *Die Meuterei auf der Elsinore* (erschienen 1935), für *Ein Herz geht vor Anker* (erschienen 1940) und in *Große Freiheit Nr. 7*(erschienen 1944) mit Hans Albers.

Die *Padua* musste nach dem Zweiten Weltkrieg 1946 als Reparationsleistung an die Sowjetunion abgegeben werden. Der schwarze Rumpf wurde mit einer weißen Musterung versehen, und das Schiff wurde in *Kruzenstern* umbenannt. Darunter wurde es nach 1955 noch mehrfach als Filmkulisse für sowjetische Filme benutzt.

Heute nutzt das russische Ministerium für Fischwirtschaft die *Kruzenstern* zur Ausbildung des Nachwuchses der Fischereiflotte; dabei werden zunehmend auch zahlende Passagiere (Trainees) mitgenommen, die damit zum Unterhalt des Schiffes beitragen.

1926 wurde Carl Schuberg Kapitän. Die schnellste Reise, die zugleich auch Weltrekord für Rahsegler ist, machte sie 1938/39, von Hamburg nach Chile und Australien zurück nach Hamburg, in 8 Monaten und 23 Tagen unter Kapitän Richard Wendt. Mit den Kapitänen Robert Clauß und Jürgen Jürs umrundete sie siebenmal Kap Horn (vgl. Kap Hornier). 1941 wurde Otto Schommartz – er hatte schon 18-mal mit P-Linern Kap Horn umfahren – Kapitän der *Padua*. Sie fuhr während des Krieges in der Ostsee und wurde 1944 in die Flensburger Förde zurückgezogen. Im Januar 1946 wurde sie von Hamburg aus an die Sowjetunion übergeben.

Geschichte der Salpeterfahrt

1810 hatte der industrielle Abbau von Salpeter in der Atacamawüste (auf dem Territorium von Peru und Bolivien) begonnen. In den folgenden Jahren führte Peru mit einem Anteil von 50 % die Ausbeutung des Salpeters in der Region, gefolgt von Investoren aus Chile, England und Deutschland. Weiterhin waren einige italienische, spanische, bolivianische und französische Unternehmen an der Salpetergewinnung beteiligt.

Bis Anfang des 20. Jahrhunderts wurden über einhundert Salpeterminen überwiegend von englischen und deutschen Unternehmen gegründet. Die Oficinas, wie der gesamte Ort des Salpeterabbaus genannt wurde, bestanden neben dem Werk aus Wohnsiedlungen; Pulperias, Einkaufsläden, die von der Firmenleitung betrieben wurden, Bäckereien; Metzgereien, Krankenhäuser, Schulen, Sportstätten und Theatern. Der Lohn der Arbeiterinnen und Arbeiter in den Oficinas lag leicht über dem Lohnniveau der Bauern und anderen Tagelöhnern in Chile. Er wurde ihnen jedoch nur in Geldmarken ausgezahlt, die nur in den Geschäften der Oficinas eingelöst werden konnten und teurer waren als in Läden in den benachbarten Städten.

Die Arbeitsbedingungen für die rund 70.000 überwiegend indigenen Wanderarbeiter waren katastrophal. Die Knochenarbeit, das Einatmen des giftigen Salpeterstaubs bei Sprengungen und die extremen Temperaturschwankungen in der Wüste schlugen sich auf die Gesundheit nieder. Kinderarbeit ab dem achten Lebensjahr war üblich. Gegen die schlechten Arbeitsbedingungen wehrten sich die Arbeiter in den Jahren 1901 bis 1907 immer wieder erfolglos. 1907 kam es zu einem Aufstand von Salpeterarbeitern. Sie wurden nach Iquique einbestellt und wollten dort ihren Forderungen nach Gehaltserhöhung, menschenwürdiger Behandlung und Gewährung einer Mittagspause Nachdruck verleihen. In der Schule *Santa Maria* wurden sie von Heerestruppen und Marineeinheiten niedergemetzelt. Die etwa 3.600 Toten wurden verscharrt oder ins Meer geworfen.

Deutsche Unternehmen bei der Salpetergewinnung

Zu den deutschen Unternehmen zählten auch die Hamburger Firmen Fölsch & Martin, Sloman und Gildemeister, die um die Jahrhundertwende ein Viertel des gesamten Salpeteraufkommens produzierten. Hamburg wurde zum wichtigsten Umschlagplatz dieses Rohstoffes, der sich im Jahr 1905 auf 509.800 Tonnen Salpeter belief.

Johann Gildemeister (1823–1898), der 1848 nach Südamerika ausgewandert war, war einer der ersten Deutschen, der in das Salpetergeschäft eingestiegen war. Mit seiner Firma in *Iquique* zum Salpeterhandel stieg er in wenigen Jahren zu einem bedeutenden Hersteller und Exporteur von Salpeter auf.

Hermann Conrad Fölsch (1845–1920), der 1866 im Alter von 21 Jahren aus Hamburg nach Chile ausgewandert war, gründete mit seinem Freund Frederico Martin die Firma Fölsch & Martin, mit dem Hauptsitz in *Taltal*. 1872 eröffneten sie in der Atacama-Wüste bei Iquique das Werk *Oficina Paposo*, nahe der Wohnsiedlung La Noria, wo sich bereits zahlreiche Salpeterwerke befanden. Bis 1881 expandierte das Unternehmen mit sieben weiteren Werken, zu denen die Oficinas *Chile* und *Alemania* gehörten, welche zu den größten Nitratanlagen in Chile zählten. Über 3000 Menschen waren für das Unternehmen in den Werken tätig. Für die Verschiffung des erzeugten Salpeters gründeten sie die Reederei H. Fölsch & Co., deren Flotte zwölf Segelschiffe umfasste. Zu den Frachtseglern gehörten die „Glücksstadt" und das stählerne Vollschiff „Wellgunde", deren Kapitän Lorenzen war.

Henry Brarens Sloman (1848–1931) kam 1869 nach Abschluss seiner Schlosserlehre nach *Chile* und trat in das Unternehmen seines Schwagers Fölsch ein und stieg dort zum Geschäftsführer auf. 1892 machte sich Sloman mit seinem ersten Werk, der *Oficina Bueana Esperanza* im Hinterland der Hafenstadt Tocopilla selbständig. Mit vier weiteren Oficinas, *Salitrera Grutas*, *Rica Aventura*, *Prosperidat Grutas* und *Empresa* baute er sein Imperium aus, mit dem er zu Reichtum kam.

In den fünf Sloman-Werken waren ca. 6.000 Arbeiter tätig sowie 140 bis 150 Angestellte, die zu etwa drei Vierteln aus Deutschen bestanden. Mit den Familien der Beschäftigten lebten insgesamt ca. 10.000 Personen am Ort der Werke, für deren Versorgung eine eigene Infrastruktur aus Unterkünften, Lebensmittel-, Trinkwasser- und Stromversorgung, Geschäften, Waschanstalten, Ärzten, Apotheken, Krankenstationen, Kirche und Friedhof erforderlich war. Für die Versorgung der Werke mit dem notwendigen Wasser und Strom errichtete das Unternehmen zwischen 1904 und 1911 einen 35 Meter hohen und 100 Meter breiten Staudamm, der einen etwa 2 km langen Stausee im Salzwasser-Fluss Río Loa bildete, 16 km südlich der Oasensiedlung *Quillagua*. Drei Voith-Heidenheim-Turbinen, die an 35-kWh-Generatoren von Siemens Schuckert gekuppelt waren und fünf Dieselgeneratoren erzeugten für die Werke und Siedlungen Strom. 1965 wurde der Betrieb des Kraftwerkes eingestellt. 1980 wurde der Sloman-Damm und 1991 das Kraftwerk zum historischen Denkmal in Chile erklärt.1898 ging Sloman nach Hamburg zurück und galt als einer der reichsten Hamburger. 1922 bis 1924 ließ er vom Architekten Fritz Höger ein riesiges Kontorhaus, das *Chilehaus* bauen, dessen Name an seine 32-jährige Tätigkeit in Chile erinnern soll.

Die deutschen Unternehmer brauchten in Chile keine Einkommensteuern zu zahlen. Hamburg erließ 1900 ein besonderes Gesetz, das vermögende Rückwanderer von der Einkommensteuer befreite. In Hamburger Kaufmannskreisen wurde es auch als "Lex Sloman" bezeichnet.

Umrundung Kap Horns

Kap Horn, Le-Maire-Straße und Drake Passage

Der südamerikanische Salpeter war vor allem für den Export bestimmt. Um von Europa aus die chilenischen Häfen zu erreichen, mussten die Schiffe Kap Horn von Ost nach West gegen die vorherrschenden Westwinde umrunden. Der Kurs führte durch die *Roaring Forties* (dt.: *Brüllende Vierziger*, Region zwischen dem 40. und dem 50. Breitengrad) sowie die *Furious Fifties* (dt. *Rasende Fünfziger*, Region zwischen dem 50. und dem 60. Breitengrad) auf der Südhalbkugel, die ihre Namen von den häufigen Weststürmen in diesen Breiten tragen (vergl. Herausforderung Kap Horn). Der Begriff „Salpeterfahrt" ist daher auch mit der Härte und Gefährlichkeit dieser Fahrten verbunden. Der Seedienst war hart, Prügelstrafen üblich. In chilenischen Häfen desertierten viele Matrosen, so dass Häfen und angrenzende Salpeterwüsten mit ihnen überlaufen waren. Von einem 90 Prozentanteil deutscher Seeleute berichtete der Reiseschriftsteller Kurt Faber.

Sturm und Eisberge waren eine ständige Bedrohung der Segler. Nach Beobachtungen von Bord der *Preußen* im Jahr 1904 bauten sich am Kap Horn 6 Meter hohe Wellen bei Windstärken 8 bis 9 auf. Im Südsommermonat Dezember 1892 bildete sich um Kap Horn aus tausenden von Eisbergen ein so dichtes Packeis, dass ein Durchkommen der Schiffe unmöglich war. In dieser Jahreszeit waren deutlich mehr Eisberge am Kap als in den drei Südwintermonaten zusammen anzutreffen. Bei schlechter Sicht kündigen sich Eisberge durch die schnell abfallenden Temperaturen der Luft und des Wassers an.

Kap Horn war immer ein Prüfstein der Segelschifffahrt. In den Jahren 1859, 1885, 1895 sowie 1905 bis 1907 waren die Wetterbedingungen auf dieser Route besonders extrem. In den Wintermonaten Mai bis Juli im Jahr 1905 traten 130 Segler aus Richtung Europa die Reise um Kap Horn an, davon 62 englische, 34 französische, 27 deutsche, 4 italienische, 2 norwegische Schiffe, 1 russisches und 1 dänisches Schiff. 22 Schiffe brachen ihre Kap Horn- Umrundung ab und liefen einen Nothafen an. Vier Segler havarierten.

Das deutsche Vollschiff *Susanna* der Hamburger Reederei *G. J. H. Siemers & Co* stellte einen einsamen Negativrekord mit 99 Tagen Kap Horn- Umrundung auf. Von der 25-köpfigen Besatzung waren zum Schluss der Reise nur mehr 8 Mann arbeitsfähig, die anderen Matrosen fielen durch Brüche, Erfrierungen, Skorbut und Typhus aus.

Die Ursache dieser traurigen Bilanz der gescheiterten Kap Horn-Umsegelungen im Winter 1905 waren die Weststürme, die die westwärts segelnden Schiffe bei der Umrundung des Kaps stark behinderten. Den heimreisenden Seglern kam die Wetterlage dagegen sehr zustatten, die Deutsche Seewarte errechnete für diese Schiffe acht Tage als durchschnittlichen Zeitraum für die Kap Horn-Umsegelung. Das Streckenmaß, in dem die Reisezeiten der Schiffe um Kap Horn miteinander verglichen wurden, reichte vom 50. Grad südlicher Breite im Atlantik bis zum 50. Grad südlicher Breite im Pazifik (auch als *Kap Horn-Rundung* bezeichnet).

Die Erfahrungen, die mit dem zunehmenden Seeverkehr um Kap Horn gewonnen wurden, wurden in Segelanweisungen zusammengetragen und in Empfehlungen für den Seeweg umgesetzt. Die hierzu erstellten *"Leitsätze für die Umsegelung von Kap Horn"* enthalten 10 detaillierte Segel- und Kursanweisungen.

Der empfohlene und praktizierte Seeweg im südliche Atlantik führte entlang der Ostküste Argentiniens und westlich an den Falkland-Inseln vorbei. An der südlichsten Spitze Feuerlands ging es durch die Le-Maire-Straße (spanisch *Estrecho de le Maire*), die an der engsten Stelle 30,6 km breit ist. Kap Horn, der südlichste Punkt der Route, sollte je nach Großwetterlage und Windverhältnissen weiträumig umfahren werden. Im Pazifik führte die Route dann nordwärts entlang der chilenischen Küste, auf der häufig gegen einen starken Nordwind aufgekreuzt werden musste.

Die Kenntnis der großräumigen Wetterlage um Kap Horn war für die Bestimmung des Kurses der Segler eine wichtige Voraussetzung, um die Strecke sicher und in möglichst kurzer Zeit zu durchsegeln. Darin zeichneten sich insbesondere die erfahrenen Kapitäne aus.

Die schnellen Flying P-Liner der Reederei F. Laeisz zeichneten sich durch kurze *Kap Horn-Rundungen* aus: Die hölzerne Bark *Parnass* unter Kapitän *Johannes Früdden* benötigte im April 1884 bei einer großräumigen Tiefdrucklage 6 Tage und 20 Stunden. Für die eiserne Bark *Parsifal* unter Kapitän *Robert Hilgendorf* dauerte die Rundfahrt im August desselben Jahres bei einer ausgeprägten Hochdrucklage 7 Tage. Die Fünfmastsegler *Potosi* und *Preußen* absolvierten in den Jahren 1901 bis 1907 diesen Streckenabschnitt im Mittel in 11,6 bzw. 11,1 Tagen. Die durchschnittliche Reisezeit der Segler rund um Kap Horn und über alle Monate des Jahres gemittelt betrug 19,4 Tage.

Wenn die aus Europa kommenden Schiffe Stückgut nach *Valparaíso* mit sich führten, wurde dort eine Zwischenstation eingelegt. Ansonsten fuhren sie unter Ballast direkt bis zu den Hafenstädten *Iquique* oder *Antofagasta*, wo der Ballast gelöscht und Salpeter übernommen wurde. *Iquique* war Hauptanlaufpunkt für den Überseetransport von Salpeter, vorwiegend nach England, Deutschland und Frankreich. Die Bucht vor der Stadt war regelmäßig von einer größeren Anzahl von Großseglern besetzt, am 13. Oktober 1895 waren es 28. Salpetersegler, die auf ihre Ladung warteten.

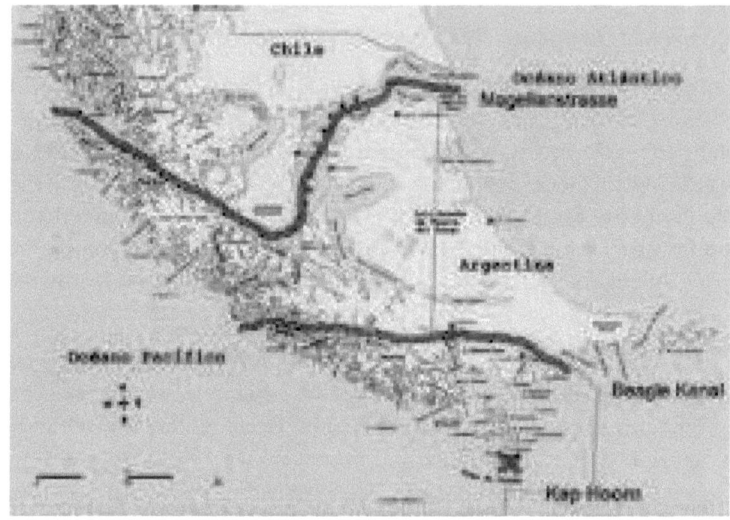

Kap Horn - Inseln zwischen Argentinien und Chile

Einstieg der Reederei F. Laeisz in die Salpeterfahrt

1886, zwei Jahre nach Beendigung des Salpeterkrieges zwischen Chile, Peru und Bolivien, wurde für die Reederei F. Laeisz die Salpeterfahrt zum Hauptgeschäft. Die lange Erfahrung in der Frachtsegelschifffahrt nutzte das Unternehmen, um mit seinen Segelschiffen in das Salpetergeschäft einzusteigen. Auf dem langen Seeweg von Europa, um Südamerika / Kap Horn herum, zu den Salpeterhäfen von Chile waren die schnellen Rahsegler der Reederei gegenüber den Dampfschiffen hinsichtlich Geschwindigkeit und Lastaufnahme deutlich im Vorteil und damit kostengünstiger. Gegenüber einem Dampfschiff ging den schnellen Frachtseglern kein Lagerraum für die Antriebsmaschine und die Kohlefeuerung verloren. Weiterhin war die Anzahl der Besatzungsmitglieder gegenüber einem Dampfschiff mit Ingenieuren, Maschinisten, Heizern und Kohlentrimmern deutlich kleiner. Auf den Ostrouten nach Asien, nach der Eröffnung des Suezkanals, waren die Segler gegenüber den Dampfschiffen dagegen nicht konkurrenzfähig. Auf dem langen Weg durch den Kanal hätten sie geschleppt werden müssen und die geringe Breite des Roten Meeres erschwerte das Kreuzen, weshalb es für Segler schwierig zu befahren war.

Die Laeisz-Schiffe waren in der Geschwindigkeit auch normalen Frachtseglern deutlich überlegen. Für den Seeweg vom Ausgang Ärmelkanal bis nach Chile benötigten normale Frachtsegler etwa 120 Tage. Das 1873 gebaute Laeisz-Schiff Patagona benötigte für diese Strecke dagegen nur 81 Tage. Fünf Jahre später legte die Parnass, das letzte hölzerne Laeisz-Schiff, die Strecke in 70 Tagen zurück.

Die nachfolgende Generation der Laeisz-Schiffe war zuerst aus Eisen und später aus Stahl gefertigt. Diese erlaubten noch höhere Reisegeschwindigkeiten, das Eisenschiff *Plus* absolvierte die Strecke in 61 Tagen. Gegenüber den Eisenschiffen zeichneten die sich Stahlschiffe durch eine deutlich höhere Bruchfestigkeit des Schiffsrumpfes aus, wodurch sie bei Kollisionen oder Strandungen besser geschützt waren. Die aus Stahl hergestellten Schiffsplatten waren aufgrund ihrer höheren Festigkeit gegenüber der Eisenplatten um 20 % dünner, womit die Schiffe um etwa 15 % leichter waren. Die dadurch gewonnene Nutzlast kompensierte z. T. die höheren Erstellungskosten.

Auch höhere Sicherheitsstandards der Laeisz-Schiffe unterschied sie gegenüber anderen, insbesondere in der Auswahl fähiger und erfahrener Seeleute sowie in der hohen Qualität des laufenden und stehenden Gutes der Schiffe. Die ab 1888 gebauten Flying P-Liner der Laeisz Reederei wurden vom Lloyd's Register in die höchste Bewertung (✠100 A1) eingestuft, beginnend mit der stählernen Bark *Pamelia* (Baujahr 1888). Das Kreuz ✚ kennzeichnet, dass das Schiff unter besonderer Aufsicht erbaut worden war. Die Bewertung A wurde für die Schiffsrümpfe der Eisen- und Stahl-Schiffe vergeben, die Bewertung 1 stand für die Schiffsausstattung (Masten, Takelage und andere Ausrüstungen). Diese Schiffsbewertungen wurden erstmals in der Ausgabe 1775–76 des Registers veröffentlicht. Die Schiffsvermesser (normalerweise Schiffsmeister oder Schiffsbauer) nahmen die Bewertungen vor, wenn die Schiffe britische Häfen anliefen.

Für die extremen Wetterbedingungen bei der Umrundung von Kap Horn war die hohe Qualität der Laeisz-Schiffe von großer Bedeutung, die auch in der Unfallstatistik der Segelschiffe zum Ausdruck kommt. Nach der Klassifikationsgesellschaft Bureau Veritas gingen im Jahr 1908 3 % aller Segelschiffe verloren, bei den Laeisz-Schiffen waren es nur 0,9 %.

Mit dem Bau der ersten Viermastbark im Jahr 1892, der *Placilla*, setzte die Reederei neue Maßstäbe für den neuen Schiffstyp, der die bisherige Serie der Dreimastschiffe des Unternehmens ablöste. Gegenüber den Dreimastschiffen mit ihren Decksaufbauten auf der Back (Vorschiff) und Poop (Hinterschiff) erhielten die Vier- und Fünfmastschiffe zusätzlich das Brückendeck in der Mitte des Schiffes, auf dem sich das Ruder und das Kartenhaus und damit die Kommandobrücke befand. Im Brückenhaus der *Preußen* befanden sich die Wohnräume der gesamten Besatzung sowie der Salon für den Kapitän, die Offiziersmesse, das Lazarett, 2 Bäder, die Küche, ein Proviant- und Anrichteraum, die Segelkammer und der Trockenraum für das nasse Zeug der Mannschaft. Die Wasch- und Baderäume, die Klosetts für die Mannschaft sowie Räume für die Bootsmannsgeräte waren unter der Back angeordnet.[27]

Diese als Drei-Insel-Schiff bezeichnete Schiffskonstruktion hatte mehrere Vorteile. Das über die ganze Breite des Schiffes reichende Brückendeck verlieh dem Schiff eine größere Festigkeit. Bei hohem Seegang waren der Rudergänger und die wachhabenden Offiziere auf dem Hochdeck besser geschützt, und sie hatten auch eine bessere Sicht gegenüber der bisherigen Position vom Hinterschiff aus. Ein besonderer Vorteil, der auch bei den Seemanövern bestand, da die Viermastschiffe zu groß geworden waren, um überschrien zu werden.

Die Bark-Takelung unterschied sich von den Vollschiffen darin, dass am Besanmast keine Rahsegel geführt wurden. Das verringerte nur unwesentlich die Schiffsgeschwindigkeit, dagegen sparte man 10 % der Besatzung ein. Die Beladung der vor den Salpeterhäfen auf Reede liegenden Segler dauerte zirka zwei bis drei Monate. Kleine Transportboote brachten dazu die etwa 60 Kilogramm schweren Salpetersäcke zu den auf Reede liegenden Schiffen. Die Hamburger Reederei F. Laeisz verbesserte die Abläufe und unter hohem Zeitdruck waren ihre Schiffe schon in einer Woche beladen. Dazu wurden unter anderem die Segel schon gesetzt, während die Beladung noch lief, wozu die Transportboote ein Stück mitgeschleppt wurden. Die Kapitäne J. Hinrich Nissen auf der Viermast-Bark *Peking* und Robert Hilgendorf auf der Fünfmast-Bark *Potosi* wurden wegen ihrer Rekordfahrten mit ihren Flying P-Linern der Reederei F. Laeisz „Düvel von Hamburg" genannt.

Die erste Reise der *Peking* führte am 22. Juni 1911 von *Hamburg* mit verschiedenen deutschen Fertigprodukten beladen zu der chilenischen Hafenstadt *Valparaiso* und dauerte 2 Monate und 22 Tage. In der weiter nördlich liegenden Hafenstadt *Taltal* wurde das in der *Atacamawüste* abgebaute Salpeter aufgenommen, um es in 3 Monaten und 20 Tagen nach *Hamburg* zu bringen, die Reise endete am 28. Januar 1912. In den nächsten zwei Jahren absolvierte die *Peking* fünfmal die Hamburg-Südamerika-Reise. Sie konnte maximal 5.300 Tonnen Salpeter aufnehmen, die einen damaligen Marktwert von 1,16 Millionen Mark hatten. Die Baukosten der *Peking* betrugen 680.000 Mark. Nach etwa drei Salpeterfahrten hatte sich der Bau eines Seglers amortisiert.

Die *Peking* zählte zu einer Serie von Viermastbarken, die die Reederei F. Laeisz für die Salpeterfahrten nach Südamerika gebaut hatte. Wegen ihrer Ähnlichkeiten wurden sie „die acht Schwestern" genannt:

Pangani (1903), *Petschili* (1903), *Pamir* (1905), *Passat* (1911), *Peking* (1911), *Pola* (1918), *Priwall* (1920) und *Padua* (1926). Echte Schwesterschiffe, die nach gleichen Bauplänen erstellt wurden, waren jedoch nur die *Passat* und *Peking* sowie die *Pola* und *Priwall*. Wie alle Laeisz-Segler hatten sie keinen Hilfsantrieb. Bei Ankunft in *Cuxhaven* wurden sie aus Sicherheitsgründen elbaufwärts in den Hamburger Hafen eingeschleppt. Die in vielen Handel-Segelschiffen eingebauten Dampfmaschinen zum Schiffantrieb, um sie bei allen Windverhältnissen wirtschaftlicher zu machen und auch mit den Dampfschiffen konkurrieren zu können, hatte sich nicht bewährt. Das Schleppen des Propellers durch das Wasser beeinträchtigte die Segelqualität der Schiffe erheblich. Die Antriebsmaschinen wurden daher in vielen Fällen wieder ausgebaut.

Das Fünfmastvollschiff *Preußen* mit ihrer enormen Größe sollte für die Salpeterfahrt zum Standardschiff der Reederei werden, der wirtschaftlich Erfolg dieses Schifftyps stellte sich jedoch nicht ein. Um für die Hinreise 8.000 Tonnen Fracht aufnehmen zu können, waren lange Hafenzeiten erforderlich. Daher führte die *Preußen* von ihren 12 Reisen nach *Chile* nur zweimal Ladung auf den

Hinreisen mit. Die nachfolgenden Schiffe der Reederei waren alle Viermastbarken, die wirtschaftlicher zu betreiben waren.

Ende der Salpeterfahrt

Mit Beginn des 1. Weltkriegs waren die Salpeterfahrten aus Chile unterbrochen und dauerten für die deutschen Schiffe über das Ende des Krieges hinaus bis 1920. Über den Ausbruch des Krieges erfuhren die Schiffe erst nach ihrer langen Reise als sie in Chile ankamen. Von den rund 130 großen deutschen Rahseglern befanden sich 57 Schiffe in den chilenischen Häfen, die interniert und für die Dauer des Krieges festgesetzt wurden. Hierzu zählten auch 9 Laeisz-Schiffe. Nach dem Versailler Vertrag musste Deutschland alle Schiffe – größer als 1.600 BRT – an die Alliierten abliefern, damit auch alle Laeisz-Schiffe.

Zur Übergabe mussten die Schiffe erst die Rückreise nach Europa antreten. Hierfür gelang der *Reederei F. Laeisz* mit den Alliierten ein Abkommen zu schließen, das der Reederei die Möglichkeit gab, die Rückführung ihrer Segelschiffe selbst zu organisieren und die Schiffe für die Rückreise mit Salpeter zu beladen und den dabei erzielten Gewinn zu behalten. Für eine Rückführung der deutschen Segler schlossen sich 1919 die Reeder in Hamburg und Bremen zu dem *Deutschen Segelschiffskontor GmbH* zusammen.

Auf den deutschen Schiffen in den chilenischen Häfen war nur noch etwa ein Drittel der benötigen Mannschaften vorhanden, rund tausend Segelschiffsleute hatten bis 1919 ihre Schiffe verlassen. Für eine Rückführung der Segler mussten daher in Deutschland die zusätzlich erforderlichen Mannschaften zusammengestellt und nach Chile transportiert werden. Hierfür wurden die neuerbaute Viermastbark *Priwall* und das Motorschiff *Lucie Woermann* bereitgestellt.

Die *Priwall* unter Leitung Kapitän *Jürgen Jürs* trat am 24. Juli 1920 mit 200 Mann die Reise nach Chile an. Kaum ein Drittel dieser Leute hatte Segelschiffserfahrung. Während der Reise kam es wiederholt zu Aufständen, die dazu führten, dass in Montevideo 78 Mann das Schiff verließen. Etwa eine Woche später trat die *Lucie Woermann* mit Kapitän *Pohlig* die schwierige Reise mit 700 Mann nach Chile an. In den chilenischen Häfen angekommen, wurden die Mannschaften auf die Segler verteilt. Alle für die Rückführung vorgesehenen 47 Segler erreichten ihre Bestimmungshäfen in Europa.

Mit den zurückgeführten Schiffen, davon 7 Laeisz-Schiffe, wurden 155.000 Tonnen Salpeter transportiert, die einen Wert von damals etwa 15 Millionen Mark hatten und den beteiligten Reedereien zufiel. Da die Alliierten über keine geschulten Mannschaften verfügten, war deren Interesse an den zugeführten

Seglern gering. Für wenig Geld konnte Laeisz einen Teil ihrer ehemaligen Schiffe zurückkaufen.

Als Deutschland während des 1. Weltkriegs durch die alliierte Seeblockade von natürlichen Stickstoffquellen (Chilesalpeter) abgeschnitten war, gelang es mit der Erfindung des chemisches Verfahrens zur Synthese von Ammoniak, dem Haber-Bosch-Verfahren, die Munitions- und Düngemittelproduktion aufrechtzuerhalten. Erst die Weiterentwicklung und industrielle Reife der beiden Großsynthesen Haber-Bosch-Verfahren und Ostwaldverfahren machten Europa zunehmend vom Chilesalpeter unabhängig. Die Salpeterfahrt war bis in die 1920er und 1930er Jahre neben den Weizenfahrten nach Australien der letzte Einsatzbereich, in dem die Großsegler gewinnbringender als Dampfschiffe betrieben werden konnten. Der Salpeter war als billiges Massengut verfügbar und in der Anlieferung nicht zeitkritisch; denn obgleich viele Großsegler auf langen Strecken noch schneller als die damaligen Dampfschiffe sein konnten, war ihre Geschwindigkeit von den Wetterbedingungen abhängig und damit nicht vorausplanbar. Wegen der unsicheren Reisezeiten der Frachtsegler wurde daher bereits gegen Ende des 19. Jahrhunderts ein Großteil des übrigen weltweiten Handels von Dampfschiffen abgewickelt.

1929 führte die Weltwirtschaftskrise binnen weniger Monate fast zur Einstellung des Handels und brachte auch den Abbau von Salpeter weitgehend zum Erliegen.

Begründung für den guten Ruf der Flying P-Liner

Die schnellen Segler waren für ihre Robustheit und Geschwindigkeit unabhängig vom Wetter berühmt und ihre Zuverlässigkeit kam der eines Linienbetriebes nahe, der sonst nur Dampfschiffen zugetraut wurde. Carl Laeisz gab seinen Kapitänen stets mit auf den Weg: „Meine Schiffe können und sollen schnelle Reisen machen!"

Auch gingen nach einer Statistik der Klassifikationsgesellschaft Bureau Veritas aus dem Jahr 1908 jährlich durchschnittlich 3 % aller Segelschiffe verloren, während bei den *Flying P-Linern* ein rechnerischer Verlust von nur 0,9 % pro Jahr zu beobachten war. FL verlor keinen seiner Vier- oder Fünfmaster durch eigene Schuld (verloren gingen die *Pitlochry* 1913 nach Kollision mit Dampfer südlich des Ärmelkanals, die *Preußen* 1910 durch Strandung nach Kollision mit Dampfer bei Dover, die *Pangani* 1913 im Ärmelkanal nach Kollision durch

Dampfer (30 Tote), die *Pamir* 1957 im Atlantik im Orkan (80 Tote) und die *Petschili* 1919 in Valparaíso durch Strandung im Hafen). Allerdings ergab die Seegerichtsverhandlung im Fall der *Pangani,* dass die Positionslichter in der Kollisionsnacht aufgrund einer ungünstigen Segelführung vom Kollisionsgegner nicht gesehen werden konnten.

Das Erfolgsgeheimnis der Laeisz-Schiffe war ihr stets neuester technischer Stand, die weit über das übliche Maß gehende stärkere Bauweise und die damit verbundene Standfestigkeit gegenüber der Unbill von Wind und Meer, dazu eine hervorragende Instandhaltung, auch bei den Holzschiffen. Als Beispiel sei hier nur genannt, dass an vielen Laeisz-Schiffen die Wanten nicht mit Webeleinen (kurze, querverlaufende Tauverbindungsstücke), sondern mit Holzsprossen als Tritte zum Aufentern ausgestattet waren (heute noch zu sehen an der *Passat,* die in Travemünde liegt). Nach Berichten kam es vor, dass Laeisz-Schiffe Kap Horn in starkem Sturm umrundeten, während andere Schiffe Schutz zum Abwettern suchen mussten. Durch ihren guten Ruf fand die Reederei fähige Kapitäne und konnte handverlesene Mannschaften durch gute Behandlung, Verpflegung und Bezahlung an sich binden. Dazu kam eine erstklassige Organisation, die sich durch Agenten vor Ort in den entlegenen Salpeterhäfen Chiles um zügigen Warenumschlag und Abfertigung kümmerte. Damit verkürzten sich die teuren Liegezeiten gegenüber dem Großteil der Konkurrenz um Tage bis Wochen. Auch die große französische Reederei A. D. Bordes & Fils, ebenfalls bekannt für ihre schönen und schnellen Segler, verfuhr ähnlich.

Zudem wurden spätestens seit dem berühmten Windjammerkapitän Robert Hilgendorf, der bereits früh Mathew Fontaine Maurys Werke *(Wind- und Strömungskarte des Nordatlantik, Segelanweisungen)* kannte und anwandte, alle verfügbaren Daten, insbesondere die Beobachtungen der deutschen Kapitäne über die Wind- und Strömungsverhältnisse unterwegs, zentral gesammelt, ausgewertet und damit verbessert und verfeinert. So gelang es Robert Hilgendorf, der als *Flying German* oder *Teufel von Hamburg (Düwel von Hamborg)* der bekannteste Segelschiffskapitän der Laeisz-Flotte wurde, als erster Kapitän der legendären Fünfmastbark *Potosi* zahlreiche neue Reiserekorde aufzustellen. Später gelangen der großen Bark auch unter anderen Schiffsführern herausragende Fahrten. So schaffte sie die Reise von Chile nach England 1904 in der Rekordzeit von 57 Tagen, die Gegenrichtung (1905) in 59 Tagen, jeweils rund um Kap Horn. Zwischen 1896 und 1914 benötigte sie für keine ihrer 22 Chile-Reisen mehr als 86 Tage.

Geschichte der Flying P-Liner

Im Jahr 1839 kaufte Ferdinand Laeisz das erste Schiff. Die Brigg *Carl* trug den Namen seines Sohnes. Nach Problemen mit dem Segler wurden erst ab 1853 wieder eigene Schiffe genutzt, als Carl Laeisz in das Unternehmen einstieg.

1857 wurde ein von *F. Laeisz* veranlasster Segelschiffsneubau, eine kleine Bark nach dem Spitznamen der Reedersgattin Sophie Laeisz (1838–1912) *Pudel* getauft. Alle weiteren Neubauten unter Segeln und schließlich sämtliche Segelschiffe im Eigentum von FL trugen daraufhin Namen, die mit dem Buchstaben „P" begannen. Der letzte Laeisz-Segler ohne einen solchen Namen war die Bark *Henriette Behn*, die 1885 vor Mexiko strandete. Insgesamt trugen 66 der 86 Segelschiffe in der Geschichte von FL einen Namen, der mit „P" begann.

Nachfolger Carl Laeisz und Carl Ferdinand Laeisz gehörten zu den letzten Reedern, die frachttragende Segelschiffe nutzten und damit sehr erfolgreich waren. Die Reederei setzte ihre Schiffe vor allem in der Salpeterfahrt ein, auf der natürlicher Salpeter aus Chile nach Europa transportiert wurde. Auf der Ausfahrt wurden Industriegüter von Europa nach Chile transportiert oder es wurde unter Ballast gefahren. Die Route führte auf der Hin- und Rückreise um Kap Horn.

Die Reederei Laeisz glaubte an die Zukunft der stählernen Segler und experimentierte mit Fünfmastern, zunächst mit der Fünfmastbark *Potosi* von 1895. Das Fünfmastvollschiff *Preußen* sollte im Jahr 1902 der Prototyp für das Segelschiff der Zukunft sein, aber der Größensprung bewährte sich nicht. Das Schiff war den Kapitänen und Mannschaften nicht mehr geheuer und 8000 t Fracht für die Ausreise in die entlegenen Häfen waren kaum zu organisieren. Als die *Preußen* vor Dover 1910 im Ärmelkanal verlorenging, weil ein ausweichpflichtiger Postdampfer dem Segelschiff die Vorfahrt nahm, hatte Laeisz ein Jahr zuvor die *Peking* und die *Passat* in Auftrag gegeben,[1] beide nur halb so groß. Diese Viermastbarken schienen von der Größe und vom Typ her ideal für die Salpeterfahrt zu sein und waren das Vorbild für alle späteren Neubauten.

Während des Ersten Weltkriegs wurden viele P-Liner auf ihren Salpeterfahrten in Chile interniert (die *Pamir* erreichte noch den Hafen von Santa Cruz de La Palma) und mussten danach an die Alliierten als Reparationen abgeliefert werden. Die vorherige Internierung in Chile erwies sich jedoch als Glücksfall: Die Alliierten erlaubten den Reedern am Kriegsende, auf den Rückfahrten der Schiffe nach Europa Fracht auf eigene Rechnung zu laden, bevor sie die Schiffe auslieferten. Die Salpeterladungen erzielten derart große Gewinne, dass F. Laeisz von dem Erlös die meisten Schiffe gleich wieder zurückkaufen konnte; dazu kam, dass die Empfängerländer, in denen das Großseglerwissen zum Teil schon weitgehend verloren gegangen war, mit den Großseglern nicht viel anzufangen wussten. F. Laeisz hingegen glaubte weiter an die Zukunft der Segelschiffe auf langen Strecken und mit Gütern, deren Transportzeiten gegenüber den Transportkosten eine untergeordnete Rolle spielten. Das Unternehmen kaufte seine Schiffe sehr günstig zurück und beauftragte sogar noch Neubauten. Das letzte Schiff war die *Padua* (heute: *Krusenstern*), die 1926 bei der Joh. C. Tecklenborg-Werft vom Stapel lief und der letzte Großsegler überhaupt sein sollte, der allein für die Frachtfahrt gebaut wurde.

Noch 1931 betrieb Laeisz in der Salpeterfahrt eine Flotte von sechs Seglern, die zu der Zeit bereits von Journalisten und Schriftstellern (z. B. Alan Villiers und Irving Johnson) beachtet wurden. Doch die Folgen der Weltwirtschaftskrise setzten der Reederei zu und die Frachtsegler waren immer weniger rentabel. In den 1930-er Jahren verkaufte Laeisz daher mehrere Schiffe – darunter 1931 die *Pamir*, 1932 die *Passat* – an den finnischen Reeder Gustaf Erikson, der noch einige Jahre bis zu 21 Windjammer in der Frachtfahrt betrieb, darunter viele P-Liner.

Der letzte Flying P-Liner, die *Padua,* ging 1946 als Reparationszahlung an die Sowjetunion und fährt seither als Segelschulschiff *Kruzenstern* unter sowjetischer bzw. russischer Flagge. Nach Kriegsende konzentrierte sich Laeisz dann auf die Motorschifffahrt und kaufte kein Segelschiff zurück. Die Ära der Flying P-Liner war endgültig vorüber.

Nur vier Laeisz-Windjammer sind noch heute erhalten. Es ist die Passat, die in *Travemünde* fest liegt, die Peking, die jetzt als neues Wahrzeichen in *Hamburg* festgemacht hat, die Ex-Padua und die Pommern, heute Museumsschiff in *Mariehamn* in Finnland.

Teil III

Februar 1932 - 1939

- Matrosenzeit

- Seefahrt nach der Machtergreifung

- Seefahrt unterm Hakenkreuz (Hungerhaken)

- Steuermannsschule A 5

- Wie geht es weiter in der Familie Wehmeyer?

- Große Liebe

- Verlobung

- Reederei Stinnes Fahrtzeiten

- Heirat

- Eigene Wohnung

- Kapitänslehrgang A 6

- Seemann und Familie

- Ausbruch des 2. Weltkrieges 1.9.1939

Wieder in Harburg

Nach zwei Jahren Segelschifffahrt bleibt Ernst für einige Wochen zu Hause. Es hat sich auch hier einiges verändert. Vater August macht zwar nach wie vor seinen Job als Schlepperführer bei der Firma Hugo Stinnes, die immer noch eine große Schifffahrtssparte hat. Aber auch hier spürt man die Weltwirtschaftskrise. Es kommen immer weniger Schiffe in die Häfen, der Warenverkehr kommt zwar nicht zum Erliegen, aber die Einschränkungen sind deutlich. Auch Stinnes muss einen Teil seiner Schiffe stilllegen oder sogar verkaufen, aber Augusts Arbeitsplatz ist nicht bedroht.

Anneliese, Augusts Schwester, hat die Mittelschule 1931 beendet und macht eine Ausbildung zur Stenotypistin. Rudi, der Jüngste, ist inzwischen auch auf der Mittelschule, er hat viele Freunde und als Hobby das Fotografieren. Lieschen ist der ruhende Pol, sorgt für den reibungslosen Ablauf, geregelte, gute Mahlzeiten, hält das Geld zusammen und versorgt bei Familienfesten alle Gäste. Gerade jetzt, als Ernst von der „Padua" abgemustert ist, kommen viele Freunde und Verwandte, wollen „den Jungen" sehen und an seinen Berichten aus der weiten Welt teilhaben. August genießt es und zeigt Vaterstolz, dass sein Sohn Ernst auf einmal sehr gefragt ist. Dieser wird als „Mann" akzeptiert. Er darf mit den Männern sitzen, rauchen, auch Bier und Köm trinken. Außerdem hat er während der Freiwache auf der „Padua" das Skat spielen gelernt und viel Geschicklichkeit dabei entwickelt, jetzt darf er an den häuslichen Skatrunden mit Vater August und dessen Freund und Kollegen Hein Grother teilnehmen.

Ernst selbst ist erschreckt über die politischen Veränderungen, er spürt den braunen Wind, der sich immer mehr zu einem Sturm entwickelt. Sein Vater hält nach wie vor zu den Sozis, ist Gewerkschaftler und geht zu Arbeiterkundgebungen, Lieschen hält sich, wie es sich damals für eine Frau ziemt, aus den Diskussionen heraus. Aber nicht alle in der Verwandtschaft und im Freundeskreis denken so, auch unter ihnen gewinnen die Nazis immer mehr an Sympathie und Zustimmung.

Die zwei Wahlgänge zur Reichspräsidentenwahl am 13. März und am 10. April erlebt Ernst noch in Deutschland. Sein Vater August kann nicht verstehen, dass die Sozis die Wahl des bisherigen Reichspräsidenten Hindenburg unterstützen, er wählt beide Male den Hamburger Kommunisten Ernst Thälmann. Die SPD will durch ihre Unterstützung von Hindenburg die Wahl Hitlers verhindern, der sich ebenfalls zur Wahl gestellt hat. Hindenburg gewinnt die Stichwahl und wird mit 84 Jahren noch einmal Reichspräsident. Ernst kapiert das alles nicht, die Seefahrt hat ihn unpolitisch gemacht. Außerdem ist er erst 18 Jahre alt und darf noch nicht wählen, das Wahlrecht bekommt man in Deutschland erst mit der Volljährigkeit, und das ist bis 1975 21 Jahre.

Ernst trifft auch alte Freunde. Walter Kutschbach ist ihm beruflich gefolgt und will jetzt nach dem Abitur auch zur See fahren, auch er mustert auf einem der Laeisz-Schiffe als „Zögling" an und wird Kap Horn umrunden. Doch Ernst will wieder raus, jedoch die Wirtschaftslage ist schlecht. Auch etliche Seeleute sind arbeitslos geworden, und reißen tut man sich nicht um einen Leichtmatrosen.

Und wieder ruft die See

Dampf-Tankschiff „Mittelmeer" 1932

Irgendwann im April geht er zum „Heuerstall" in die Admiralitätsstraße in Hamburg, dort vermittelt man ihn auf ein Tankschiff, die „Mittelmeer". Die Fahrtroute ist – wie der Schiffsname schon sagt – das Mittelmeer, der Suez-Kanal, rund um die arabische Halbinsel in den Persischen Golf, um dort im iranischen Ölhafen *Abadan* Erdöl bzw. Erdölprodukte zu laden und nach Europa zu bringen. Im April 1932 geht Ernst in Hamburg an Bord, zunächst muss er noch ein halbes Jahr Fahrtzeit als Leichtmatrose ableisten, bevor er seine Heuer als Matrose bekommt. Was für ein Unterschied zur Segelschifffahrt! Die Dampfkessel, die mit Kohle beheizt werden, bringen eine gleichbleibende Geschwindigkeit, es gibt nur 27 Mann Besatzung, viele davon in der Maschine als Heizer,

Reiniger oder Ingenieur, nur sieben Männer an Deck, der Smutje und Steward sowie drei Schiffsoffiziere, ein Funkoffizier und der Kapitän.

Ernst geht Wache mit dem 1. Offizier, es ist die 8/12 Wache, d.h. jeweils vier Stunden von morgens um acht bis mittags um zwölf und abends ebenfalls vier Stunden von 20 Uhr bis Mitternacht. Es ist eine gute Wache, die anderen beiden, die „Hundewache" 12/4 sowie die 4/8, die vom 3. bzw. 2. Offizier gegangen werden, reißen einen immer aus dem Schlaf. Meist geht Ernst auf der Brücke Ruderwache, hier werden keine vier Männer mehr benötigt, um die Kraft vom Steuerrad auf das Ruder zu übertragen, hier reicht einer. Es gibt auch Elektrik an Bord, die Dampfkessel treiben die Generatoren mit an, und dies bedeutet, dass es neben elektrischem Licht auch Kühlanlagen gibt, die dafür sorgen, dass die Lebensmittel länger haltbar sind. Auch die Funkverbindungen haben einen besseren technischen Standard, der Funkoffizier kann mit Kurzwelle über Norddeich-Radio jederzeit Verbindung aufnehmen, Nachrichten empfangen und senden. Die Verpflegung bewegt sich im Vergleich zur „Padua" auf einem hohen Niveau, der Moses backt achtern in der Mannschaftsmesse auf, holt das Essen aus der Kombüse und wäscht wieder ab. Getränke kann man beim Steward bestellen, ebenso zollfreie Zigaretten, man unterschreibt dafür auf einem Abrisszettel, der auf einen für jedes Besatzungsmitglied vorgesehenen Nagel in der Pantry aufgespießt wird. Diese werden wöchentlich dem Funkoffizier, der gleichzeitig Zahlmeister ist, übergeben, der es dann mit der Heuer verrechnet. So hat die Schiffsleitung auch immer den Überblick, wer wie viel trinkt, und manchmal passiert es, dass ein Besatzungsmitglied kein Alkohol mehr ordern darf, z.B., wenn jemand angetrunken zum Dienst oder zur Wache erscheint. Passiert dies, sagt ihm der Bootsmann oder der Offizier: *„Du hast heute einen freien (unbezahlten) Tag!"*

Ernst passt sich der Disziplin an Bord an. Er belegt ein Zwei-Kojen-Logis im Achterschiff, zusammen mit einem schon älteren Matrosen. Er findet keine besonders engen Freunde, mit dem man alle Gedanken teilt, wie auf dem Segelschiff. Er geht seine Wache, macht seinen Job, registriert die Unterschiede zwischen „Padua" und „Mittelmeer". Der 1. Steuermann ist zwar ein schweigsamer Geselle, aber bei gutem Wetter auf der Abendwache wird er manchmal gesprächig, auch Ernst erzählt dann von sich.

Anfreunden tut sich Ernst ein wenig mit dem Funkoffizier, ihn interessiert dies bisher unbekannte Medium. Der „Funke" ist trotz der Bordhierarchie bereit, diesem einfachen, aber interessierten jungen Crewmitglied die neue, aber doch so wichtige Technik zu erklären, und dabei lässt er sich bei seiner Arbeit gelegentlich über die Schulter schauen.

Felsen von Gibraltar

Der Kurs geht zunächst einen Ernst bekannten Weg: *Nordsee, Ärmelkanal, Biskaya, Finisterre*, entlang der Westseite der *Iberischen Halbinsel*, und beim *Kap San Vincente*, dem westlichsten Festlandpunkt Europas, Kurs Süd-Ost, vorbei am berühmten portugiesischen Seefahrerort *Sagres* in Richtung Mittelmeer. Ernst geht gerade seine Abend-Ruderwache, als in Greifweite die Lichter der britischen Kronkolonie *Gibraltar* zu sehen sind. Schon rauscht die „Mittelmeer" ins Mittelmeer, nicht nur angetrieben durch die Dampfkessel, sondern auch durch die starke Strömung, denn das tidenabhängige Atlantikwasser „fällt" in das tiefer gelegene Fast-Binnenmeer. Der Kurs geht weiter entlang der algerischen Küste, an Steuerbordseite sieht man die Gipfel des *Tell-Atlas*, die, so findet Ernst, nicht zu vergleichen sind mit den schneebedeckten Hängen von *Feuerland*. Auf Höhe des tunesischen *Bizerte* geht man wieder auf Kurs Süd-Ost, an Backbordseite vorbei an *Malta*. Es ist inzwischen Ende April, im südlichen Mittelmeer werden die Temperaturen immer sommerlicher, und nach drei Tagen erreichen sie *Port Said*, dem Eingang zum *Suezkanal*. Dort geht es auf Reede, denn man kann nicht sofort einfahren, sondern muss warten, bis ein „Konvoi" zusammengestellt ist: der *Suezkanal* ist Einbahnstraße, er ist so schmal, dass Schiffe sich nicht begegnen können. Die Ausweichstelle ist der *Große Bittersee* 60 km vor der Ausfahrt ins *Rote Meer*, der Stadt *Suez*. Der Kanal ist eine der wenigen künstlichen Wasserstraßen, die keine Schleusen benötigen, denn der fast tidenfreie Wasserstand des östlichen Mittelmeeres ist nahezu identisch mit dem des *Roten Meeres*. Zwei Tage liegt die „Mittelmeer" vor Anker, dann gibt es Signale, dass die Einfahrt frei ist. Der englische Kanallotse kommt mit einer Barkasse an Bord, er bringt einen Rudergänger mit, der das Schiff durch den Kanal steuert. *Im Großen Bittersee* müssen die Schiffe warten, bis der in Suez gestartete Konvoi vorbei ist. Erst dann wird das letzte Stück freigegeben. Hinter Suez geht der Lotse und Rudergänger von Bord, und es geht weiter 1000 sm auf Kurs Süd-Süd-Ost durch das *Rote Meer*, bei *Dschibuti* in den *Golf von Aden*. Dann östlich ins Arabische Meer entlang der Küsten des *Jemens* und des *Omans* hinein in den *Golf von Oman*. Die „Mittelmeer" passiert die *Meerenge von Hormus* und fährt auf Nordkurs durch den *Persischen Golf*, bis der Zielhafen *Abadan* in *Persien* erreicht wird, einer der wichtigsten Erdölumschlagplätze der zwanziger und dreißiger Jahre. Die Hitze ist inzwischen unerträglich, unter Deck lädt sich das Eisen der Bordwände so stark durch die ohne Erbarmen scheinenden Sonne auf, dass die Temperaturen in den Kammern auch noch nachts fast 50° C betragen. Ernst und seine Kameraden vom Achterschiff schlafen schon seit dem Roten Meer fast nur auf der Poop, aber im Persischen Golf rührt sich kaum ein Lüftchen, und während der Ladezeit in *Abadan* gibt es auch keinen Fahrtwind. Und auch keinen Landgang. Der Hafen ist eine einzige Raffinerie und ein ins Meer hineingebauter Erdölumschlagplatz, hier warten keine Mädchen einer Deutschen Schule wie in *Valparaiso*. Leider kommt die „Mittelmeer" nicht gleich an die Erdölpier, andere Tankschiffe warten schon auf Reede. Nach drei Tagen ist es soweit, das Erdöl wird in die Tanks der „Mittelmeer" gepumpt, Proviant und Frischwasser wird übernommen, außerdem Kohle, denn der Antrieb wird auf einem Dampfer durch mit Kohle befeuerte Kessel gesichert.

Alle sind froh, als es nach fünf Tagen *Abadan* wieder auf den Heimweg geht. Es ist inzwischen Ende Mai, die Hitze nimmt noch immer zu und wird nicht nur für Ernst fast unerträglich. Aber es geht zügig denselben Weg zurück. Gelegentlich genießt man ein Feierabendbier, spielt Karten, meist Skat, wo sich Ernst als vorausschauender Spieler beweisen kann. Nach dem Suezkanal wird es im Mittelmeer wieder angenehmer, in der Biskaya wird noch einmal ein kurzer Sommersturm abgeritten. Aber dann geht es bei gutem Wetter durch den Kanal in

Richtung *Jadebusen*, wo in *Wilhelmshaven* das Erdöl in die Raffinerietanks gepumpt wird.

Das Schiff und somit auch Ernst kommen nicht nach Hamburg, sondern nach einigen Tagen geht es wieder los. Ernst hat seine Fahrtzeit als Leichtmatrose erfüllt und tritt diese Reise jetzt als Matrose an, was sich vor allem in einer gestiegenen Heuer auswirkt. Da der Name des Schiffes Programm ist, geht es wieder ins Mittelmeer, diesmal soll Erdöl aus *Batumi* in der Sowjetrepublik *Georgien* am *Schwarzen Meer* geholt werden. Ein Teil der Tanks wird allerdings in Wilhelmshaven mit raffinierten Erdölprodukten für *Istanbul*, dem früheren *Konstantinopel* befüllt.

Es wird eine Sommerreise. Man lässt *Sizilien* an Backbordseite liegen und fährt zwischen *Kreta* und der *Peleponnes* in die tiefblaue *Ägäis* ein, entlang vieler romantisch erscheinender Inseln. Ernst bedauert hier ein wenig, dass er nicht den humanistischen Zweig seiner Oberrealschule besucht hat, dann hätte er vielleicht die *Ilias* und die *Odyssee* von Homer gelesen und einen Bezug zu den *Kykladen, Chios, Lesbos* und *Troja* gehabt, alles Inseln oder Küstenorte, die der Dampfer „Mittelmeer" auf seiner Fahrt nach *Konstantinopel* passiert. Sie laufen durch die nur 800 m breite Meerenge von *Çanakkale* an den *Dardanellen*, die Alexander der Große auf seinem Eroberungsfeldzug nach *Kleinasien* überquert hatte, daran erinnert sich der Matrose Ernst noch aus seinem Geschichtsunterricht in der Quarta. Und er weiß sogar durch die Erzählungen aus dem Weltkrieg, dass bei der „Seeschlacht von *Gallipoli*" 1916 das mit Deutschland und Österreich verbündete Osmanische Reich einen Angriff der *Entente* unter englischer Führung abwehren und der englischen Navy eine vernichtende Niederlage beibringen konnte. Ernst hat nicht vergessen, dass hier über 100.000 Soldaten auf beiden Seiten ums Leben kamen und der damalige britische Kriegsminister *Winston Churchill* zurücktreten musste. Als er die Einfahrt zum *Marmarameer* am

Blick auf Sultan Ahmet Moschee und Hagia Sophia

85

frühen Abend als Rudergänger passiert, spricht er mit dem wachhabenden 1. Steuermann darüber, dieser war damals Soldat der kaiserlichen Kriegsmarine und kann jetzt Ernsts Wissen ergänzen.

Acht Stunden später passieren sie die Prinzeninseln im Marmarameer, wo die Reichen aus *Istanbul* (wie *Konstantinopel* jetzt heißt) ihre Villen und Paläste haben, dann nehmen sie einen türkischen Lotsen an Bord, der die „Mittelmeer" zu ihrem Liegeplatz in *Kadiköy* auf der asiatischen Seite führt. In *Konstantinopel* hat man vier Tage Aufenthalt. Ernst kann Überstunden abbummeln und zwei Landgangstage nehmen, an denen er die Sehenswürdigkeiten dieser geschichtsträchtigen Stadt besucht. Er holt sich beim Funker als Vorschuss einige *Lira*, fährt mit der Fähre nach *Eminönu* auf der europäischen Seite, geht hoch nach *Sultanahmet*, wo er die *Hagia Sophia*, die als Kirche im 6. Jahrhundert im oströmischen Byzanz erbaut und später nach der osmanischen Eroberung 1453 in eine Moschee umgewandelt wurde. *Atatürk*, der Staatsgründer der modernen Türkei, wird zwei Jahre später eine Verfügung erlassen, in der die *Hagia Sophia* zu einem Museum erklärt wird, das „allen Religionen und Kulturen gehört". Auf dem Besuchsprogramm stehen auch der *Topkapi-Palast*, der Sitz des Osmanischen Sultans und seines Harems bis 1918, sowie die *Blaue Moschee*. Am nächsten Tag fährt er wieder nach „Europa", in *Eminönu* kauft er sich von schwankenden Booten für einige *Kuruş* Fischbrötchen, besucht den geschlossenen Bazar mit seinem unendlichen Angebot, widersteht dort den Verkaufstricks der Händler und nimmt auf dem *Ägyptischen Gewürzbazar* die sinnlichen Gerüche und Düfte aus 1001 Nacht wahr. Von dort schlendert er über die *Galata-Brücke* nach *Karaköy*, schaut den Anglern auf der *Galata-Brücke* über das *Goldene Horn* zu, hält dann auf dem Weg nach *Beyoglu* am *Galata-Turm*, der in venezianischer Zeit erbaut wurde, besteigt diesen und genießt den Ausblick über die Stadt am *Bosporus*. Dann kommt er in die *Istiklal Caddesi*, die „Straße der Freiheit", jetzt die Hauptgeschäftsstraße der sich immer mehr westlich orientierenden Stadt. Er beendet den Abend zusammen mit einem ihn begleitenden Kameraden im Vergnügungsviertel von *Istanbul*, den Seitenstraßen *Beyoglus*. Sie schlemmen in einem Fischrestaurant, genehmigen sich dazu einige Biere und eine kleine Flasche *Raki* und fahren spät in der Nacht von der Anlegestelle *Kabatas* mit einer immer noch überfüllten Fähre wieder zurück nach *Kadiköy*, von wo sie zu ihrem Schiff gehen.

Denn dies ist ein besonderer Tag für Ernst: Er hat nicht nur das erste Mal in seiner Seefahrtszeit bei einem Landgang richtig etwas „von der Welt gesehen", sondern es ist auch der 30. Juni 1932, Ernsts 19. Geburtstag. Er ist jetzt das dritte Mal in Folge an diesem Tag fern der Heimat, er ist dabei, die Welt zu entdecken und diese Entdeckungen in sein bisheriges Wissen einzubauen: Er gewinnt immer mehr eine eigene „Weltanschauung", weil er das in dieser Zeit seltene Privileg hat, „die Welt anzuschauen" und er nicht mehr zu den vielen Menschen gehört, die von „ihrer Weltanschauung" reden, ohne die Welt je angeschaut zu haben.

Am nächsten Tag läuft die „Mittelmeer" in Ballast aus, durch den *Bosporus* in Richtung *Schwarzes Meer*. Der Kapitän nimmt einen Lotsen, denn der *Bosporus* ist an vielen Stellen eng, hat gefährliche Strömungen und es ist eine der verkehrsreichsten Wasserstraßen der Welt. Es geht vorbei am *Dolmabahce Saray*, in dem sechs Jahre später *Kemal Atatürk* versterben wird, an den schönsten Villen der Stadt am asiatischen Ufer, an der alten griechischen, vorchristlichen Festung „*Rumeli Hisar*" auf europäischer Seite in *Bebek*, an den Yachthäfen in *Sariyer*, aus der Enge des *Bosporus* heraus bis zur Einfahrt in das so weit und unendlich erscheinende, aber in Wirklichkeit doch so begrenzte *Schwarze Meer*.

Bosporus

Auf Höhe von *Anadolufeneri*, dem Leuchtturm am asiatischen Ufer, geht der Lotse von Bord, und die „Mittelmeer" nimmt östlichen Kurs entlang der anatolischen Schwarzmeerküste.

Nach zwei Tagen in Küsten-Sichtweite erreichen sie *Kap Ince*, dann geht es weitere zwei Tage übers Meer bis in den Zielhafen *Batumi* an der Grenze von der *Georgischen* zur *Armenischen Sowjetrepublik*. In *Batumi* endet seit kurzem die Pipeline, die das zur *Aserbeidschanischen Sowjetrepublik* gehörige *Baku* am *Kaspischen Meer* mit dem *Schwarzen Meer* verbindet. In der Gegend um *Baku* wird seit dem Ende des 19. Jahrhunderts Öl gefördert. Es ist ein wichtiger Rohstoff für die Entwicklung der sowjetischen Industriegesellschaft, aber auch ein genauso wichtiger Exportartikel, um dafür notwendige Devisen zu erhalten. 10 Jahre später wird Hitler im 2. Weltkrieg sein Augenmerk auf diese Erdölfelder (erfolglos) richten, um den notwendigen Nachschub an Kraftstoffen für den „modernen Krieg" zu sichern. *Batumi* ist ein Verladehafen, kein Landgangshafen wie *Istanbul*. Einen Nachmittag von den drei Tagen an der Erdölpier kann Ernst mit dem Funker in die Stadt fahren. Nach Istanbul ist es ein Kulturschock für ihn: es ist christlich-orthodox geprägt (nach dem Heiligen St. Georg, dem „Drachentöter"), aber das christliche wird durch die neuen Menschen, die die Sowjets verkörpern, verdrängt, wenn nicht bei Strafe verboten. Wenn Ernst im multikulturellen und multireligiösen *Istanbul* einige Tage vorher eine Gesellschaft gesehen hat, die zu einem großen Teil muslimisch geprägt ist und sich den westlichen Werten annähert (ohne ihren Glauben aufgeben zu müssen), sieht er hier in *Batumi* Menschen, die sich auf Anweisung des Staates (und *Stalin* ist Georgier) von tradierter Kultur und vom Glauben lösen bzw. wohl lösen müssen. Er kann nicht wie in *Istanbul* in die Stadt eintauchen, sich unter die Menschen mischen und sie

Die „Mittelmeer" gleitet auf dem Mittelmeer

beobachten, aber seiner „Weltanschauung" wird ein weiteres Mosaiksteinchen zugefügt. Und er versucht den Ort topografisch einzuordnen. Er kann auf die Gipfel des armenischen Hochlandes schauen, und im Norden glaubt er sogar schneebedeckte Kaukasusgipfel zu erkennen. Und er stellt sich die Frage: „Bin ich eigentlich noch in Europa? Oder ist es Asien?" Ernst neigt zu Europa, ist sich aber nicht sicher, wie Geografen darüber denken.

Mitte Juli heißt es „Leinen los" von der Erdölpier in *Batumi*. Auf der „Padua" hätte man jetzt auf der Freiwache „Rolling Home" gesungen. Aber dies ist ein Dampfer, und hier hat man weder Sinn noch Zeit für solche Sentimentalitäten. Nach drei Tagen nimmt man auf Höhe von *Anadolufeneri* den Bosporuslotsen an Bord, der das Schiff bis ins *Marmarameer* begleitet. Nach einem weiteren Tag wird die Meerenge von *Çanakkale* durchfahren, dann die *Ägäis* mit ihrem blauen Wasser, den Inseln in Reichweite und wundervollen Sonnenuntergängen an Steuerbordseite. Dies alles gibt ihm das Gefühl einer Sonntagnachmittagskaffeefahrt. Nach Umrundung der *Peleponnes* heißt es *„westward bound"*, *Kap Passaro* auf *Sizilien*, *Kap Bon* an der tunesischen Küste, dann direkt auf die *Straße von Gibraltar* zu. Diesmal leuchtet der Felsen im Morgensonnenlicht. Nach *Kap San Vincenco* bei *Sagres*, wo noch ein Blick auf die steil ins Meer fallenden Felsen der *Algarve* erheischt werden kann, geht es nordwärts. Kein Sommersturm in der *Biskaya*, *Point Lizard* am Eingang zum *Ärmelkanal* wird bei ruhiger See passiert, und vier Tage später ist die „Mittelmeer" in *Wilhelmshaven*. Ernst hatte schon zu Beginn des Batumi-Törns angekündigt, dass er am Ende der Reise abmustern wolle, so geschieht es. Das Schiff geht nach dem Löschen in *Wilhelmshaven* nach Hamburg, dort bekommt Ernst seine Restheuer ausgezahlt und sein Seefahrtsbuch mit der Eintragung zurück, dass er als Matrose abmustert.

Es ist September 1932. In *Hamburg* spürt Ernst wieder den scharfen braunen Wind, der durch die Straßen der *Weimarer Republik* fegt. Am 31. Juli hatte es mal wieder Reichstagswahlen gegeben, und die Wirtschaftskrise mit den steigenden Arbeitslosenzahlen in Deutschland trieb noch mehr Menschen, die jeder Hoffnung entbehrten, in die Hände der NAZIS. Sie wurden stärkste Partei im Reichstag, konnten jedoch keine absolute Mehrheit gewinnen. Der Zentrumspolitiker *Franz von Papen* löste *Brüning* als Reichskanzler mit einer äußerst brüchigen Koalitionsregierung ab. Im November sollte es nach einer Niederlage *von Papens* erneut zu Reichstagswahlen kommen, die letztlich am 30. Januar 1933 zur Ernennung von *Hitler* als Reichskanzler durch Reichspräsident *Hindenburg* führt.

Doch das erlebt Ernst nicht mehr in Deutschland, sondern auf hoher See. Und außerdem darf er ja immer noch nicht wählen, bis zu seiner Volljährigkeit sind es noch fast zwei Jahre. Er bleibt erst einmal zu Hause in der Grumbrechtstraße. Sein Vater ist zum Glück nicht von Arbeitslosigkeit betroffen, auch wenn im Hafen die Wirtschaftsflaute stark spürbar ist. Und August hat auch mehr finanzielle Sicherheit durch das Mietshaus in der Hopfenstraße, dass er 10 Jahre zuvor in der Inflation für seinen Bruder gekauft hatte, der dann plötzlich verstarb. Anneliese hat inzwischen ihre Lehre als Stenotypistin beendet und findet eine vielversprechende Anstellung als Sekretärin beim Tempo-Werk, einem Hersteller für Dreirad-Nutzfahrzeuge. Rudi ist 12 Jahre alt, am Beginn der Pubertät und ständig mit Freunden unterwegs. Lieschen drängt ihren Mann August, die Wohnung in der Grumbrechtstraße aufzugeben und selbst zu bauen. Sie sind also auf der Suche nach einem Grundstück in Harburg und werden fündig in der Triftstraße, einem noch ländlichen Gebiet zwischen den Ortsteilen Heimfeld und Eißendorf, direkt an der Haake gelegen, dem hügeligen Waldgebiet der Schwarzen Berge. Das Nachbargrundstück wird von Arno Dienhold, dem Werkmeister des Hartsteinwerkes Harburg in der Eißendorfer Brookstraße, und seiner Frau erworben. Aber bis zum Baubeginn müssen noch etliche Schwierigkeiten bewältigt werden.

Seefahrt in der NS-Zeit

Ernst spürt schon bald, dass die See wieder ruft. Er muss noch mindestens 1 ½ Jahre Fahrtzeit als Matrose nachweisen, dann kann er sich auf der Seefahrtsschule in Hamburg St. Pauli, in einem Backsteinbau über den Landungsbrücken gelegen, zum zweijährigen Kurs für das Steuermannspatent auf Großer Fahrt (A 5) anmelden. Aber wo in dieser schlechten Zeit gute Arbeit finden? Von der Tankschifffahrt hat Ernst im Moment genug. Doch da ist Vater August zur Stelle: *„Ich kün ja mol bi Stinnes nafrogn, ob de op enen von ehrn Schips nen gooden Matrosen brukt!"* Gesagt getan. August geht zu seinem Chef in die Reedereiinspektion der Hamburger Filiale von „Poseidon", so heißt der Schifffahrtsbereich von Stinnes. „K.I.A." steht in ihrem schwarz-weiß-rot-schwarzen Schornstein. Es bedeutete „Kohle-Import-Aktiengesellschaft", aber im Seemannsmund heißt es „kannst-immer-arbeiten". Der Hauptsitz der Reedereisparte ist in Königsberg in Ostpreußen.

Ernst schreibt mit der beigelegten Empfehlung der Hamburger Inspektion, seinen Zeugnissen und Auszügen aus dem Seefahrtsbuch nach Königsberg, er bekommt in einer positiven Antwort Bescheid, dass man ihn beschäftigen wolle. Die meisten Schiffe von Stinnes transportieren Kohle aus dem Ruhrgebiet, wo Hugo Stinnes in Mühlheim-Ruhr auch seinen Stammsitz hat, nach Danzig und Königsberg sowie in die baltischen Staaten, um die Industrieanlagen im Osten mit Energie zu versorgen. Die vor dem Weltkrieg zu Stinnes gehörenden Kohlegruben in Oberschlesien können nach dem verlorenen Weltkrieg nicht mehr genutzt werden, da diese Gebiete laut Versailler Friedensvertrag von 1919 und einer hierin festgelegten anschließenden Volksabstimmung 1922 an Polen übertragen wurden. Ernst fährt also seine Matrosenzeit auf verschiedenen Dampf- und Motorschiffen der Poseidon Reederei. Eine der Hauptstrecken ist der Kohletransport von Nordenham nach Danzig, Königsberg oder nach Memel, dem heutigen Klaipėda in Litauen, von dort werden Fertigprodukte aus den Stinnes-Fabriken in verschiedene europäische Häfen transportiert. Weitere Fahrten sind der Transport von Holz aus den skandinavischen und baltischen Ländern. Eine genaue Beschreibung der Fahrtzeit zwischen 1932 und 1934 kann der Chronist allerdings nicht geben, da in den Unterlagen das Seefahrtsbuch dieser Zeit nicht auffindbar ist, auch Fotos, die Auskunft geben könnten, sind nicht mehr vorhanden. Aus den späteren Erzählungen von Ernst erinnert sich der Chronist, dass neben europäischen Zielen für Ernst auch die ersten Nordatlantiküberquerungen in diese Zeit fallen. So erzählt er von Ostküstenhäfen wie New York, Baltimore und Philadelphia, aber auch von einer Fahrt durch den St. Lorenz-Strom zu den Häfen der großen Seen in Kanada und USA mit Liegezeiten in Chicago, Cleveland, Detroit, Montreal und Toronto.

In diese Zeit fällt die Machtergreifung der Nationalsozialisten. Seeleute der Handelsmarine gelten als unpolitisch, obwohl sie sehr unter der wirtschaftlichen Situation leiden. 1932 sind 343 deutsche Seeschiffe aufgelegt, weil die Frachten auf Grund der Weltwirtschaftskrise enorm zurückgegangen sind. Das ist 1/3 der gesamten deutschen Handelsflotte, und es bedeutet, dass 24.000 deutsche Seeleute ohne Heuer sind! Das macht viele der von Existenzängsten geplagten Menschen an Bord durchaus anfällig für die Versprechungen der Nazis.

Nach der Machtergreifung am 30.1.1933 gründet sich eine nationalsozialistische Seeleute-Bewegung. In ihrem Organ „Der Deutsche Seemann" versucht man, die Besatzungen im nationalsozialistischen Sinne zu indoktrinieren. „Auch wenn du auf hoher See deinem Beruf nachgehst, arbeitet der nationalsozialistische Staat für dich." Tatsächlich nimmt man sich auch der Seeleute an: Die im

Vergleich zu den an Land beschäftigten niedrigen Heuern werden angehoben, die Arbeitszeiten im Sinne der Seeleute geregelt, um die Ausbeutung der Arbeitskraft einzuschränken. Trotzdem besteht bei den Nazis die Befürchtung, „dass die Stimmung unter den Seeleuten für den Nationalsozialismus abnimmt" (aus dem Bericht des Seeleute-Funktionärs Kurt Thiele 1934 über die sozialpolitischen Verhältnisse auf deutschen Seeschiffen). s. Kuckuk, P. (1998). Seefahrt unter dem "Hungerhaken": die Bemühungen der Nationalsozialisten um die politische Organisierung der deutschen Seeleute. Deutsches Schiffahrtsarchiv, 21, 101-121. https://nbn-resolving.org/ urn:nbn:de:0168-ssoar-52646-8

Der Bedarf an Tonnage für die deutsche Handelsschifffahrt in dieser Zeit nimmt enorm zu, hinzu kommen Nachwuchsprobleme, denn ein großer Teil der seit 1932 arbeitslosen Seeleute hat sich in Landjobs festgesetzt. Der nationalsozialistischen Führung ist sehr wohl bewusst, dass Handelsschifffahrt auch ein Instrument der Außenpolitik ist und zur Außendarstellung des Nazi-Deutschlands dient. So werden viele Neubauten aufgelegt, statt Dampfer auch immer mehr moderne Motorschiffe. Am Heck hängt nicht mehr die Handelsflagge der Weimarer Republik (schwarz-weiß-rotes Grundtuch mit einer Gösch in den Nationalfarben Schwarz-Rot-Gold oben links), sondern die neue National- und Handelsflagge: Ein schwarzes Hakenkreuz auf weißem kreisrunden Grund, eingefasst von einem roten Grundtuch. Die Seeleute, in der ersten Zeit noch immer sehr unzufrieden mit ihrer sozialen Situation, nennen das Hakenkreuz in der Flagge „Hungerhaken". Auf den Neubauten werden jetzt die Logis für die Mannschaften „menschenwürdiger" gestaltet, es wird auch festgelegt, dass es „gleiche Verpflegung für alle" gibt. Doch die Partei will auch die Kontrolle an Bord. Man versucht, „politische Leiter", also Parteigenossen, an Bord unterzubringen, aber sie können – das ist den Nazis klar, keine „Gegenregierung" an Bord bilden. Der Kapitän ist und bleibt „Master next God", seine Befehlsgewalt ist nicht eingeschränkt. Aber die „Nazi-Spitzel", die häufig zu den rangniederen Mannschaftsmitgliedern gehören und oft eine geringe Fahrenszeit aufweisen, bringen schon die Hierarchie durcheinander, sie machen sich zu selbsternannten Sprechern der Mannschaft. Da die „politischen Leiter" auch einen Quasi-Kündigungsschutz genießen (sie dürfen nicht ohne Einwilligung des „Marine-Superintendenten" entlassen werden) kommt es an Bord häufiger zu Kompetenzgerangel.

Ernst beteiligt sich nicht an Diskussionen, er gibt sich nach wie vor unpolitisch, und er widersteht auch dem Werben der „Bordwarte", sich in der nationalsozialistischen Seeleute-Organisation zu engagieren, geschweige denn Parteimitglied zu werden. Obwohl es schon früh einen „Aufnahmestopp" für die

NSDAP gibt, sind Seeleute davon ausgenommen. Der Führung ist sehr bewusst, dass der Anteil der in der Partei organisierten Seeleute zu gering ist, um in diesem sensiblen, außenpolitisch bedeutenden Bereich hinreichend Kontrolle zu haben.

Ernst hat Freude an der Seefahrt, er bereut seine Berufsentscheidung nicht. Er hat sich mittlerweile von der Segelschiffsromantik gelöst und mit dem technischen Fortschritt arrangiert. Er lernt hinzu, lernt auf Wache von den Offizieren immer mehr über Navigation, bekommt das Gefühl für Meeresströmungen, kann bevorstehende Wetterwechsel an den Wolken ablesen, Luftdruckabfall förmlich „riechen" und er beherrscht alle seemännischen Arbeiten aus dem ff. Mit den Kameraden an Bord kommt er gut klar. Bei den Reisen nach England und in die USA kann er sein Schulenglisch anwenden, erproben und verbessern, und die „Fachsprache", die zum Beispiel ein Lotse auf der Revierfahrt benutzt, hat er bald verinnerlicht.

Steuermannsschule und die große Liebe

Die zwei Heimaturlaube, die er bis zum Beginn des Lehrgangs an der Steuermannschule 1934 bekommt, verbringt er in Harburg. Das Bauprojekt seiner Eltern schreitet voran, man hat inzwischen einen Architekten gefunden, der dem Projekt Anschub gibt. Das Schicksal (oder der Zufall) will es, dass sich seine Schwester Anneliese in den jungen Architekten Herrmann Stein verliebt hat (oder umgekehrt, oder auch beide gleichzeitig). Bei Planungsgesprächen im Hause Wehmeyer kommen die beiden sich näher, dann zusammen und 1935 landen sie im Hafen der Ehe.

Ernst ist in dieser Zeit ohne feste Beziehung, wie soll dies auch einem Seemann möglich sein? Und über Beziehungen zu weiblichen Wesen in dieser Zeit gibt es keine validen Aussagen, Menschen, die darüber hätten berichten können, können nicht mehr reden, und der Chronist hat es versäumt, rechtzeitig solche Fragen zu stellen…

1934 meldet sich Ernst schriftlich, unter Nachweis seiner Fahrtzeiten und seiner Zeugnisse von Schule und Daseinsberechtigung als Deutscher an der Seefahrtsschule Hamburg, oberhalb der Landungsbrücken gelegen, an, um den zweijährigen Lehrgang für das Patent A 5 (Steuermann auf großer Fahrt) zu besuchen. Seine Schulzeit ist jetzt viereinhalb Jahre her, aber dies ist anders als seine Oberrealschule, wo das Gelernte (oder auch nicht Gelernte) fast nie einen Bezug zum

Leben hatte. Hier hat er die Fächer Navigation (darüber hat er an Bord schon eine ganze Menge gelernt), Mathematik (jetzt sieht er die Notwendigkeit, Trigonometrie anzuwenden), Sprachen (und das ist vor allem Fachenglisch), aber auch Menschenführung (darüber hat er sich schon bei der strengen Hierarchie auf der „Padua" kritische Gedanken gemacht), Geografie (den Äquator, Passat- und Monsunwinde hatte er bereits kennengelernt, ebenso die halbe Welt), Astronomie (nicht nur das „Kreuz des Südens" hat er während der Wachen und Freiwachen über sich gespürt und sich die Frage über die Endlichkeit des Alls gestellt) und Physik (wie sehr ein Schiff physikalischen Gesetzen unterworfen ist, merkte er bei jedem Sturm, egal ob Segler, Dampfer oder Motorschiff). Am 10. September 1934 beginnt der Kurs, endlich ist Ernst auch volljährig. Er wohnt natürlich zu Hause. Er hatte in seiner Zeit als Matrose für den Schulbesuch, einschließlich des Schulgeldes, gespart. Um weiter seine Geldausgaben zu minimieren, fährt er jeden Tag mit dem Fahrrad von der Grumbrechtstraße durch den Elbtunnel zu den Landungsbrücken, hin und zurück 36 km. Aber Ernst ist jung, noch schlank, hat Kraft und in „Leibesübungen" in der Oberrealschule die Note „sehr gut" gehabt. Seine Mutter Elisabeth versorgt ihn mit seinen Lieblingsessen, sein kleiner Bruder Rudi, der inzwischen gar nicht mehr so klein ist, besucht die Mittelschule, Anneliese ist meistens mit ihrem Hermann unterwegs oder erledigt für diesen Schreibarbeiten.

Die Pläne für das Doppelhaus in der Triftstraße sind inzwischen genehmigt, und es kann mit dem Ausheben der Baugrube begonnen werden. Viele Arbeiten werden in Eigenregie übernommen. Vater August heuert Kollegen von seinem Schlepper an, der Baupartner Arno Dienhold ordert zu einem günstigen Preis die Kalksandsteine von seinem Arbeitgeber, dem Hartsteinwerk in der Brookstraße, und man trifft sich zu Arbeitseinsätzen am Bauplatz in der Triftstraße. Auch Ernst muss trotz seines Schulstresses beim Stapeln der geschütteten Kalksandsteine helfen. Dort begegnet er das erste Mal Irmgard Dienhold, eine Eißendorfer Schönheit mit dunklen Haaren, von Beruf Stenotypistin, 15 Monate älter als er. Sie packt beim Steine stapeln kräftig mit an, und jedes Mal, wenn sie sich bückt, muss Ernst nicht in ihre Augen, aber in ihr Dekolleté schauen. In den Arbeitspausen kommen sie ins Gespräch, sie scheint neugierig auf den jungen Seemann zu sein, von dem sie schon eine ganze Menge gehört hat. Irmgards Mutter hat Brote gemacht und dazu Bier gereicht, die beiden sitzen zusammen, und jetzt hat Ernst auch Gelegenheit, ihr in die grün-braunen Augen zu schauen. Sie gefällt ihm, und er merkt, dass dies durchaus auf

Gegenseitigkeit beruht. Bevor sie mit ihrem Fahrrad wieder runter in ihr Elternhaus in der Brookstraße fährt, fragt Ernst Irmgard, ob sie nicht mal Lust hätte, mit ihm ins Kino zu gehen. Das passiert schon in der nächsten Woche. Welchen Film die beiden angesehen haben, verschließt sich dem Chronisten, dass die beiden von da an ein Paar sind, ist auch für alle anderen offensichtlich. Rudi macht gegenüber seinem großen Bruder immer wieder anzügliche Bemerkungen, aber Ernst kann es ab. Er ist verliebt. Verliebt in sein Irmchen.

Aber sein Ziel ist zunächst, die Steuermannsprüfung zu bestehen. Parallel beginnt er mit einem Bordfunker-Lehrgang, weil er weiß, dass er mit diesem Patent an Bord nicht nur weiteres Herrschaftswissen erlangen, sondern auch mehr Geld verdienen kann. In den Sommerferien des Jahres 1935 lässt sich Ernst, um seine Kasse aufzubessern, für eine Fahrt als Matrose auf der Ostsee anheuern. Als er nach dieser nur kurzen Reise wieder nach Harburg kommt, denkt er nur noch daran, sein Irmchen in die Arme zu schließen. Der Bau in der Triftstraße macht Fortschritte, noch 1935 können August und Lieschen von der Grumbrechtstraße in die neue Doppelhaushälfte Triftstraße 79 einziehen. Familie Dienhold, die Bauherren Hausnummer 81, vermieten zunächst das Haus an eine Familie Langenbach, sie wollen erst nach Arnos Wechsel in den Ruhestand einziehen, so lange steht ihnen ihre Dienstwohnung neben dem Hartsteinwerk zur Verfügung.

Ernst geht jetzt in Irmgards Elternhaus ein und aus. In der Nähe befindet sich ein Tanzlokal, der „Ütschendiek", Irmgard ist oft dort zum Schwof gewesen, bevor sie Ernst kennengelernt hat. Aber für Ernst ist es ein Reinfall. Er kann nicht tanzen, Rhythmusgefühl ist ihm fremd, während sie es im Blut hat. Natürlich ist sie ein wenig enttäuscht, aber es verbinden sie viele andere Dinge. Sie fahren an schönen Wochenenden häufig mit den Rädern an die Seeve, einem Heidefluss, der in der Nähe von Harburg in die Elbe mündet. Irmgard, die als Sekretärin in einem Handwerksbetrieb gut verdient, macht (alleine oder mit Freundinnen) KdF-Reisen (**K**raft **d**urch **F**reude, es gehört zum „Lebens-Verschönerungs-Konzept" der Nazis) an die See, auf Kreuzfahrt oder zum Schilaufen ins Riesengebirge. Ernst hat keine Zeit, er muss lernen für seine Prüfungen, er muss die Kosten für den Besuch der Seefahrtsschule tragen, und nach dem Abschluss im Juli 1936 wartet auf ihn wieder die See. Am 12. März 1936 bekommt Ernst sein Patent zum Seesteuermann auf Großer Fahrt ausgehändigt, am 31. Juli das Zeugnis zum Bordfunker 2. Klasse. Er informiert seine alte Reederei, die „Poseidon" in Königsberg (*kannst immer arbeiten*) über seine bestandenen Prüfungen, im Gegenzug bietet man ihm einen Posten als 3. Offizier und Funker in Personalunion an.

Der Abschied von seinem „Irmchen" fällt schwer, es beruht auf Gegenseitigkeit. Sie beschließen, sich zu verloben, bevor Ernst wieder auf See geht. Ernst ist 23 Jahre alt, Irmgard schon 24. Aber für beide steht fest, dass sie heiraten wollen. Irmgard hat sich damit abgefunden, dass sie von jetzt an eine Seemannsbraut ist.

Endlich mittschiffs

Ernst heuert am 17.8.1936 auf dem Dampfer D. „Rheinland" an. Er wohnt jetzt mittschiffs in einer Einzelkammer, seine Funkerbude ist oben hinter dem Kartenhaus auf Steuerbord-

D. Rheinland mit Holzladung

seite. Er isst in der Offiziersmesse, mit dem 2. Offizier und den Schiffsingenieuren, die auf Dampfschiffen noch „Maschinisten" heißen. Und er ist nicht mehr Befehlsempfänger, sondern in seinem Bereich Befehlender. Er steht zwar sehr unter der Aufsicht seines Kapitäns, der seine Wachtätigkeit immer wieder kontrolliert, seine Standortberechnungen und Logbucheintragungen überprüft und z.T. revidiert, aber seine Arbeit wird immer selbständiger. Besonders die tägliche Funkwache findet er spannend, er liebt es, in den Äther hineinzuhorchen, empfängt gewissenhaft die Schiffsmeldungen und ist mit diesem Medium bald völlig vertraut. Die „Rheinland" ist kein modernes Schiff, sie wird vor allem in der Kohle- und Holzschifffahrt im europäischen Bereich eingesetzt. Kohle nach Memel, Zelluloseprodukte aus den Stinnes-Papierfabriken in Litauen oder Ostpreußen zurück in westeuropäische Häfen. Das Schiff wurde bereits 1924 gebaut, war also älter als die „Padua", an die sich Ernst noch manchmal erinnert, wenn sich auf Wache die Gelegenheit ergibt, mit seinem Rudergänger ins Gespräch zu kommen.

Ernsts Monatsheuer als 3. Offizier beträgt 171 RM, die Funkerzulage 65,65 RM. Hinzu kommen diverse Abzüge wie Lohnsteuer, Kirchensteuer, Bürgersteuer, Arbeitsfrontbeiträge und Sozialversicherungen. 100 RM legt der junge Offizier „auf die Kante", er muss sparen für die Hochzeit und die gemeinsame Wohnung, die er nach der Eheschließung mit Irmgard beziehen will. Nach der sucht sie in Hamburg-Harburg (so heißt die nach der Gebietsreform 1938 Hamburg zugeschlagene ehemals preußische Kreisstadt an der Elbe), möglichst in der Nähe beider Eltern. Ernsts Vorschuss für Landgänge in den einzelnen Häfen hält sich in Grenzen, er gilt als sparsam und gibt sein Geld nicht in schummeri-

Ernst überwacht das Holzladen in Finnland von der Reling aus

gen Hafenbars mit leichten Mädchen aus. Er trinkt gerne abends sein Bier, auch mit Kameraden aus der Offiziersmesse, er raucht seine zollfreien Zigaretten (jetzt nicht mehr selbstgedreht), aber davon immer mehr. Auf Wache geht sein „Glimmstengel" kaum aus, besonders bei Schlechtwetter, Eisgang oder brenzliger Revierfahrt sind Zigaretten und eine Muck mit schwarzem Kaffee seine Grundnahrung. Nach seiner Heuerabrechnung aus dieser Zeit bleibt Ernst am Ende des Monats meist ein Auszahlungsbetrag von 50 – 100 RM.

Irmgard während einer Kanalfahrt am Heck

Mit seinem Irmchen tauscht Ernst viele Briefe aus, in diesen kann er Gefühle oft viel besser ausdrücken als im persönlichen Gespräch. Da die „Rheinland" fast auf jeder dieser Nord-Ostseereisen durch den *Kaiser-Wilhelm-Kanal*, der beide Meere miteinander verbindet, steht Irmgard manchmal an der Schleuse in *Kiel-Holtenau* oder in *Brunsbüttel-koog*, um ihren „Jungen" wenigstens für einige Stunden zu sehen. Sie fährt dann meist die Kanalstrecke an Bord der „Rheinland" mit, gelegentlich sind auch andere Offiziersfrauen an Bord. Sie hat dann meistens viele Dinge im Gepäck, Kleidung für die winterliche Ostseefahrt, gebügelte Hemden (obwohl Ernst das auch ganz gut selbst kann), Briefe von seinen Eltern, und natürlich Leckeres selbstgekochtes Essen, obwohl die Bordverpflegung nicht von schlechten Eltern ist. Und sie bringt sich selbst mit, als schönstes Geschenk. Obwohl in acht Stunden Kanalfahrt nicht viel Zeit für Liebesbezeugungen bleibt (Ernst ist schließlich im Dienst), frischt es ihre Beziehung auf. Sie zehren wieder einige Wochen davon, und sie freuen sich auf Ernsts kurze Urlaube in Harburg. Und dann heißt es in Holtenau oder Brunsbüttel wieder Abschied nehmen.

Ernsts Schwester Anneliese hat bereits am 29.6.1936 (noch während Ernsts Steuermannsschulzeit) ihren ersten Sohn geboren, er freut sich darauf, seinen kleinen Neffen zu sehen und wird dessen Patenonkel. Er wohnt inzwischen in der neugebauten Doppelhaushälfte in der Triftstraße 79, er hilft – wenn auch mit wenig Lust – seinem Vater in dem großen Garten, wo Gemüse angebaut wird, Obstbäume stehen und auch immer 6 – 10 Hühner laufen. Inzwischen wohnt in der Triftstraße auch Julius Grunewald aus *Lehe*, der August vor 24 Jahren nicht seine Tochter Elisabeth zur Frau geben wollte. Julius Frau war inzwischen verstorben, und August besitzt nicht nur ein geräumiges Haus, sondern auch ein großes Herz, in dem vergangene Schmach keinen Platz hat. Er lässt im Garten ein kleines Häuschen aufmauern und richtet Julius dort eine bescheidene Schusterwerkstatt ein. Kunden gibt es für kleine Reparaturen genug, Julius gehört zur Familie und bekommt im Haus seiner Tochter nicht nur regelmäßige Mahlzeiten, sondern am Abend auch seinen geliebten *Köm*, und manchmal leistet ihm August dabei Gesellschaft. Rudi, der Jüngste, hatte 1936 eine Lehre als Drogist und Fotolaborant begonnen, die Fotografie, schon als Schüler auf der Mittelschule seine große Leidenschaft, lässt ihn auch jetzt nicht los.

Neubau M/S. „Mathias Stinnes" (8000 t) nach der Auslieferung Dezember
Während der wenigen Tage, die Ernst auf Urlaub zu Hause weilt, will er natürlich vor allem mit seinem Irmchen zusammen sein. Sie wohnt noch im Elternhaus in der Brookstraße, er ist dort ein gern gesehener Gast, genießt auch die Speisen seiner Schwiegermutter Martha Dienhold, der der Ruf einer Spitzenköchin vorausgeht. Aber zu viel Nähe, nach dem sich ein verliebtes Paar sehnt, ist auch dort nicht möglich. In der Woche holt er sie manchmal an ihrer Arbeitsstelle am Gertrudenkirchhof in der Nähe des Hamburger Hauptbahnhofs ab,

sie schlendern dann durch die Mönckebergstraße, gehen in der Spitalerstraße in die Fischbratküche von Daniel Wischer, essen dort Bratfisch mit dem besten Kartoffelsalat der Stadt und promenieren ein wenig entlang der Binnenalster, bevor sie wieder mit dem Vorortzug nach Harburg fahren. Auch Radtouren an die Seeve, wo sie stundenlang im hohen Gras am Fluss liegen und manchmal die Füße ins kalte Wasser halten, um Körper und überschießende Hormone ab-zuk ühlen, gehört zu ihrem Schönwetterfreizeitprogramm.

Irmgard spürt es nach solchem kurzen Beisammensein, was es bedeutet, eine Seemannsbraut zu sein. Manchmal zweifelt sie sogar daran, ob es sinnvoll ist, eine Seemannsfrau zu werden. Aber wenn beide wieder getrennt sind, spüren sie die Sehnsucht, die sie wie ein Sisaltampen zwischen Meer und Land verbin-det.Am 1. April 1937 gibt die Poseidon-Reederei Ernst den Auftrag, sich an der Schleuse Kiel-Holtenau einzufinden, um an Bord des D. „Ernst Hugo Stinnes" den 3. Offizier abzulösen. Ziel der Reederei-Inspektion ist, dass die jungen Steu-erleute auf möglichst vielen Schiffen Erfahrung sammeln. Ernst übernimmt

3. Wachoffizier auf „Mathias Stinnes" 1938

auch hier wieder neben seiner Tätigkeit als 3. Offizier die Funkerei. Ernst liebt diesen Damp-fer nicht, obwohl er seinen Namen trägt. Aber er macht seinen Job im Dienst der Reederei und zur Zufriedenheit seines Kapitäns. In diese Zeit fallen mehrere Finnlandfahrten zum Holzladen. Es sind im Sommer auch einige Passagiere an Bord, was Ernst gefällt. Es gibt Abwechslung, Unterhaltung, auch manchen harmlosen Flirt. Bis zum 15. Oktober bleibt er an Bord, dann bekommt er seinen Jahresurlaub bis zum 24.10. Danach lautet sein Auftrag, sich am 25. Oktober 1937 bei der Flensburger Schiff-baugesellschaft einzufinden, um mit bei der Bauaufsicht des M/S. „Mathias Stinnes" einge-teilt zu werden. Nach der Indienststellung soll er auf diesem Neubau die Posi-tion des 3. Offiziers und des Funkers einnehmen. Ernst ist stolz, dass man ihn für dieses moderne Motorschiff vorgesehen hat, gerne fährt er nach seinem Ur-laub in die Fördestadt. Es ist auch nicht zu weit von oder nach Hamburg, Irm-chen kann ihn in Flensburg einmal besuchen und er nutzt die Möglichkeit, an einem Sonntag mit dem Zug zu ihr nach Hamburg zu kommen. Auf der

Werftprobefahrt wird das Schiff technisch abgenommen, dann erfolgt die Probefahrt mit geladenen Gästen und großer Bewirtung. Auch Ernst muss seine „Parade-Uniform" (dunkles Blau, ein Ärmelstreifen) tragen.

Am nächsten Tag geht es auf Große Fahrt. Es ist Mitte Dezember 1937. Die M/S. „Mathias Stinnes" ist ein modernes Stückgutschiff mit 8000 t Tragfähigkeit, angetrieben durch Dieselmotoren. Endlich ist Ernst mal von den Dampfern runter! Er weiß, dass Motorschiffen die Zukunft gehört. Sie sind wendiger, man kann den Motor anlassen, es müssen keine Kessel erst unter Dampf gesetzt werden. Auch Kammern und Messe haben eine gediegenere Ausstattung, in der Kombüse kann - wenn der Koch was taugt – aufgrund der Ausstattung gezaubert werden. Und es gibt Kabinen für Passagiere, die gut angenommen werden. Es geht auf eine Nordamerikareise mit Häfen der Ostküste, aber leider geht aus den Aufzeichnungen wenig über den Verlauf der Reise hervor, Briefe und Ansichtskarten an Ernst Verlobte Irmgard sind beim Ausbomben ihrer Wohnung 1944 verloren gegangen. Stinnes ist zu dieser Zeit dabei, einen Nordamerika-Liniendienst aufzubauen mit Häfen der Ostküste, der Golf-Küste und Kuba sowie den großen Seen. Ernst bleibt als 3. Offizier und Funker laut Seefahrtbuch bis zum 11. Mai 1938 an Bord. Von Liverpool, dem ersten europäischen Hafen nach der Atlantiküberquerung, bittet Ernst in einem Brief seine Inspektion um Ablösung im ersten deutschen Hafen, das ist Hamburg-Harburg. Er fühlt sich gesundheitlich schlecht, leidet ständig an Bauchschmerzen, Übelkeit und Erbrechen. Er, der schon gesund nicht mehr als 65 kg wiegt, verliert immer mehr Pfunde. Ein Arzt, den er in einem der nordamerikanischen Häfen konsultiert hat, diagnostiziert ein Bandwurmleiden. Am 11. Mai läuft die „Mathias Stinnes" im Seehafenbecken von *Hamburg-Harburg* ein, sein Vater August, der für Stinnes-Schiffe zuständige Schlepperführer, nimmt das Schiff auf den Haken und bringt es an die Pier. In *Harburg* geht er in die Triftstraße 79, der Hausarzt der Familie Wehmeyer kommt und bestätigt die Diagnose. Ernst muss eine „Kur" mit Medikamenten, die ihn zunächst noch mehr schwächen, „erleiden", aber dann tritt langsam Besserung ein. Auch Irmgard, seine Verlobte, kommt jeden Abend mit dem Fahrrad in der Triftstraße vorbei, macht ihm Mut und trägt auch so zu seiner Heilung bei. Und sie hat gute Neuigkeiten: Sie hat eine Neubauwohnung gefunden, die sie nach der Eheschließung beziehen können. Sie ist in der Pestalozzistraße, ungefähr auf halbem Weg zwischen ihrem Elternhaus in der Brookstraße und seinem in der Triftstraße gelegen, zwei Blöcke entfernt von der Wohnung seiner Schwester Anneliese in der Femerlingstraße, die inzwischen ihr zweites Kind erwartet. Und Irmgard wird auch konkret: Sie möchte noch in diesem Jahr heiraten, also spätestens im Dezember, und sie will die dann fertiggestellte Wohnung vorher einrichten…

Am 23. Mai schreibt Ernst nach Königsberg, dass er „gesundheitlich wieder vollkommen hergestellt" sei und gerne so bald wie möglich seinen Dienst auf „Mathias Stinnes" antreten möchte. Aber die „Mathias" ist inzwischen weit weg von Europa. Also will man ihn als Urlaubsvertretung für die Küstenfahrt auf den Dampfern „Annie Hugo Stinnes" sowie „Edmund Hugo Stinnes" einsetzen.

Ernst (lks.) auf Kuba November 1938

Auf die „Annie" geht Ernst am 1.6.38 in *Hamburg-Harburg*, Vater August schleppt das Schiff wieder aus dem Hafenbecken und verabschiedet es mit einem langen Signalton aus dem Typhon. Ernst, der hier eine Vertretungsreise als 2. Offizier macht, winkt seinem Vater noch mal vom Heck, wo er die Auslaufwache hat. Auf der „Annie" mustert er nach fünf Wochen auf Nord- und Ostsee in *Hamburg* zunächst ab, um zwei Tage später in *Holtenau* die Urlaubsvertretung als 3. Offizier auf dem Dampfer „Edmund Hugo Stinnes" zu übernehmen, anschließend muss er allerdings noch einmal bis zum 23.7. auf die „Annie", kann jedoch nach acht Tagen Fahrt wieder in *Hamburg-Harburg* abmustern. Es bleiben ihm noch einige Tage in seiner Heimatstadt, es gibt viel zu erledigen, denn er muss mit Irmgard über die Einrichtung der neuen Wohnung reden (oder besser sie mit ihm), sich an der Seefahrtschule für den im Januar 1939 beginnenden Lehrgang „A 6, Kapitän auf Großer Fahrt" anmelden, und dann kommt der Brief aus *Königsberg*, dass er am 28.7.38 wieder seinen Dienst als 3. Offizier auf „Mathias Stinnes" antreten könne. Er freut sich auf das Schiff, weiß aber auch, dass noch in diesem Jahr etliche Dinge auf ihn zukommen werden. Es geht wieder an die Ostküste USA, dann zurück nach

Bremen, anschließend noch einmal auf eine Nordatlantik- Reise, einschließlich *Havanna* auf *Kuba*. Hier freut sich Ernst, dass er seine während der Segelschiff-zeit erworbenen Spanischkenntnisse auf Landgang endlich mal wieder anwen-den kann. Von *New Orleans*, dem letzten Nordamerika-Hafen, teilt Ernst am 14. November seiner Reederei-Inspektion mit, dass er von Januar 1939 für den 6-monatigen Kapitänslehrgang eine Zulassung erhalten habe und am Jahresende heiraten wolle. Er bittet darum, im ersten deutschen Hafen abgelöst und bis August 1939 beurlaubt zu werden.

Der Brief endet, wie es der Form in dieser Zeit ent-spricht, „mit deutschem Gruß" und erhält in Liver-pool, dem ersten europäi-schen Hafen, die Bestäti-gung, dass man für Ablö-sung sorgen wolle, eben-falls „mit deutschem Gruß". Deutschland hat sich in den Jahren seit 1933 verändert, das merkt man auch bei der Seefahrt. Die internationale Transport-wirtschaft boomt zwar, ma-teriell geht es den Seeleuten 1938 wesentlich besser, aber die Einengung der Meinungsfreiheit ist auch auf den Schiffen spürbar. Ernst nimmt in den USA, vor allen in den Südstaaten, sogar eine gewisse Begeisterung von Amerikanern für den deutschen Kurs wahr, ihm selbst aber ist die Kontrolle und die Aus-grenzung bestimmter Bevölkerungsteile unheimlich, ebenso die Rassentren-nung, die von Amerikanern in den Südstaaten praktiziert wird. Und um noch als Funker tätig sein zu können, muss er jetzt einen Ariernachweis erbringen. An Bord ist immer jemand, der alles mithört und wahrscheinlich auch mit-schreibt. Er bemerkt, wie das Land aufrüstet, viele seiner ehemaligen Kollegen wechseln zur Kriegsmarine. Auch sein Freund Walter Kutschbach, der nach sei-nem Abitur ebenfalls eine Ausbildung zum Seemann begann, hat eine Karriere bei der Luftwaffe als Pilot begonnen. Der „Anschluss" Österreichs und das Münchner Abkommen von September, in dem Deutschland zugestanden wurde, das Sudetenland ins Deutsche Reich einzugliedern, nimmt er zwar über die per Funk übermittelten Nachrichten wahr, aber eben aus der Ferne. Und was zu Hause passiert, davon bekommt er nichts mit, so ist er am 9. November 1938, als während der „Reichspogromnacht" auch in *Harburg* der jüdische Friedhof, die Synagoge und die Geschäfte jüdischer Bürger zerstört und zum Teil angesteckt werden, an der amerikanischen Ostküste, denkt an sein Irmchen, die bevorstehende Eheschließung mit ihr (für die sie ihm jetzt brieflich den 31. Dezember, Sylvester, als Termin genannt hat), und dass er dann endlich sein Kapitänspatent A 6 auf großer Fahrt machen kann…. Was in Deutschland los ist, davon bekommt er nichts mit, auch nicht von den Wolken des Krieges, die immer dunkler am Himmel Europas aufziehen.

Am 16. Dezember 1938 mustert Ernst in Bremen von der „Mathias" ab. Irmgard erwartet ihn sehnsüchtig und zeigt ihm die neue Wohnung, die sie mit Hilfe von Freunden und Eltern schon komplett eingerichtet hat. Es fehlen für die Eheschließung noch einige Papiere, Ernst muss auf Ämter gehen und dort darum betteln, eine Sache, die er hasst wie die Pest.

Das Weihnachtsfest 1938 verbringen die Verlobten noch in den Häusern ihrer Eltern, die neue Wohnung kann erst nach der Eheschließung bezogen werden, sonst könnte der Vermieter wegen Kuppelei bestraft werden.

Hochzeit von Irmgard und Ernst und der Weg zum Kapitänspatent auf „Großer Fahrt A 6"

Im letzten Friedensjahr haben die Ämter an Sylvester zumindest vormittags noch geöffnet, also auch das Standesamt *Hamburg-Harburg*. Irmgard hatte Druck gemacht, dass die Eheschließung noch 1938 vollzogen wird, auch steuerliche Vorteile spielten dabei eine Rolle. Die notwendigen Papiere sind endlich alle beisammen, als Trauzeuge sind August Wehmeyer als Vater des Bräutigams und Arno Dienhold als Brautvater anwesend. Beide Verlobten bejahen die Frage des Standesbeamten einzeln und nacheinander, ob sie die Ehe miteinander eingehen wollen, mit „Ja". Der Standesbeamte spricht dann im Namen des Reiches aus, dass beide von nun an rechtmäßig verbundene Eheleute seien. Nun müssen für die Heiratsurkunde die Angabe über die Großeltern des frischen Ehepaares gemacht werden. Es ist der „Ariernachweis", ein „Muss" in diesen braunen Zeiten.

Eine kirchliche Trauung gibt es nicht. Durch die Abwesenheit von Ernst war die Zeit für die Vorbereitung knapp, und er liebt solche Zeremonien nicht. „Vielleicht später mal", denken sie und sagen es auf Nachfragen auch so. Aber der Lauf der Zeit macht da einen Strich durch die Rechnung.

Es gibt ein gemeinsames festliches Mittagessen bei Martha und Arno Dienhold in der Brookstraße, und am Abend eine feucht-fröhliche Sylvester-Hochzeits-feier in der Triftstraße mit Ernsts Geschwistern Rudi und Anneliese, Hermann, Annelieses Mann, sowie einigen Freunden der Familien. Dann gehen Irmgard und Ernst durch die nasskalte, aber frostfreie Neujahrsnacht runter nach Eißen-dorf zur neuen Wohnung in der Pestalozzistraße, es ist ihre Hochzeitsnacht.

Ein offizielles Hochzeitsfoto wird zwar von einem professionellen Fotografen aufgenommen, aber es wird hinterher auf Irmgards Wunsch vernichtet. Ernst guckt auf diesem Bild so unendlich böse, dass seine junge Frau dies als schlech-tes Omen empfindet. Später wird Irmgard ihren Kindern erzählen, dass ihr „ge-rade-eben-Ehemann" eifersüchtig war: er hätte geglaubt, dass sie etwas mit dem ihr schon vorher bekannten Fotografen hätte, weil beide so freundlich mit-einander umgegangen seien.

Für sie ist es die erste ei-gene Wohnung, Irm-gard hat sie mit dem ge-meinsamen Geld, aber dem ihr eigenen Ge-schmack eingerichtet, beide fühlen sich wohl. Es gibt in diesen kalten Januartagen durch die Zentralheizung eine kuschelige Wärme, sie genießen das unge-störte Beisammensein.

Ernst und im Irmgard während des Krieges

Aber am 16. Januar 1939 beginnt an der Seefahrtsschule Ernsts halbjähriger Lehrgang, um das Kapitänspatent zu erwerben. Irmgard hat als verheiratete

Frau gemäß der herrschenden Ideologie von Familie ihre Stellung als Kontoristin in der Hamburger Innenstadt aufgegeben (oder besser aufgeben müssen) und ist jetzt „dienende" Ehefrau, die auch gerne bald ein Kind hätte. Und Ernst freut sich, wenn er am späten Nachmittag von der Seefahrtsschule kommt (er fährt jetzt nicht mehr - zumindest nicht im Winter – mit dem Fahrrad, sondern benutzt Vorortszug und U-Bahn bis Landungsbrücken). Sein Irmchen hat dann ein warmes Essen zubereitet, das immer seinen Geschmack trifft. Meist hat er abends viel zu lernen, Irmgard schaut ihm ab und zu über die Schulter, aber für sie ist dies alles schwer zu verstehen. An den Wochenenden gehen sie häufig zu Eltern und Schwiegereltern, auch Anneliese kommt immer wieder „auf einem Sprung" mit ihren beiden Söhnen, 2 ½ Jahre und 3 Monate alt. Aber das Flitterpaar hat eine schöne gemeinsame Zeit, und als das Frühjahr und der Sommer kommen, sitzen sie oft in den gastfreundlichen Gärten der Brookstraße und Triftstraße 79. Und sie fahren, wenn es Ernsts Studien erlauben, mit den Rädern an die Seeve oder zur Kirschblüte ins Kehdinger Land, wo Ernsts Verwandtschaft väterlicherseits neugierig auf seine junge schöne Frau ist.

Der Lernstoff für das Kapitänspatent ist sehr komprimiert, aber Ernst ist ehrgeizig und kann dem Stoff gut folgen. Und sein großer Traum ist es halt immer noch, ein Schiff auf Großer Fahrt zu führen.

Die Spannungen in Europa verschärfen sich. Hitler annektiert am 15. März 1939 nach Österreich und dem Sudetenland die von ihm Böhmen und Mähren genannten Teile der Tschechoslowakei und fordert damit England und Frankreich heraus, weil damit gegen das Münchener Abkommen verstoßen wird. Außerdem verlangt er von Polen die Herausgabe von Danzig. Der Krieg rückt bedrohlich näher, die Rüstungsproduktion wird noch mal hochgeschraubt, eine irrsinnige Propagandawelle als Kriegsvorbereitung überrollt das Land. Irmgard sieht den Krieg bedrohlich nahe, Ernst will im Moment noch nichts davon wissen.

Am 29. Juli 1939 erhält Ernst das Kapitänspatent. Er teilt dies umgehend seiner Reedereiinspektion mit und bittet um eine Wiedereinstellung als 2. Offizier auf großer Fahrt.

Poseidon schreibt bereits am 2. August aus Königsberg. Man gratuliert ihm zur Erteilung des Patents und teilt ihm mit, dass man bereit sei, ihn als 2. Offizier auf „Mathias Stinnes" einzustellen. Für eine gleichzeitige Übernahme des Funkdienstes will man ihm jedoch keine Versprechungen machen.

Ernst und Irmgard können sich im August, den letzten Friedenswochen, noch sehr intensiv aufeinander beziehen und viel Gemeinsames unternehmen – aber die Lage im Land spitzt sich zu, die Stimmung wird immer aggressiver, Hitler scheint den Krieg unbedingt zu wollen.

Am 28. August erhält Ernst ein Telegramm, dass er sich sofort auf den Weg nach *Nordenham* machen solle, um seine Stelle als 2. Offizier auf M/S. „Mathias Stinnes" anzutreten. Das Schifft läuft am 29.8.39 in Richtung *Lulea/Schweden* aus, um Holz zu laden.

Am 1. September greifen deutsche Truppen Polen an. Zwei Tage später erklären England und Frankreich Deutschland den Krieg. Ernsts bester Freund Walter Kutschbach kommt am 3. September 1939 von einem Aufklärungsflug über der Nordsee nicht wieder zu seiner Einheit bei Wilhelmshaven zurück. Die deutsche Flak, nun in Kriegsbereitschaft, glaubt, es handle sich bei dem von der Nordsee einkommenden Flugzeug um den Angriff eines britischen Militärflugzeuges. Sie holen ihn herunter, Walter hat keine Chance. Er ist einer der ersten von 70 Millionen Toten im II. Weltkrieg.

Vater August mit Söhnen Ernst (re.) und Rudi (lks.) um 1939

Teil IV

Die Kriegsjahre 1939 - 1945

Ernst als 1. Offizier 1943

- „Mathias Stinnes"

- Abschuss „Cläre Hugo Stinnes"

- Verwundung, Lazarett

- Norwegenfahrt

- Leben als Seemannsfrau

- Tod der Schwiegereltern durch Bombenangriff am 20.10.1944

- Ausbombung Pestalozzistraße

- Notquartier Adolf v. Elmenhof

- Erste Schwangerschaft Irmgard

- Abschuss Dampfer „Fritz Schoop"

- Kriegsende 8.5.45

- Vorläufiges Ende der Seefahrt 8/45

In den Krieg auf „Mathias Stinnes"

Mit Kriegsbeginn wird der Nordatlantikliniendienst sofort eingestellt. Die „Mathias Stinnes" geht durch den *Kaiser-Wilhelm-Kanal* zum Holzladen nach *Luleå* in *Nordschweden*, die Ostsee ist noch nicht vom Krieg betroffen und gegen englische U-Boote durch Sperren des *Katte-* und *Skagerraks* gut zu sichern. Aber für den modernen Krieg braucht man keine aus Holz gebauten Pfeile, Bögen oder Lanzen, sondern Eisen und Stahl für Kanonen, Schiffe, Panzer, Fahrzeuge und Bomben, und Eisenerz kommt in dieser Zeit aus *Kiruna in Nordschweden*. Da die Ostsee jedoch im Winter nicht eisfrei ist und es keine Winterpause für den Krieg gibt, muss man das Erz aus dem durch den Golfstrom ganzjährig eisfreien Narvik holen. Dort gibt es eine sogenannte „Erzeisenbahn" in die schwedischen Gruben des nahen *Kiruna*, um einen ganzjährigen Abtransport zu ermöglichen. Norwegen ist jedoch inzwischen auf Seiten der Alliierten in den Krieg gegen das Deutsche Reich eingetreten, obwohl ein Großteil der norwegischen Bevölkerung mit dem dortigen Faschistenführer *Vidkun Quisling* sympathisiert, der eine Kollaboration mit den Deutschen anstrebt. Ziel der Alliierten ist es jedoch, Deutschland vom Erztransport abzuschneiden. So kommt es zwischen dem 9. April und dem 8. Juni 1940 zur verlustreichen *Schlacht von Narvik*, bei der wechselnd die Deutschen und Alliierten die Macht über die Stadt und die norwegische Schärenküste gewinnen.

Übernahme der „Cläre Hugo Stinnes", Beschuss, Verwundung und Lazarett

Auch die „Mathias Stinnes" ist schon mit Nachschub für die deutschen Truppen nach Norwegen beordert, um anschließend – nach der Einnahme – Erz aus Norwegen in die deutschen Verhüttungsbetriebe zu transportieren. Auch das zwei Jahre ältere Schwesterschiff, die „Cläre Hugo Stinnes" befindet sich in dieser Zeit in norwegischen Gewässern. Am 12. April wird die „Cläre" von norwegischen Truppen festgesetzt, die Besatzung gefangengenommen und ganz am Ende des *Hardangerfjords* in *Ulvik* (auf Höhe von *Bergen*) „versteckt", wo es als Wohnschiff für in Norwegen befindliche britische Offiziere dienen soll. Am 24. April entdeckt das deutsche Minensuchboot „M 1" den tief im Fjord liegenden Frachter. Die „Cläre Hugo Stinnes" wird geentert und am 25. April von einer zivilen deutschen Besatzung bemannt. Diese zivile Besatzung wird unter anderem von M/S. „Mathias Stinnes" abgezogen, auch der zweite Offizier Ernst

Wehmeyer befindet sich darunter. Am 2. Mai wird das wieder in Richtung *Bergen* in Fahrt gebrachte Schiff von dem britischen U-Boot „Trident" vor dem *"Björnfjord"* mit Feuer aus dem Deckgeschütz angegriffen und beschädigt, nachdem zwei Torpedos ihr Ziel verfehlt haben. Das Schiff wird von seiner Besatzung an der Insel *Skorpa* unter weiterem Beschuss auf Grund gesetzt. Die Besatzung – unter anderem Ernst Wehmeyer - will dem Beschuss entkommen und in die Boote gehen. Ernst springt vom Kapitänsdeck auf das Bootsdeck runter und *„beschädigt den rechten Fuß hinten bei der Ferse derart, dass der Knochen an dieser Stelle gebrochen ist"*, so schreibt es die Reedereiinspektion an Irmgard Wehmeyer am 10. Juni 1940, nach der endgültigen Einnahme von Norwegen. Bis dahin weiß keiner so richtig etwas über den Verbleib von Schiff und Besatzung, geschuldet auch dem undurchsichtigen Kriegsverlauf an Norwegens Küste.

Die Seeleute in den Booten und im Wasser werden alle gerettet und als „Gefangene" festgesetzt, aber nach 18 Tagen durch deutsche Truppen „befreit". Ernst kommt in ein Marinelazarett nach Bergen, wo seine Verletzung versorgt wird. Anschließend wird er mit dem jetzt als Lazarett eingesetzten ehemaligen KdF-Schiff „Wilhelm Gustloff" von Bergen nach Kiel transportiert, vom 6. – 22. Juli hält er sich im Marinelazarett Bordesholm zur weiteren Behandlung auf. Dort kann ihn Irmgard, die sich wochenlang Sorgen um Verbleib und Gesundheit ihres Mannes gemacht hatte, auch für mehr als eine Woche besuchen. Später werden sich beide an ihre gemeinsamen Tage dort gerne erinnern. Nach weiterer Behandlung durch den Hausarzt in Harburg wird Ernst zum 20. August 1940 gesundgeschrieben. Ernst bittet in einem Brief um Wiedereinstellung auf eines der Motorschiffe der Stinnes-Reederei. Die Zeit, die er in diesen Wochen mit seinem „Irmchen" verbracht hat, sei, so wird es seine Frau später dem Chronisten erzählen, die intensivste in ihrer Beziehung gewesen, aber das von beiden gewünschte Ergebnis bleibt aus. Sie können sich immer noch nicht auf ein gemeinsames Kind freuen.

Nach langem Schriftwechsel erhält Ernst eine Entschädigung von 617 RM für den Verlust der sich auf der „Cläre Hugo Stinnes" befindlichen Dinge. Außerdem verleiht man ihm nach 16 Monaten das „Verwundetenabzeichen in Schwarz" für eine ein- oder zweimalige Verwundung durch Fremdeinwirkung im Krieg. Für Ernst ist diese „Auszeichnung" keine Ehre, er verzichtet auf das Tragen an seiner Uniformjacke.

Kriegsfahrten

Am 22.8. mustert Ernst als 1. Offizier auf dem Dampfer „Marienburg" an, allerdings nur als Küstenvertretung bis *Bremerhaven*, von dort an als 2. Offizier, bis
er in *Nordenham* am 31.12.40 ganz abmustert. Er fährt sofort nach Hause, es ist
Silvester und sein 2. Hochzeitstag. Er ist am Abend in der Pestalozzistraße, Irmgard hat als Silvesteressen auf seinen Wunsch „Karpfen blau" mit Meerret-
tichsauce vorbereitet, ein traditionelles Mahl für den letzten Tag des Jahres. Anschließend gehen sie zu Irmgards Eltern in die Brookstraße, aber von richtigen
Feiern kann man nicht sprechen. Silvesterfeuerwerk ist verboten, Verdunke-
lung ist angesagt, obwohl es bisher noch keine Luftangriffe gegeben hat. Neu-
jahr gibt es einen Frühschoppen in der Triftstraße bei Vater August. Sein Bruder
Rudi ist inzwischen schon zum Kriegsdienst eingezogen worden, Ernst braucht
kein Soldat werden, weil er als Handelsschiffsoffizier einen „kriegsnotwendi-
gen Dienst" versieht, und er hat im Seefahrtsbuch einen Stempelaufdruck
„dienstverpflichtet" als Legitimation für sein Nicht-Soldat-sein.

Bereits am 3. Januar 41 mustert er auf dem Dampfer „Tilsit" in *Hamburg* an, dort
macht er Dienst als 1 O bis zum 31. Mai und mustert in *Königsberg* ab. Er kommt
nach langer Fahrt mit der Bahn in *Hamburg* an. Danach hat Ernst fünf Wochen
Urlaub, den er trotz des Krieges mit seiner Frau genießt. Ferienreisen sind zwar
nicht möglich, aber sie machen viele Ausflüge in die Umgebung und auch an
die See.

Jetzt beginnt die Norwegen-Fahrt. Es werden Konvois gebildet, die von diversen Kriegsschiffen angeführt und begleitet werden. So sollen Angriffe durch
alliierte Flugzeuge und U-Boote rechtzeitig erkannt abgewehrt werden. Trotzdem kommt es immer wieder zu Torpedoangriffen von U-Booten und vielen
Verlusten von Menschen und Schiffen. Die D. "Elbing" ist eins von diesen Kon-
voi-Schiffen. Ernst bleibt dort vom 5.7. bis zum 9.11.41. In Stettin, dem Abmus-
terungshafen, muss er direkt auf den Dampfer „Insterburg" umsteigen und mit
diesem nach Königsberg fahren, wo er auf der D. „Poseidon" eineinhalb Jahre
seinen Dienst als 1. Offizier machen wird. Jetzt hat sich Ernst etabliert. Er sitzt
im Salon mit Kapitän und Chief zusammen, er gehört jetzt, mit 29 Jahren, schon
zu den „Eisheiligen", vor der Mannschaft und andere Offiziere viel Respekt,
manchmal auch Angst haben. Aber es ist auch nicht das, von dem er geträumt
hat: Er wollte in Friedenszeiten mit Motorschiffen auf „Großer Fahrt" die Welt

erkunden. Jetzt sitzt er auf alten Dampfern in der Nord-Ostsee- und Norwegenfahrt fest. Ablösung ist oft in Stettin, Danzig oder Königsberg, sein Irmchen sieht er auch nicht so oft, der Krieg erlaubt es auch nicht unbedingt, dass sie ihn ohne spezielle Reiseerlaubnis besuchen oder mitfahren darf.

Den Dampfer „Poseidon", besteigt Ernst am 16.12.41 in *Königsberg*. Irmgard hat ihn lange Zeit nicht gesehen, und so teilt sie im Januar 42 der Reederei mit, dass sie ihn an der Schleuse in *Holtenau* besuchen und Wintersachen bringen wolle. Sie bitte darum, ihr telegrafisch Nachricht zu senden, wann das Schiff eintrifft. Dem wird entsprochen, und sie kann ihren „Jungen" für eine kurze Zeit sehen.

Es ist ein kalter Winter, die Ostsee beginnt zuzufrieren. Die „Poseidon" fährt nach *Kopenhagen*, aber es besteht bei dem Eisgang kaum eine Chance, wieder

Einer von den drei Briefen Irmgards, der letztlich zur Erteilung des Visums führte

Hamburg-Harburg, 9. März 42.

An den
Herrn Reichsminister des Auswärtigen,
B e r l i n W 8
Wilhelmstr. 74-76.

Betr.: DVD - Kopenhagen.

Auf Ihr Schreiben vom 18.2. und im Anschluss
an meinen Brief vom 11.2. ds. Js. teile ich
Ihnen mit, dass mein Mann sich mit seinem Schiff
noch in Kopenhagen befindet und mein Kommen nach
dort nochmals dringend wünscht.

Wie ich Ihnen schon in meinem ersten Brief u.a. klar
klarlegte, sind wir bereits 3 Jahre verheiratet
und haben uns während dieser Zeit nur Stunden
gesehen. Da wir gern ein Kind haben möchten und
mir der Arzt dringend dazu geraten hat, ist die
Reise zu meinem Mann einmal für meine körper-
liche und seelische Gesunderhaltung und z. a.
auch aus bevölkerungspolitischem Interesse
zwingend notwendig.

Die Reise des Schiffes wird voraussichtlich
wenn alles planmässig verläuft mehrere Monate
beanspruchen und ob dann und wo ein Wiedersehen
möglich wird, ist noch ganz unbestimmt. Ich
bitte Sie zu bedenken, dass ein Seemann ja nicht
nur während des Krieges dem Hause und der Heimat fern ist, sondern zu allen Zeiten. Stets
ist es ein Leben der Entbehrung und Gefahr,
heute mehr denn je, darum bitte ich Sie, ein
bischen Einsehen und Verständnis für die Lage
eines deutschen Seemanns bezw. einer Seemannsfrau aufzubringen.

b. wenden

Ich bin selbstverständlich gern bereit, für die
Zeit meines dortigen Aufenthalts evtl. auch länger
für mehrere Stunden des Tages Beschäftigung anzunehmen. Auf Grund dieses Angebots müsste meinem
Antrage doch sofort zugestimmt werden.

Ich tue alles was in meiner Kraft steht, darum
bitte ich Sie, auch Ihrerseits ein Entgegenkommen
zu zeigen und mir sofort die Einreise-Genehmigung
für Kopenhagen zu erteilen.

Heil Hitler!

auszulaufen. Der Pott sitzt fest – und das wohl noch für Wochen. Irmgard will Ernst dort für diese Zeit besuchen, benötigt aber eine Reisegenehmigung des Auswärtigen Amtes in Berlin. Sie bekommt zunächst keine Antwort, auf weitere zwei Schreiben einen ablehnenden Bescheid. Nun kennt das Auswärtige Amt Irmgard Wehmeyer schlecht, die, wenn sie etwas will, dafür kämpft, bis sie es durchgesetzt hat. Irmgard hat eine sehr gute Freundin aus ihrer Schulzeit, deren Karriere in Partei und Beruf steil nach oben gegangen war und die sich ein gutes Netzwerk im System aufgebaut hat. Mit ihrer Hilfe und persönlicher Intervention in Berlin bekommt Irmgard endlich – wenn auch sehr spät – die Reisegenehmigung. So kann sie am 10.3.42 - vier Wochen nach ihrem ersten Antrag – nach Kopenhagen fahren und noch zwei Wochen dort auf der „Poseidon" mit ihrem Mann verbringen, bis die Eislage die Weiterfahrt zulässt. Da das Schiff noch einmal durch den *Kaiser-Wilhelm-Kanal* fährt, kann sie bis *Kiel-Holtenau* an Bord bleiben. Sie hatte ihren Antrag auch aus „bevölkerungspolitischen Gründen" gestellt – sie und ihr Mann wünschten sich ein Kind, dies könne aber ohne persönliche Treffen nicht erfüllt werden, hatte sie in einem ihrer Anträge geschrieben. Aber leider reichte auch dieses Mal die Zeit des Zusammenseins nicht aus.

Ernst ist auf Norwegenfahrt, Irmgard inzwischen in irgendeiner Schreibstube in *Harburg* zwangsverpflichtet. Der Krieg hat sich ausgeweitet und verschärft, unter anderem durch den Angriff Deutschlands auf die Sowjetunion im Juni 1941. Bruder Rudi ist inzwischen auch als Soldat an der Ostfront. Er hat seit geraumer Zeit eine Freundin, Hilde, die er schon bei sich in der Triftstraße eingeführt hat. Mütter, Ehefrauen und Partnerinnen, nicht nur in Harburg, machen sich immer mehr Sorgen um die Männer auf See oder an der Front. Die Geleitzüge, die jetzt für den Erztransport aus Narvik zusammengestellt werden, haben immer wieder Verluste zu verzeichnen, denn britische U-Boote können sich trotz des Geleitschutzes durch diverse Kriegsschiffe und auch deutscher Luftunterstützung heranpirschen und ihre Torpedos so platzieren, dass sie die Erzfrachter oder Geleitschiffe versenken. Es ist also eine ständige Bedrohung da. Aber Ernst hat Glück. Nach seiner Fahrtzeit auf der „Poseidon", von der er am 3. November 1943 endgültig abmustert, hat er endlich wieder vier Wochen Urlaub. Es geht ihm nicht gut, er leidet – besonders im Winter – noch immer an den Folgen seiner Verwundung von 1940 auf der „Cläre Hugo Stinnes". Entspannung bei Landgängen in exotischen Häfen und angenehmen Klima gibt es auch nicht. Die lange Trennung von zu Hause macht ihm immer wieder zu

114

schaffen. Seeleute sind besonders anfällig dafür, sich Gedanken über die Treue ihrer Partnerinnen zu machen, obwohl man meistens sie selbst der Untreue bezichtigt. Ernst sieht Irmi nur sporadisch an der Schleuse in *Holtenau* oder in *Nordenham* an der Weser, nach *Hamburg* kommt sein Dampfer überhaupt nicht mehr.

Bombenangriffe auf Hamburg

Und *Hamburg* wird seit Juli 1943 von den Alliierten bombardiert: Die Operation „Gomorrha" löst ein Inferno aus, Feuerstürme zerstören ganze Stadtteile nördlich der Elbe und den Hafen. In diesem Höllenfeuer sterben über 40 000 Menschen in wenigen Tagen, KZ-Häftlinge und zwangsverpflichtete Fremdarbeiter müssen die Toten nach Ohlsdorf schaffen und in Massengräbern verscharren. Viele Menschen sind völlig oder bis zur Unkenntlichkeit in den mehr als 1000° C heißen Flammen der Phosphorbomben verbrannt.

Der Stadtteil *Harburg* ist von diesen Angriffen nicht betroffen, doch das Leid erleben sie mit, denn fast jeder hat Verwandte und Freunde auf der anderen Seite der Elbe, und viele hatten dort ihre Arbeitsstätten.

Aber die Wirtschaft wird sowieso nur noch durch Fremdarbeiter, meist zwangsverpflichtete Kriegsgefangene aus *Frankreich, Polen* und der *Ukraine*, am Laufen gehalten. Die Männer sind an der Front oder wie Ernst auf See, viele sind inzwischen gefallen, verschollen oder irreparabel kriegsversehrt. Frauen werden ebenfalls zwangsverpflichtet, in Schreibstuben oder Munitionsfabriken „kriegsnotwendige" Aufgaben zu übernehmen. Lebensmittel sind nicht mehr in ausreichender Menge vorhanden, sie werden rationiert und es gibt Lebensmittelkarten. Auch die Kommunikation mit den Partnern funktioniert schlecht. Die „Feldpost" braucht Wochen, und auch Irmgards Briefe an Ernst bzw. umgekehrt sind auch keine verlässliche Verbindung. Irmgard befindet sich, wenn immer möglich, in ihrem Elternhaus, sie macht sich Sorgen um ihren Vater und Mutter, aber sie weint sich dort auch bei ihrer Mutter, die sie immer gewarnt hatte, einen Seemann zu heiraten, aus. Sie nimmt auch immer mehr Anteil an dem Schicksal ihr bekannter jüdischer Menschen. So erfährt sie, dass ihre Eltern einen guten Freund der Familie, Herrn Udelsmann, wochenlang versteckt gehalten hatten, bevor ihm 1940 der illegale Grenzübertritt mit Hilfe von

Schleppern in die Schweiz gelang, von wo aus er zu seiner bereits in Cleveland/USA lebenden Tochter weiterreisen konnte.

Die sowieso kaum vorhandenen gewesenen Sympathien in den Familien Dienhold und Wehmeyer für die NAZIS gehen gegen den Nullpunkt, besonders um ihren Mann August hat Lieschen große Angst, weil *"er den Mund nicht halten kann"*.

Ernst bekommt Ende Oktober Urlaub bis zum 1.12.43. Dieser ist nicht nur gekennzeichnet durch den nassen, dunklen November, sondern über dem ganzen Land liegt eine tiefe Depression. Auch Ernst, der schon vorher gelegentlich zu Schwermut neigte, zeigt zunehmend schlechte Laune, auch Irmgard ist aus dem Stadium des Verliebtseins hinaus. Und unternehmen kann man nichts mehr außerhalb der Wohnung und den Besuchen bei den Eltern (und dazu hat man auch nicht immer Lust). Ernst hat auch keine Freunde mehr in Harburg, zu lange ist er weg gewesen, zu wenig verbindet ihn mit Menschen außerhalb der Familie. Das einzige in dieser Zeit sind gelegentliche Skatrunden im Hause seines Vaters, bei denen neben Bier auch kräftig Köm getrunken wird. Das hellt seine Stimmung auf, und dann zeigt er sich auch seiner Frau gegenüber wieder liebevoll und zugewandt.

So ist Ernst gar nicht so traurig, als er Ende November 1943 von seiner Reederei erfährt, dass er in Danzig auf dem Dampfer „Fritz Schoop" als 1. Offizier einsteigen soll. Kapitän ist Herr Winter, einer der Menschen, die er schon seit Jahren als Vorgesetzten kennt und mit dem sich Ernst sehr gut versteht. Es ist ein relativ kleines Schiff, das Fahrtgebiet ist Nord- und Ostsee. Also nur deutsche bzw. von Deutschland besetzte Häfen in den baltischen Ländern, Dänemark, Südnorwegen, Holland, Belgien. Aber der Schiffsverkehr ist noch unsicherer geworden. Die Sowjetunion hat ihre Marinestreitkräfte aufgerüstet und eine starke U-Boot-Präsenz in der Ostsee, auch auf der Nordsee, selbst in Küstennähe, ist man nicht sicher vor U-Boot-Torpedos oder britischen Luftangriffen. Und in den besetzten Gebieten werden die Widerstandsbewegungen immer stärker. Hinzu kommt auf der Ostsee, zumindest ab Januar, die Eislage. Königsberg und Danzig sind ab Mitte Januar kaum noch anzulaufen.

Tod des Bruders

Es ist mittlerweile gar nicht so leicht, von Harburg nach *Danzig* zu kommen. Man benötigt Reisegenehmigungen, Züge fahren nicht mehr so regelmäßig, aber Ernst kommt mit Koffer und Papieren an und beginnt am 3.12.43 seinen Dienst. Er bleibt ununterbrochen an Bord, hat aber einmal im Sommer noch die Gelegenheit, sein Irmchen in *Holtenau* zu treffen. Die Kriegssituation verschlimmert sich. Die Ostfront bricht langsam zusammen, sowjetische Truppen rücken immer weiter nach Westen vor und aus den baltischen Staaten setzt eine starke Fluchtbewegung ein, die auch bald Ostpreußen erreicht. Das Schiff liegt oft im Hafen, auch die Ladung, speziell für Ostpreußen und die baltischen Häfen, ist nicht immer zur Stelle. Auch die Stimmung an Bord nimmt immer mehr ab. Keiner denkt noch an den prophezeiten „Endsieg", selbst die politischen Aufpasser können keine Aufbruchsstimmung mehr erreichen. Sicher geht es den Menschen an Bord besser als vielen Soldaten in den Schützengräben des Ostens, oder den Zivilisten in den von Bombenangriffen betroffenen Städten. Und jeder an Bord hat Angehörige, um die er sich Sorgen macht, Brüder, die an der Front sind, Kinder, die ohne Vater aufwachsen, Ehefrauen, mit denen man kaum eine Ehe vollziehen kann. Das misslungene Hitler-Attentat auf der *Wolfsschanze* in Ostpreußen sorgt auch an Bord zunächst für Hoffnung, dann für Enttäuschung. Und Ende August erfährt Ernst durch ein Telegramm, dass sein Bruder Rudi am 20.8.44 in Russland gefallen ist. Es macht ihn traurig, dann wütend. Bei seinem Novemberurlaub vor neuneinhalb Monaten hatte er Rudi nicht gesehen, dieser kam Anfang Januar 1944 nach einer Verwundung zu einem Genesungsurlaub nach Hause in die Triftstraße, da war Ernst schon wieder an Bord. Während dieser Zeit verlobte sich Rudi mit der drei Jahre jüngeren Hilde Dabelstein, seiner mittlerweile langjährigen Freundin. Der Aufenthalt blieb nicht ohne Folgen. Das, was sich Ernst und Irmgard seit Jahren gewünscht hatten, trat hier sofort ein. Hilde war schwanger, wie sie nach Rudis Rückkehr an die Front feststellte. Es war für alle klar, dass das ungeborene Kind einen Namen haben müsse: Rudi und Hilde beantragten eine Ferntrauung, die im Frühjahr 1944 im Standesamt Harburg vollzogen wurde.

Ernst wird nach dem Tod seines Bruders auch an Bord der „Fritz Schoop" immer schwermütiger. Er versieht seinen Dienst, aber er verliert jede Fröhlichkeit. Auch der Briefwechsel mit Irmgard, der er seine Gefühle anvertraut, zeigt immer weniger Hoffnung.

In Harburg werden die Lebensumstände noch bedrohlicher. Die Alliierten rüsten mit immer mehr Flugzeugen auf, in mehrtätigen Angriffen werden die meisten großen deutschen Städte bombardiert. Die Angriffe finden im Wechsel statt: ein Tag die Briten, am nächsten Tag die Amerikaner.

Die Bevölkerung versucht sich darauf einzustellen: Viele gehen, wenn sie die Möglichkeit haben, aufs Land.

Die Kinder werden zur Kinderlandverschickung in *Bayern* oder im *Sudetenland* untergebracht und dort beschult. Es werden in den Städten immer mehr Luftschutzräume gebaut, denn man hofft, zumindest in den Kellern sicher zu sein. Auch am Hartsteinwerk in der Brookstraße wird ein unterirdischer Luftschutzraum gebaut, in welchem die Mitarbeiter und ihre Angehörigen bei Angriffen Zuflucht suchen können. Ab dem 25.10. 44 greifen die Alliierten wieder im täglichen Wechsel an, Ziel sind vor allem der Hafen und Industrieanlagen. Auch für die Nacht vom 29. auf den 30.10.44 werden wieder britische Bomberangriffe angekündigt. Irmgard überlegt an diesem Abend, ob sie zu ihren Eltern in die Brookstraße und mit ihnen in den Luftschutzraum gehen soll. Sie entscheidet sich für den Verbleib in ihrer Wohnung.

Tod der Schwiegereltern

Mit dröhnenden Motoren rollt die Angriffswelle von Westen an. Die Stadt ist verdunkelt, die Flak in Bereitschaft. Aber es ist so, als wolle man einen Schwarm Mücken mit einem Luftgewehr vernichten. Die Bomben prasseln auf die Stadt, das Hartsteinwerk gehört zu den Zielen. Eine Bombe zündet direkt auf der mit Sand zugedeckten Oberfläche der Luftschutzeinrichtung. Die Decke birst und, der Sand, fast 100 m³, verschüttet die ca. 80 Menschen im Luftschutzraum. Ein polnischer Zwangsarbeiter kann lebend aus den Sandmassen befreit werden. Alle anderen der im Schutzraum befindlichen Personen sind tot. Auch der Werkmeister Arno Dienhold und seine Frau Martha, Ernsts Schwiegereltern.

Irmgards Wohnung hat diesen Angriff überstanden. Als sie am nächsten Morgen zum Haus ihrer Eltern geht, um sich nach deren Befinden zu erkunden, sieht sie das Ausmaß des Unglücks. Sie bricht in einem Schreikrampf aus, als sie ihre aufgebahrten Eltern neben dem zerstörten Luftschutzraum sieht. Für sie bricht die Welt zusammen.

Ernst ist auf dem Weg von *Königsberg* zum *Kaiser-Wilhelm-Kanal* und erfährt per Telegramm vom Tod seiner Schwiegereltern. Er bittet um sofortige Ablösung von der Schleuse in *Holtenau*, dem wird stattgegeben. Am Abend des 31.10.44 ist er in Harburg, er versucht seine Frau zu trösten, was nicht gelingt. An den Folgen dieses Angriffs ist auch der Vater von Hilde, der Witwe Rudis, ums Leben gekommen. Und am 28.10. wird in *Lüneburg* Silke geboren, die Tochter von Rudi und Hilde. Dort hat es im ganzen Krieg keinerlei Bombenangriffe gegeben.

Ernst und Irmgard tragen ihre Eltern zu Grabe. Ernst kann bis Weihnachten bei seiner Frau bleiben. Aber nicht länger. Am 27.12. muss er in *Holtenau* wieder auf den Dampfer „Fritz Schoop" einsteigen. Sie laufen nach *Königsberg* und anschließend nach *Memel*. Dort erfolgt der Abwurf einer sowjetischen Fliegerbombe auf das Schiff, es sackt auf Grund, sinkt aber nicht. Auf Marinebefehl verlässt die Besatzung das Schiff am 23.1.45, am nächsten Tag wird es durch die Kriegsmarine gesprengt. Schon wieder hat Ernst einen Totalverlust.

Ein Marineschiff bringt die Mannschaft nach Königsberg. Ernst will nach Hause und bittet um Urlaub. Da die Reederei sowieso kaum noch Schiffe hat, kann er diesen Urlaub antreten. Von *Königsberg* gibt es inzwischen eine Fluchtwelle in Richtung Westen, die sowjetischen Truppen rücken immer näher. Aber Ernst gelingt es, eine der letzten Zugverbindungen nach Westen zu bekommen. Am 30.1.45 kommt er in *Hamburg* an.

Aber ein Unglück kommt nie allein. Ein erneuter Bombenangriff auf *Harburg* zieht das Haus in der Pestalozzistraße in Mitleidenschaft. Es ist unbewohnbar, Ernst und Irmgard haben nun den Status „ausgebombt". Sie werden zwangseingewiesen in eine nur halb zerstörte Wohnung am Adolf-von-Elmen-Hof schräg gegenüber. Sie können einen Teil ihrer Einrichtung retten und in die Behelfswohnung hinübertragen. In ihrem Leid sind Ernst und Irmgard so nahe wie lange nicht. Es gibt großen Mangel, besonders an Brennstoff und Lebensmitteln. Anneliese, seine Schwester, befindet sich mit ihren nun drei Kindern bei einem Bauern in Oldendorf in der Nähe von *Amelinghausen*, von *Harburg* ca. 40 km entfernt. Ernst fährt mehrfach mit dem Fahrrad in den noch kalten Februartagen dorthin, um Lebensmittel bei den Bauern einzutauschen. Geschäfte haben keine Waren mehr, die Bezugsscheine reichen nicht aus. Aber die Reederei will Ernst noch mal einsetzen, er soll sich auf einem der letzten Stinnes-Schiffe, dem Dampfer „Allenstein" am 22.3.45 in *Lübeck* einfinden.

Aber vorher teilt ihm seine Irmgard mit, dass sie schwanger sei. Er fällt ihr in die Arme, kann das Glück, das sie sich so lange erhofft haben, nicht fassen.

Jedoch bei Ernst ruft die Pflicht. Es sind jetzt nicht die Freuden der Pflicht, sondern es ist die echte, nicht gewollte Pflicht, der sich ein Mensch wie er nicht verweigern kann. Er fährt am 22. März nach *Lübeck*.

Dampfer „Allenstein" ", Ernsts letztes Schiff im Krieg

Es gibt keine großen Fahrten. Der Weg nach Osten ist begrenzt, überall lauern sowjetische U-Boote, die deutsche Abwehr hat kaum eine Chance. Es gibt nur wenige spontane Aufträge, zum Flüchtlingstransport aus Ostpreußen wird die „Allenstein" während seiner Dienstzeit nicht mehr eingesetzt.

In Norddeutschland rücken die britischen Truppen immer weiter nach Nordosten vor. Im April stehen sie vor *Hamburg*. Ihr Hauptquartier liegt kurz vor *Buchholz in der Nordheide*. Die Stadt entgeht durch geschickte, auf eigene Faust geführte Verhandlungen des damaligen Harburger Phoenix-Direktors Albert Schäfer der vollständigen Zerstörung. Am 3. Mai 1945 kapituliert die Stadt, drei Tage nach Hitlers Selbstmord.

In *Lübeck* ist der Krieg schon einen Tag vorher zu Ende. Die Stadt wird kampflos den Briten übergeben, die schon angebrachten Sprengladungen an Brücken und im Hafen werden wieder abgebaut. Die „Allenstein" läuft am 8. Mai, dem Tag der Kapitulation wieder ein, inzwischen hat die britische Besatzungsmacht auch die Verwaltung des Hafens übernommen. Aber das Schiff wird nicht sofort beschlagnahmt, dazu wird es noch für einige Einsätze, auch im Auftrag der
120

Briten, benötigt. Aber Ernst gelingt es einige Male, zu seiner schwangeren Frau nach Hamburg zu kommen, aber am 31.8.45 ist Schluss, das Schiff muss übergeben werden. Die deutsche Seeschifffahrt hat aufgehört zu existieren, die Poseidon-Seerederei gibt es nicht mehr.

Ernst braucht sich keiner Entnazifizierung zu unterziehen, er ist unverdächtig. Er will nur eines: Zu seiner im sechsten Monat schwangeren Frau, die seiner Unterstützung bedarf.

Teil V

Die Nachkriegsjahre 1945 – 1950

- Ausgebombt

- Geburt von Arne Peter am 7.11.45

- Sicherung der Notwohnung Adolf-von-Elm-Hof

- Hunger, Schwarzmarkt, organisieren

- Berufliche Perspektiven

- Bewerbung bei der Wasserschutzpolizei

- „Rückgewinnung" Triftstraße

- Irmgard erwartet ihr zweites Kind

- Umzug in die Triftstraße

- Geburt Klaus am 1.1.47

- Leben mit zwei Kindern

- Tätigkeit bei der Wasserschutzpolizei, neue Kollegen

- Währungsreform

- Eine neue Republik

- Eine Familie findet sich neu

- Irmgard erwartet ihr drittes Kind, Geburt Antje Beate am 24.10.50

- Die See ruft, Deutschland hat wieder Schiffe

- Anruf von Kapitän Kluge, Inspektor der Reederei Stinnes

- Ende der Polizistenkarriere und wieder zur See

Ernst mit Peter und Klaus, ungefähr Frühjahr 1948 in der Triftstraße

Ausgebombt

Wie in so vielen Familien in Deutschland und anderen, vom Krieg betroffenen Ländern ist die Not groß. Söhne, Väter, Ehemänner sind nicht mehr heimgekehrt oder werden erst Jahre später aus der Gefangenschaft zurückkommen, viele sind verwundet, sie haben keine berufliche Existenz, ihre Wohnungen sind zerbombt, die staatlichen Administrationen sind zusammengebrochen, die Besatzungstruppen müssen sich zum Teil alter NAZIS bedienen, um die Verwaltung einigermaßen aufrecht zu halten. Und auch die den ersten Nachwuchs erwartende junge Familie Wehmeyer ist betroffen: Irmgards Eltern sind tot, Ernsts Bruder Rudi ist gefallen, sie sind ausgebombt, die Behelfswohnung ist nur begrenzt nutzbar, es ist kalt, zugig, nur ein zugestellter Ofen kann für Wärme sorgen, aber für diesen gibt es weder ausreichend Holz noch Kohle. Und auch die erste Zeit ist Ernst nur begrenzt da, er hat noch seinen Job als 1. Offizier auf der „Allenstein", wenn auch ohne Perspektive. Aber es gelingt ihm, auch mit Hilfe von Nachbarn, im Laufe des ersten Nachkriegs-Spätsommers ihr „Zuhause" so zu gestalten, dass es bewohnbar ist. Ernst ist am „Organisieren". An den Bunkerstationen für die Dampflokomotiven sammelt er danebengefallene Kohlestücke, immer auf der Hut, denn es steht natürlich unter Strafe. Er steht auf dem Schwarzmarkt mit kleinen Kostbarkeiten aus dem Haushalt seiner Schwiegereltern, um sie gegen Lebensmittel einzutauschen, und er braucht auch Zigaretten… sie stellen sich auch als die besten Tauschobjekte heraus. Mit dem Fahrrad fährt er immer wieder zur Beschaffung von frischen Lebensmitteln die ca. 60 km nach *Oldendorf* aufs Land, wo seine Schwester beim Bauer Stein mit ihren drei Kindern in einer Behelfswohnung logiert. Es wird der Kontakt zum Nachbarn, dem Bauer Köster, geknüpft, auf dessen Hof kann später Irmgard mit ihrem Neugeborenen Zeit verbringen.

Das Fahrrad ist das einzige mögliche Fortbewegungsmittel, es ist also ein äußerst begehrtes Objekt. Irmgard hat Pech mit den Rädern. Als sie auf einem Amt Formulare und Bestätigungen wegen des Todes ihrer Eltern braucht, wird ihr Fahrrad, obwohl sie es angeschlossen hatte, gestohlen. Sie bittet ihren Schwiegervater August, ihr sein Fahrrad (das er benötigt, um damit zur Arbeit zu fahren) auszuleihen, um den Diebstahl anzuzeigen. Er tut dies mit großen Bedenken, aber er tut es. Als Irmgard bei der Polizeiwache in der Nöldeckestraße ankommt, merkt sie, dass sie kein Schloss dabei hat…. Sie trägt das Fahrrad mit in den ersten Stock, wo sich die Meldestelle für geklaute Fahrräder befindet, und stellt es an die Flurwand. Sie reiht sich in die Schlange ein, nicht ohne alle 30 Sekunden um die Ecke zu schauen, ob das Fahrrad noch da ist........auf einmal sieht sie eine leere Wand, aber jemanden mit dem Fahrrad in der Hand das Treppenhaus hinunterrennen. Irmgard, mit ihrem dicken Bauch, setzt nach, aber kann den nun auf dem Rad sitzenden Dieb nur noch in Richtung Bahnhof entkommen sehen. Sie meldet daraufhin zwei Fahrraddiebstähle, aber sie weiß, wie illusorisch der Gedanke ist, dass man die Räder wiederbekommt. Ernst macht seiner Frau eine Szene, ihr Schwiegervater redet eine sehr lange Zeit nicht mit ihr.

Es wird Ende Oktober 1945. Irmgard gedenkt voller Trauer ihrer Eltern, die ein Jahr zuvor im Bombenhagel verschüttet wurden. Und es kommt neues Ungemach. Vor der von Ernst reparierten Wohnungstür am Adolph-von-Elm-Hof steht auf einmal die rechtmäßige Mieterin, die bisher als verschollen galt. Sie will ihren Anspruch auf die Wohnung geltend machen. Irmgard ist entsetzt. Es müssen Klärungen her, denn schließlich war sie ein Jahr zuvor in diese Wohnung zwangseingewiesen worden. Das Wohnungsamt veranlasst eine Teilung der Wohnung, die alte Mieterin beansprucht den besseren, von Ernst mit Mühe hergerichteten Raum. Die Doppelhaushälfte in der Triftstraße 81, dessen rechtmäßige Eigentümerin Irmgard jetzt ist, ist noch komplett durch Mieter belegt. Sie wird auf Eigenbedarf klagen, aber das wird sich noch ein Jahr hinziehen.

Anfang November macht sich das Kind unter Irmgards Herzen immer deutlicher bemerkbar und scheint das Licht dieser nicht ganz so schönen Welt erblicken zu wollen. Die Geburtskliniken sind in *Harburg* sind ausgebombt, eine behelfsmäßige Entbindungsstation ist in *Maschen* im Landkreis eingerichtet. Aber Irmgard will auf jeden Fall, dass ihr Kind später *Hamburg* als Geburtsort angeben kann. In der Nacht setzen ihre Wehen ein. Ernst gelingt es trotz der frühen Morgenstunden, ein Taxi mit Holzkohlevergaser aufzutreiben. Irmgard setzt sich hinten in den Fond und gibt Anweisung, nach *Hamburg* zu fahren, Ernst fährt nicht mit. Der Fahrer lehnt zunächst ab, weil er keinen Passierschein für die Elbbrücken hat, die werdende Mutter insistiert. An den Süderelbbrücken kommt die erste Kontrolle durch englische Soldaten, sie weisen das Auto zunächst zurück. Aber Irmgards Mittelschulenglisch, ihr Zustand und ihre Durchsetzungskraft reichen, um sie passieren zu lassen. Am nächsten Checkpoint an den Norderelbbrücken ist man, als die Soldaten ihren Zustand erkennen, großzügiger, das Taxi kann ohne große Diskussion weiterfahren. In der Finkenau, einer der wenigen funktionsfähigen Entbindungskliniken *Hamburgs*, wird sie abgesetzt, im Laufe des Vormittags kommt das erste, lange ersehnte Kind von Irmgard und Ernst Wehmeyer zur Welt. Es ist ein Junge und wird wenig später auf den Namen Arne Peter getauft. Peter, wie er in der Familie genannt wird, ist schwach und kränklich. Durch die Ernährungslage bedingt reicht die Nährkraft der Muttermilch nicht aus. Ernst muss in diesem harten Winter 45/46 immer wieder „hamstern" gehen, auf dem Schwarzmarkt Dinge verticken, um frische und nahrhafte Lebensmittel für das Neugeborene zu besorgen. Von der Familie Stein wird ein Kinderwagen übernommen, der in den Nächten in Decken eingehüllt wird, damit Peter nicht erfriert. Sein Gesundheitszustand ist erbärmlich, er nimmt kaum an Gewicht zu, Erkältungen schlagen auf die Lunge, und dann kommt es noch zu einer Scharlach-Erkrankung. Penicillin und andere Antibiotika sind rar, und so kann die Infektion nicht zügig beherrscht werden. Hohes Fieber von über 40° C macht den Eltern Angst, sie fürchten, dass er – wie viele Kinder in dieser Zeit – nicht durchkommt. Aber er schafft es dank aufopfernder Pflege und Mutterliebe, auch wenn er noch lange braucht, um das altersentsprechende Gewicht zu erreichen. Das erste Nachkriegsweihnachten sind ein trauriges Weihnachten: ein kleiner Baum in der zugigen Restwohnung am Adolf-von-Elm-Hof, ein Besuch bei August und Lieschen in der Triftstraße 79, kein Festtagsbraten, und für Ernst wenig Zigaretten. August hatte im Sommer selbst ein paar Tabakpflanzen angebaut, die Blätter getrocknet, zerbröselt und mit getrockneten Rosenblättern vermischt. Nun raucht er diesen „Blend" in der Pfeife. Die Triftstraße 79 ist inzwischen auch belegt. August hat Zwangseinweisungen (sein Schwiegervater Julius war im Sommer 1945 eines natürlichen Todes gestorben) für den „Leerstand" zugewiesen bekommen. Und auch die Mutter von Hilde, die Witwe Leni Dabelstein, bezieht zwei Räume im ersten Stock, und sie nimmt die inzwischen 1 ½-jährige Silke, Rudis und Hildes Tochter, bei sich auf. Alle drei hatten seit den Bombenangriffen im Oktober 44 bei Verwandten in Mecklenburg auf dem Land gewohnt.

Beruflicher Ausweg: Wasserschutzpolizei

Ernst weiß um seine Verpflichtung als Familienvater: Er muss eine Frau und Kind versorgen, er muss versuchen, aus den beengten Verhältnissen herauskommen, er muss für den Unterhalt sorgen, um nicht zu hungern und nicht zu erfrieren. Er braucht einen eine sichere Arbeit, nicht nur einen Job. Er hat ein Kapitänspatent, aber Deutschland hat keine Schiffe, auf denen er fahren könnte. Er möchte seinen Beruf ausüben, aber er braucht Alternativen. Aber da hört er im Haus seiner Eltern, dass die britische Besatzungskommandantur den Polizeidienst mit politisch unbelasteten Männern entsprechender Vorbildung aufbauen will. Und Polizeidienst ist auch die „Wasserschutzpolizei", die in *Hamburg* nicht nur für den Hafen, sondern den gesamten Elbeverlauf von *Lauenburg* in Holstein bis *Elbe 1* und *Helgoland* in der Nordsee zuständig ist. Ernst hat die Voraussetzungen für den gehobenen Dienst, das Schifferpatent, die Kenntnis von Schiffen und Häfen, die Fähigkeit, ein Schiff zu steuern und vor allem gute Englischkenntnisse. Er bewirbt sich mit seinen Zeugnissen, es wird festgestellt, dass er keinerlei NAZI-Vergangenheit hat, auf dem Schwarzmarkt ist er bisher auch noch nicht aufgefallen, und im persönlichen Vorstellungsgespräch in Anwesenheit von britischen Besatzungsoffizieren macht er offenbar einen guten Eindruck. Ernst wird zum 15.4.1946 als Polizeibeamter auf Probe eingestellt. Er besucht die Einführungslehrgänge und wird schon nach einigen Wochen dem Wasserschutzpolizeirevier *Harburg* als Polizeimeister zugeteilt. Er hat Schichtdienst, muss also auch oft zum Nacht- oder Wochenenddienst zu seinem Revier an der Süderelbe kurz vor den Elbbrücken. Es geht in diesen wirren Zeiten des Mangels natürlich auch immer wieder um Schmuggel, und auch unter den Besatzungsoffizieren gibt es einige, die ihren Sold durch kleine oder größere Privatgeschäfte aufbessern. Dabei bedürfen sie auch der Unterstützung der lokalen Polizei, die den Blick von solchen Handlungen abwendet. Das wird natürlich entlohnt. Wenn 100.000 Packungen *Senior Service* oder *Lucky Strike* Zigaretten unverzollt durch den Hafen geschleust werden, dann sind auch eine etliche Stangen für die Polizisten, die im Hafen weggeschaut haben, drin. Ernst kommt jetzt an den begehrtesten Schwarzmarktartikel, nämlich Zigaretten, ran. Das ermöglichte ihm, neben den auf Marken zugeteilten, nie ausreichenden Lebensmittelrationen für seine Familie zu sorgen.

Anfang Mai 1946 sagt ihm Irmgard, dass sie wieder schwanger sei. Sie ist inzwischen 34 Jahre alt, und Ernst ist nicht sicher, ob er sich über die Nachricht freut. Zu schwer war das letzte Jahr für beide, aber auch für das Kind, wie er findet. Trotz aller Belastung, Irmgard wünscht sich das Kind. Sie hofft, bald in die Triftstraße 81 ziehen zu können, die Klage auf Eigenbedarf läuft und scheint erfolgversprechend zu sein. Sie nutzt jetzt schon den Garten in der Triftstraße zum Gemüseanbau, Obstbäume stehen dort bereits. Außerdem verbringt sie etliche Wochen in *Oldendorf* bei Bauer Köster, der kleine Peter kann sich dort von seinen Krankheiten gut erholen. Ernst besucht die beiden an freien Tagen mit dem Fahrrad. Ansonsten findet er schnell Zugang zu neuen Kollegen von der Polizei. Sie wohnen in der Nähe, und man pflegt auch privaten Familienkontakt. Aber er sieht seine eigene Tätigkeit auch kritisch: einerseits soll er Recht und Gesetz vertreten, andererseits tun viele dieser sogenannten „Straftäter" nichts anderes als er und seine Kollegen, denn jeder versucht in dieser Zeit, sich selbst und seine Familie durchzubringen. Aber er hat seine Arbeit, es ist eine gesicherte Position, und Irmgard ist froh, dass er zu Hause ist. Aber er ist es nicht immer. Er ist Seemann, und hier ist er eingeengt, auch in seiner neuen beruflichen Tätigkeit, wie er findet. Das Leben nimmt seinen Lauf. Nicht alles ist eitel Sonnenschein, aber Irmgard kommt mit ihrer Schwangerschaft ganz gut zurecht. Ende November, als die Tage wieder dunkel sind und die Nächte noch länger werden, ist es soweit: Die untere Etage in der Triftstraße wird geräumt, im ersten Stock bleibt allerdings Frau Langenbach, eine pensionierte, gottesfürchtige Lehrerwitwe noch bis 1956 wohnen, außerdem für ein Jahr noch ihr Sohn in einem weiteren Zimmer. Die Triftstraße ist kein modernes Haus, es hat durch die Erschütterungen bei den Bombenangriffen einige Risse abbekommen. Das Haus ist noch nicht an ein Abwassersiel angeschlossen, die Fäkalien werden in einer Klärgrube gesammelt und im Frühjahr auf das Land gepumpt, dann untergegraben, um als Dünger für den anschließenden Gemüseanbau zu dienen. Dasselbe muss man auch bei „Opa August", wie jetzt alle sagen, gemacht werden. Aber das Haus hat eine Naragheizung, durch die mit Schwerkraft warmes Wasser durch Heizkörper im ganzen Haus geleitet werden. In der Küche steht ein großer, mit Kohle befeuerter Herd, der das Wasser erwärmt und auf dem zumindest im Winter gekocht und gebacken wird. Die Küche ist eine Wohnküche, in der man lebt. Es steht dort ein Chaiselongue zum Mittagsschläfchen, ein Gasherd, ein Küchentisch mit einem Spülschüsseleinsatz. Waschen und Zähneputzen (sofern man das tat) musste man in der Küche, über dem Waschbecken hing ein großer Spiegel. Ernst setzt sich morgens Wasser auf dem Herd auf, um sich dort zu waschen und zu rasieren, auch Irmgard und die Kinder erledigen dort ihre Reinigungsprozedur. Ein Mittelwellenradio steht in der Stube, ein SABA-Röhrengerät, an das ein langes Kabel angeschlossen ist, das zu einem Zusatzlautsprecher in der Küche führt. Gebadet wird am Samstag, das Badezimmer mit Badewanne ist im Keller, ein Kupferkessel, in den 1 ½ Badewannenfüllungen Wasser passen, muss zwei Stunden vorher angeheizt werden. Einen Hühner- und Kaninchenstall hatten schon die Mieter betrieben, zur Versorgung von Eiern und Fleisch ein „Muss" in dieser Zeit.

Aber zum Zeitpunkt des Umzugs ist Winter, und eine unerwartete Entwicklung macht die Lage noch schlimmer: Zwischen November 1946 und März 1947 müssen die Menschen den kältesten Winter des 20. Jahrhunderts durchleben. Schon im November sinken die Temperaturen weit unter Null. Anfang Dezember beginnt eine zweite Frostwelle, und auch im Januar werden neue Minusrekorde gemessen. Die Kälte ist nicht nur grimmiger als gewöhnlich, sie dauert auch quälend lange an. Als "weißen Tod" und "schwarzen Hunger" bezeichnen die Menschen damals ihr Elend. Nicht nur Deutschland ist betroffen, die Lage der Bevölkerung in ganz Europa ist dramatisch. Auf der Elbe ist Eisgang, bald kommen die Wasserschutzpolizisten mit ihren Booten ohne Eisbrecherunterstützung nicht mehr von ihrem Liegeplatz weg. Sie sind jeden Tag damit beschäftigt, rund um die Boote das Eis einzuschlagen. Zum Glück funktioniert die Naragheizung, und Weihnachten sitzt die junge Familie mit ihrem noch immer untergewichtigen, nunmehr 13 Monate alten Kleinkind in der Küche um den Ofen. Sylvester wird in der Triftstraße gefeiert, bis in den Morgen tanzt auch Irmgard, gleichzeitig ist es Irmgards und Ernsts achter Hochzeitstag. Gegen Morgen setzen bei Irmgard die Wehen ein. Es wird ein Taxi gefunden. Inzwischen sind die Kontrollen an den Elbbrücken aufgehoben, Irmgard und Ernst, der diesmal mitfährt, leiten das Taxi zum Krankenhaus Elim in Eimsbüttel. Dort wird morgens gegen neun Uhr der zweite Sohn der Familie Ernst Wehmeyer geboren. *„Er soll einfach Klaus heißen"*, gibt Ernst vor, *„dann hat er später nicht so viel Mühe beim Unterschreiben von Dokumenten"*. Klaus Gesundheitszustand ist nicht so kritisch wie bei seinem Bruder im ersten Lebensjahr. Er wird von vielen liebevoll „Dickie" genannt, wegen seiner Pausbacken und seines Babyspecks. Aber die Ernährungslage hat sich, zumindest in der Familie Wehmeyer, auch ein wenig gebessert.

Aber erst im April 1947 kommt der ersehnte Frühling und mit ihm das Ende der großen Kälte. Der Hunger in den Städten ist damit allerdings noch lange nicht beendet. Erst am 20.7. 1948 wird sich die Versorgung in ganz Deutschland wieder stabilisieren, denn die Währungsreform in den drei West-Zonen bedeutet auch das Ende der Hungerzeit und Bewirtschaftung von Lebensmitteln durch Marken.

Die beiden Jungen wachsen in der Triftstraße 81 auf, nebenan in 79 lebt Silke bei ihrer Oma Leni. Oft spielt man gemeinsam im großen Garten, oder auch mit Nachbarskindern.
Ernst macht seinen Dienst als Wasserschutzpolizist, in seiner freien Zeit muss er zu Hause ran. Im Garten, im Haus reparieren oder neugestalten, und er wird geleitet und beauftragt von seiner Irmgard, die für alle sichtbar die Richtung vorgibt. Die direkte Nachbarschaft zwischen der „alten" Familie Wehmeyer in 79 und der „jungen" in 81 ist nicht immer spannungsfrei. Aber die beiden Höfe, getrennt durch eine Holzplanke, entwickeln sich zum Treffpunkt für die Verwandtschaft und Freunde der Familie. Herrmann, der Mann von Anneliese, hat schon ein Auto, das einzige, das ab und zu in der Straße steht. Ihre schon

„großen" Jungen dürfen bei Opa auf dem Hof mit einem Luftgewehr, das durch den Krieg gerettet wurde, mit Bolzen auf Scheiben schießen. Und die Erwachsenen feiern gerne, die Männer spielen Skat, trinken Bier und Köm, die Frauen kümmern sich um die Kinder, backen Kuchen und machen Schnittchen. Irmgard, die manchmal Besuch von alten Schulfreundinnen und ihrer Cousine Hertha bekommt, ist für viele eine gute Lebensberaterin und manchmal auch Ehestifterin.

Mit der neuen D-Mark im Sommer 48 haben die Geschäfte wieder alle Waren im Sortiment, die bisher als knapp galten. Nach und nach übergeben die Besatzungsmächte wieder Verantwortung an Deutsche. Schon im Herbst 45 werden in *Hamburg* die ersten politischen Parteien wieder zugelassen, und im Februar 46 tagt erstmals wieder eine *„Hamburger ernannte Bürgerschaft"* mit von den Briten eingesetzten Abgeordneten. Im Herbst gibt es dann die ersten Wahlen, aus der die SPD als Sieger hervorgeht. Die Abgeordneten wählen den aus amerikanischem Exil zurückgekehrten Max Brauer zum Ersten Bürgermeister, dieses Amt hat er bis 1960 mit einer kurzen Unterbrechung inne. Aber auch auf nationaler Ebene wachsen die drei Westzonen zu einem föderativen Staat zusammen, der auf der neuen Verfassung, dem Grundgesetz, basiert. Nach den ersten Bundestagswahlen im August 49 wird Konrad Adenauer vom Parlament zum Bundeskanzler gewählt, in diesem Amt verbleibt er bis 1963.

Besonders nach der Währungsreform wird die wirtschaftliche Situation immer besser. Die Zeit der Mangelernährung ist vorbei. Auch der Hühnerstall mit täglich frischen Eiern und einem Suppenhuhn mehrfach im Jahr bietet stabile Ernährung, der Kaninchenstall sorgt für einen gelegentlichen Festtagsbraten, und Irmgard „weckt" den ganzen Sommer die Früchte des Gartens für den Winter ein. Aber Ernst ist nicht zufrieden mit dem Polizeidienst. Man hat ihm zwar die Kommissarausbildung in Aussicht gestellt, aber er merkt auf, als er aus der Zeitung erfährt, dass die Alliierten Deutschland wieder den Besitz von Seeschiffen gestatten wollen. Und bei seiner beruflichen Tätigkeit nimmt er wahr, dass der Hamburger Hafen immer häufiger angelaufen wird und der Warenumschlag ansteigt. Und jedes Mal, wenn er und seine Kollegen ihre Füße auf die Planken großer Schiffe setzen, um dort eine Inspektion vorzunehmen, spürt er ein Brennen in der Brust hoch bis zum Hals, und er weiß, dass es die Sehnsucht ist, die diesen Schmerz verursacht.

Irmgard leidet noch immer sehr unter dem Verlust ihrer Eltern, wie gut hätte es ihr getan, wenn ihre Eltern sie jetzt hätten entlasten können! Gerne hätte sie auch eine berufliche Tätigkeit aufgenommen, aber in dieser Situation ist das natürlich nicht möglich. Es kommt unter den Eheleuten häufig zu Streit, aber auch wieder zur Versöhnung. Und so merkt Irmgard im Februar 1950, dass sie wieder schwanger ist. Sie freut sich auf das dritte Kind, hofft sehnsüchtig, dass es ein Mädchen wird, auch Ernst hat auf seiner ganz persönlichen Wunschliste eine „Püppi".

Ernst soll eigentlich 1950 die angekündigte Kommissarausbildung durchlaufen, er ist von seinen Vorgesetzten dafür vorgeschlagen worden. Er könnte es natürlich als Auszeichnung empfinden, aber es macht ihm Angst. Und dann kommt Mitte Mai ein Brief der Firma Hugo Stinnes, die sich in *Hamburg* im Schifffahrtsbereich neu gegründet hat. Sein alter Reedereiinspektor Kapitän Kluge erkundigt sich nach ihm, seiner Familie und seinem beruflichen Werdegang. Und er lädt ihn zu einem Gespräch in die Büroräume der neugegründeten Stinnes-Schifffahrtslinie am Grimm 8 in der Nähe der U-Bahnstation *Baumwall* ein, in welchem der Inspektor Ernst die Pläne seines Chefs Otto Stinnes vorstellt:

So soll Ende des Jahres in Schweden ein Schiff gekauft werden, dass und mit den Schornsteininitialen „H.St." (Hugo Stinnes) unter deutscher Flagge laufen soll, und zwar in einem neu einzurichtenden Dienst in die US. Golfhäfen sowie Kuba und Mexiko. Man hätte Ernst auf diesem Schiff gerne als 1. Offizier, und zwar ungefähr zu Anfang Dezember 1950. Und man plane bereits einen Neubau, ein modernes Motorschiff, das ebenfalls in dem neuen Liniendienst fahren solle. Dieses Schiff solle Ernst dann als Kapitän übernehmen. Kapitän Kluge nennt Ernst auch die Heuer, sowohl für einen 1. Offizier als auch den Kapitän. Er ist immer ein guter Rechner gewesen, und er weiß schon, was das Doppelte oder das Dreifache bedeutet. Aber das ist nicht alles. Als er auf dem Weg zum Hauptbahnhof durchatmet, spürt er den Lockduft der weiten Welt, der Freiheit, des Verantwortlichseins. Als er im Vorortzug nach Harburg sitzt, denkt an Irmgard und das dritte Kind, das sie in ihrem Bauch trägt. Er weiß, dass seine Frau ihn lieber an Land sieht, dass er Verantwortung für die Familie trägt, dass er für alle da ist, und zwar dann, wann man ihn braucht. Er kommt nach Hause, und als die Kinder im Bett sind, reden sie darüber. Aber Irmgard weiß, dass Ernst seine Entscheidung gefällt hat. Sie weint, sie ist verzweifelt, er sucht Argumente, sie macht ihm deutlich, dass er sich entzieht. Aber es ist so. In den nächsten Wochen hat Ernst weitere Gespräche mit Kapitän Kluge. Er hört von anderen ehemaligen Stinnes-Kollegen, dass sie auch wieder an Bord gehen wollen.

Der Sommer vergeht, der Herbst kommt. Ernst hat bereits Gespräche mit seinem Chef bei der Polizei geführt. Sie wollen ihn halten, zeigen ihm auf, dass er Karriere machen könnte und auf Grund seiner Patente und Ausbildung für den Höheren Polizeidienst qualifiziert sei, aber es nützt nichts. Ernst kündigt seinen gerade erworbenen Beamtenstatus zum nächstmöglichen Termin. Die Zeit der Niederkunft von Irmgard rückt immer näher. Und am 24.10.1950 wird in der Entbindungsstation des Allgemeinen Krankenhauses Harburg am Irrgarten das dritte Kind der Familie Ernst und Irmgard Wehmeyer geboren, das lang ersehnte Mädchen, das auf den Namen Antje Beate getauft wird.

Ernsts Schwager Hermann erlaubt sich vorher noch einen Scherz, der bei Ernst fast einen Infarkt auslöst. Er kommt in der Triftstraße vorbei und erzählt, er hätte gerade einen Anruf vom Krankenhaus erhalten (Hermann war der Einzige in der Familie, der 1950 einen Telefonanschluss hatte). Man hätte ihm gesagt, er solle dem Vater ausrichten, seine Frau hätte Zwillinge zur Welt gebracht: zwei Jungen. Ernst glaubt ihm zunächst und sieht, wie sich alle seine beruflichen Pläne im Nichts auflösen. Es braucht eine gewisse Zeit, bis sich die Nachricht seines Schwagers als „Scherz" herausstellt.

Am 20.12.1950 ist Ernsts Dienst als Hamburger Polizeibeamter beendet. Er hat noch einige Tage Resturlaub. Er muss zu Steinmetz & Hehl, um seine Uniform zu aktualisieren und sich in den nächsten Tagen ein Visum für Schweden besorgen, um dort als 1. Offizier den 1914 gebauten Dampfer „Pacific" zu übernehmen und diesen mit einer Stinnes-Besatzung nach *Kiel* zu überführen. Dort wird der Schornstein in schwarz-weiß-rot-schwarz umgemalt und mit H.St. versehen, der Name in „Ellen Hugo Stinnes" geändert, die deutsche, schwarzrot-goldene Flagge am Heck gehisst und das Schiff während eines kurzen Werftaufenthaltes für den neugegründeten Liniendienst fit gemacht. Weihnachten 1950 verbringt Irmgard noch einmal mit der ganzen Familie, weil Ernst von seiner Werftaufsicht in *Kiel* für die Feiertage heimkommt. Und sie weiß, dass sich das in der Zukunft nicht so oft wiederholen wird. Und bei dem Gedanken daran weint sie an diesem Heiligabend, und es werden nicht die letzten Tränen sein, die sie an einem Weihnachtsabend vergießt.

Teil VI

Wieder zur See

Die Jahre 1950–1967

D. „Ellen Hugo Stinnes" in Rotterdam

- Ellen Hugo Stinnes
- United Fruit Charter
- Cläre Hugo Stinnes
- Karriere als Elblotse?
- Beförderung zum Kapitän
- Linien-Dienste Cuba/Mexiko/US. Südstaaten
- Weihnachten auf See
- An der europäischen Küste
- Archangelsk-Reise Sommer 1955
- Verschiedene Schiffe (M/S. „Andrea" u. a.)
- Ansehen an Bord und in der Familie

- Wirtschaftswunder auch in der Triftstraße (Kühlschrank, Musiktruhe, Schallplatten, E-Herd, Ölheizung)
- Seefahrt und Kindererziehung
- Briefe an Irmchen
- Urlaub und gemeinsame Ferien
- Die „Pamir"-Katastrophe September 1957
- Spannungen im Eheleben
- Erweiterung der „Weltanschauung"
- Seefahrt und „Genuss"
- Passagiere an Bord
- Beziehung zur Firmenleitung und Otto Stinnes
- Der Führerschein für Kraftfahrzeuge
- Der 17 m de Luxe 1960
- Konfirmation der Jungen 1961
- Spannungen in der Familie / Pubertät der Jungen
- Firmenzusammenbruch Stinnes
- Fahrt als Supercargo auf „Irma"
- Ein Kapitän wird älter

Familie Juni 1952 in der Triftstraße

D. „Ellen Hugo Stinnes"

„Ellen Hugo Stinnes" ex „Pacific"

Nach dem „Familienweihnachtsfest" 1950, das für Irmgard von Ernsts Wiedereintritt in die Seefahrt überschattet ist, muss dieser schnell wieder nach Kiel, um als 1. Offizier die Bauaufsicht über die „Ellen Hugo Stinnes", den Neuerwerb der neugegründeten Reederei Stinnes aus Schweden, zu führen. Der Dampfer befindet sich nicht im allerbesten Zustand, alles muss auf Sicherheit und Funktionalität überprüft werden, ein neuer Anstrich muss her, das Unterwasserschiff muss im Trockendock überholt werden, Maschine, Antriebswelle und Ruderanlage müssen dem Standard des Germanischen Lloyds entsprechen. Und dann soll das Schiff auch möglichst bald in See stechen.

Am 9.1.1951 kann der Dampfer abgenommen werden und *Kiel* durch den Nord-Ostsee-Kanal (so heißt der Kaiser-Wilhelm-Kanal seit 1948) in Richtung seines neuen Heimathafens verlassen. In *Hamburg* wird nicht nur Ladung für die USA genommen, sondern es findet auch eine feierliche Übergabe in Anwesenheit der Herren Stinnes statt. Herr Winter, mit dem Ernst in Kriegszeiten bis 1945 auf „Fritz Schoops" gefahren ist, ist Kapitän, auch er hat dem Tag

Irmgard 1950

entgegengefiebert, an dem Deutschland wieder eigene Schiffe haben darf. Irmgard kommt mit den beiden Jungs von *Harburg* über die Elbbrücken, um sich zu verabschieden. Sie weiß inzwischen, dass es für eine lange Zeit sein wird, da das Schiff an der amerikanischen Ostküste verchartert werden soll. Am 12.1.51 läuft die „Ellen" mit Schlepperhilfe aus, und als der letzte Lotse bei *Elbe 1* bei stürmischem Wetter mit der kleinen Barkasse zum Lotsendampfer übersetzt, spürt Ernst, dass er wieder angekommen ist. Breitbeinig steht er auf der Brücke während seiner 8 - 12 Wache, eine filterlose Zigarette in der Hand oder im Mund, eine Muck schwarzen kalten Kaffee vor sich, Kursanweisungen an den Rudergänger gebend, aufmerksam die See beobachtend. Und er muss sich nicht vor feindlichen Schiffen oder Flugzeugen fürchten. Er fährt jetzt in Friedenszeiten über die Meere! Ernst ist mittlerweile 38 Jahre alt, noch immer 1. Offizier, und, wenn der Krieg und die Nachkriegsjahre nicht gewesen wären, denkt er, hätte er sicher jetzt schon vier Streifen am Ärmel seiner Uniformjacke. Er sitzt im Salon mit dem Kapitän und dem 1. Maschinisten (so nennt man den Chief auf Dampfschiffen noch), den er auch aus Kriegszeiten kennt. Die Verpflegung ist gut, mit dem Smutje, einem altgedienten Stinneskoch, kann man gut leben, und auch die Besatzung an Deck (für die Ernst mit verantwortlich ist) macht ihren Job, viele sind wie er froh, wieder Schiffsplanken unter den Füßen zu haben. So kommt die „Ellen" aus den Winterstürmen der Nordsee und der *Biskaya* heraus um sich mit 10-11 kn der amerikanischen Ostküste zu nähern. Dort fährt das Schiff einen Liniendienst zwischen den nördlichen Ostküstehäfen und Mittelamerika. Die „United Fruit", der Charterer, hat zwar als Hauptgeschäftszweig den Transport und Verkauf von Bananen sowie anderen Früchten zwischen den mittelamerikanischen Karibikstaaten und den Antillen, tatsächlich werden ihr wohl zu Recht neokoloniale Machenschaften vorgeworfen, die aus Profitgier (mit Duldung der amerikanischen Regierung) diese Staaten ausbeuten. Dabei schreckt UF auch nicht davor zurück, in Ländern, die sich nicht entsprechend ihren Vorstellungen und Anweisungen verhalten, Söldnertruppen einzusetzen und so Regierungen nach ihrem Geschmack zu etablieren. Die „Ellen" fährt nicht unbedingt Bananen (dafür ist das Schiff nicht ausgerüstet), sondern andere profitträchtige Waren. UF setzt auch hier „Schmiermittel" ein: weil alles gut läuft und weiterlaufen soll, zahlen sie der Schiffsleitung (und dazu gehört Ernst als 1. Offizier) regelmäßig einen Bonus in $, und das bei einem Wechselkurs von 4,20 DM pro $. Ernst freut sich darüber und legt die $ fein säuberlich in eine Schachtel, für später, für schlechte Zeiten...

Im ersten US-Hafen erhält Ernst Post von seinem Irmchen. Sie vermisst ihn. Weil die Arbeit mit den drei Kindern zunimmt und neben Garten und Haus kaum für sie zu leisten ist, beschäftigt sie jetzt ein junges Mädchen mit Namen Ella, das sich auf die Tätigkeiten als Hausfrau und Mutter vorbereiten soll. Ella ist fleißig, bei Irmgard und Kindern beliebt, und sie kommt an sechs Tagen die Woche, jede zweite Woche auch am Sonntag halbe Tage. Irmgard schreibt ihrem Mann von den Kindern, besonders über ihr Baby, aber auch dass sich die Jungen, besonders Klaus, jetzt anders verhalten. Auch dass es gelegentlich Spannungen mit den Schwiegereltern August und Lieschen gibt, verheimlicht Irmgard nicht. Ernst schreibt meistens mit der Ortsbezeichnung „Auf See", in den Häfen kommt er kaum dazu. Er berichtet sachlich, gibt manchmal vorsichtige Ratschläge, und weist auch mehrfach darauf hin, dass das Geld, welches jeden Monat von seiner Heuer per „Ziehschein" auf Irmgards Konto bei der Hamburger Sparkasse (für das er sein Einverständnis geben musste) überwiesen wird, reichen müsse. Irmgards Bedürfnisse in dieser Zeit, ihren Wunsch, sich bei einem geliebten Menschen anlehnen zu können, erkennt er nicht unbedingt. Aber beide schreiben sich häufig, fast jeden Tag, meist in gut leserlicher Handschrift, manchmal auf der Maschine. Und wenn die Kinder ab und zu wegen eines schlechten Traums in der Nacht zu ihrer Mutti in die Küche kommen, sehen sie, wie sie beim Briefe schreiben leise vor sich hin weint.

Ernst ist zufrieden mit seiner Tätigkeit. Er versteht sich gut mit dem Kapitän, der ca. 15 Jahre älter als er ist, sowie mit seinen Offizierskollegen. Er wird von der Mannschaft respektiert, und seine Anweisungen werden befolgt. Dass das Schiff trotz seines Alters in einem guten Zustand bleibt, ist nicht nur, aber auch sein Verdienst. Gelegentlich geht Ernst an Land. In den US-Häfen wird die Schiffsleitung regelmäßig von der Agentur zum Essen eingeladen, man fährt auch mal an eine Beach zum Baden, findet Kontakte, auf die man sich beim nächsten Besuch wieder freut. In den mittelamerikanischen und karibischen Häfen ist nicht nur die Liegezeit länger, auch die Ausgaben für Landgänge sind für deutsche Seeleute erschwinglicher. Und das Leben scheint trotz größerer

Armut mehr Leichtigkeit zu haben. So freuen sich die Seeleute auf ihre Hafentage im kubanischen *Havanna* und *Santiago*, im kolumbianischen *Barranquilla* und *Cartagena*, im mexikanischen *Vera Cruz* und *Tampico*, in den „Bananenrepubliken" *Belize, Guatemala, Honduras, Nicaragua* und *Costa Rica*. Die Crew nutzt die Aufenthalte zu ausgiebigen Landausflügen, viele kommen jedoch nicht weiter als bis zu Hafenbars und den Häusern mit der „Roten Laterne". Aber es bilden sich dabei auch Freundschaften zwischen den Männern der Besatzung und den Mädchen in den Häfen, und beide Seiten freuen sich auf den nächsten Besuch.

Auch Ernst gefällt das Leben an Bord und bei Landgängen. Nicht so sehr in den Häfen der USA, er verabscheut den unbedingten Vorrang des Strebens nach Profit und ist in den Südstaaten verwundert über die strikte Rassentrennung und Diskriminierung der farbigen Bevölkerung. Dies stellt er in den anderen genannten Ländern Mittelamerikas nicht fest, hier werden keine Unterschiede auf Grund der Hautfarbe gemacht. In diesem Jahr schaut er wieder etwas genauer die Welt an, der Horizont seiner „Weltanschauung" erweitert sich immer mehr. Und auch seine Fremdsprachenkenntnisse werden immer besser, besonders im Englischen, da muss eine Schiffsführung schon verhandlungssicher sein, merkt er, genauso wie im immer wichtiger werdenden Funkverkehr. Für die Erweiterung seiner Spanischkenntnisse, die mehr für den Freizeitbereich herhalten müssen, zitiert er gerne einen Lebensfreude ausdrückenden spanischen Satz: *„Tequila, muchachas et mucho dinero!"* („Schnaps, Weiber und Geld wie Heu!"). Das mag sehr machohaft klingen, aber entspricht unter den Seeleuten durchaus dem Zeitgeist und setzt sich auch als Stereotyp fest. Und in fröhlicher Stimmung an karibischen Gestaden, bei *Cerveza, Pisco Sour* und *Tequila* kann Ernst diesen Worten durchaus etwas abgewinnen.

Aber seine Gedanken sind täglich auch bei seiner Familie. *„Wie kommt Irmgard mit den drei Kindern klar? Fängt seine" Püppie" schon an zu laufen? Kommen Ehefrau und Schwiegereltern in dem Doppelhaus, Wand an Wand, Garten an Garten, miteinander klar? Reicht das Geld, das er monatlich mit dem Ziehschein überweist?"* Er ist zwiegespalten: einerseits war für ihn die berufliche Entscheidung, wieder auf See zu gehen, der richtige Weg, andererseits plagt ihn das schlechte Gewissen, „weggelaufen" zu sein. Und er spürt Sehnsucht. Genauso wie Irmgard in der Triftstraße. Sie möchte „ihren Jungen" zu Hause haben. Aber seine Abwesenheit dauert über ein Jahr. Am 25. Januar 1952 erhält Irmgard das erste Mal ein

Telegramm mit dem Inhalt *„Azoren passiert"*. Dieses Telegramm wird sie bis zum Ende von Ernsts Seefahrt bei jeder Heimreise über den Nordatlantik als Ankündigung für die bevorstehende Ankunft am Kontinent bekommen. Am 31.1.52 mustert Ernst in Rotterdam ab und nimmt den Nachtzug nach Harburg.

Irmgard hat mit Ella gleich nach dem Telegramm trotz des kalten Wetters einen vorgezogenen Frühjahrsputz begonnen. Und als der Papa am Vormittag mit dem Taxi vom Bahnhof ankommt und seine Koffer auslädt, stehen alle Spalier: Mutti Irmgard mit der „Püppie" auf dem Arm, Peter und Klaus mit frischem Hemd und blanken Schuhen daneben, und vom Haus Nr. 79 kommen Opa August und Oma Lieschen heraus und empfangen Ernst an der Gartenpforte. Er sieht wohl aus, viel besser als bei seiner Abreise vor einem Jahr, er hat zugenommen und viel mehr Spannkraft in seiner Figur. Er umarmt seine Frau, die Kinder und seine Eltern, bevor sie alle in die Wohnküche gehen und sich setzen. *„Als erstes möchte ich ein Glas Harburger Leitungswasser!"* eröffnet Ernst das ungewohnte Zusammensein. Dies wird übrigens seine Standardbegrüßungsformel, wenn er die nächsten 21 Jahre zurück von See nach Hause kommen wird. Ernst ist gut gelaunt, obwohl er von der nächtlichen Zugfahrt und den Übergabeformalitäten an Bord noch müde ist. Irmgard hat ein festliches Essen vorbereitet, einen Braten mit im letzten Sommer selbst eingeweckten Bohnen aus eigenem Garten und Kartoffeln. Ernst ist zufrieden und betont immer wieder, dass man die Bordmahlzeiten überhaupt nicht mit Essen zu Hause vergleichen könne. Anschließend, um das Ritual des Mittagessens abzuschließen, verlangt Ernst eine Tasse kalten schwarzen Kaffee. Irmgard hat an die Vorlieben ihres Mannes gedacht und am Morgen entgegen dem üblichen Muckefuck echten Bohnenkaffee gekocht.

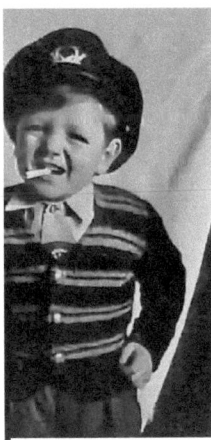

Peter und Klaus haben ihren Vater sehr wohl in Erinnerung und nähern sich ihm an, setzen sich auf seinen Schoß, spüren das Kitzeln seiner Bartstoppeln und nehmen durchaus angenehm den Tabakduft seiner filterlosen amerikanischen Camel-Zigaretten wahr, die er jetzt raucht. Aber dann kommt es zu einer Katastrophe: Ernst möchte auch seine „Püppie" auf den Arm nehmen und sie herzen. Aber Antje kennt diesen fremden Mann nicht, seine Bartstoppeln tun ihr weh, und der ihn umgebende Geruch flößt kein Vertrauen ein. Ihr

Klaus möchte auch Kapitän sein

Unwohlsein drückt sich im Weinen aus, das Weinen wird zum Schreien, als Ernst versucht, sie noch näher an sich zu ziehen. Erst dann übergibt er sie mit einem Ausdruck von Wut seiner Frau und zieht sich beleidigt zurück. Die ganze Vorfreude auf sein jüngstes Kind wandelt sich zunächst in Ablehnung, und er braucht lange Zeit, um das Vertrauen seiner Tochter zu gewinnen.

D. „Franz Jürgen" als Supercargo

Ernst rechnet mit Urlaub, aber Kapitän Kluge von der Inspektion teilt ihm mit, dass sie für die Nord- und Ostsee unbedingt sofort einen Supercargo benötigen, Stinnes hätte einen Dampfer für die Holzfahrt aus Finnland gechartert. Ernst willigt ein, aber nur unter der Bedingung, dass seine Frau Irmgard und sein fünfjähriger Sohn Klaus zumindest eine Reise mitfahren können. Man erteilt ihm diese Genehmigung. Sie sollen Anfang April nach Holtenau nachfahren, Sohn Peter, der gerade eingeschult wurde, und Tochter Antje, jetzt 1 ½ Jahre alt, sollten bei Oma Lieschen bleiben. Aber daraus wird nichts. Klaus macht mit seinen fünf Jahren einen gewagten Sprung von der Balkonbrüstung und bekommt eine Nierenverletzung. Er muss für fast drei Wochen ins Kinderkrankenhaus nach Rothenburgsort, Irmgard bleibt natürlich zu Hause, um sich um das kranke Kind zu kümmern. Mitte Mai, kurz bevor Ernst abmustert, fahren Irmgard und Klaus mit dem Zug nach Flensburg, bleiben während des Holz Löschens noch einige Tage an Bord und kehren dann mit Ernst zusammen nach Hamburg zurück. Jetzt hat Ernst den ersehnten Urlaub. Aber im Haus warten diesen Sommer viele Aufgaben auf ihn. Reparaturen, Garten, sich um die Kinder kümmern, Planungen mit Irmgard für die Zukunft. Inzwischen gibt es noch eine Zwangseinweisung für die Triftstraße 81. Eine Witwe, Frau Borwitzki, zieht in die beiden Mansardenräume unter dem Dach. Irmgard ist darüber nicht glücklich. Sie will, dass auch die Kinder, von denen Peter schon schulpflichtig ist, mehr Raum für sich finden. Der Herr Langenbach, der ein Zimmer im ersten Stock hatte, ist allerdings inzwischen ausgezogen, so dass Ernst und Irmgard wenigstens ein eigenes Schlafzimmer haben.

Das eine Jahr ohne Ernst hatte Irmgard zugesetzt. Sie will eine Perspektive mit ihm, nicht mit dem von ihm gesendeten Geld und seinen Briefen. Irmgard hatte in diesem Jahr Kontakt zur Brüderschaft der Elblotsen aufgenommen. Sie sagt ihm, dass er eine gute Chance hätte, dort aufgenommen zu werden. Ernst ist ablehnend, aber diesbezüglich nicht völlig abweisend, meint aber, er müsse erst als Kapitän fahren.

Als zweites wünscht sich Irmgard, dass sie ein neues Haus für ihre Familie bauen sollten, für sie sei die Situation mit den Schwiegereltern nebenan nicht erträglich. Ernst lehnt dies ab, er sieht in dem Nebeneinander von Alt und Jung nur Vorteile, schließlich sei seine Mutter ja immer bereit, die Kinder zu versorgen, wenn sie einmal an Bord sei.

Endlich Kapitän

Ohne Klärung in diesen Angelegenheiten mustert Ernst am 17.7.52 auf dem Neubau M/S. „Cläre Hugo Stinnes" in *Hamburg* als 1. Offizier an. Inspektor Kluge versichert ihm jedoch, dass Kapitän Bast (ein Stinnes Urgestein) im Frühjahr 1953 abmustern würde und er dann das Kommando übernehmen solle. Irmgard fährt mit ihren beiden Jungen mit in die Häfen *Bremen*, *Rotterdam* und *Antwerpen*, bevor die „Cläre" über den Atlantik geht und sie mit dem Zug zurück nach Hamburg fahren.

Die Reise mit dem schmucken, modernen Schiff geht zunächst in die USA. Auch hier fährt man wieder für United Fruit zwischen den Häfen der US- Nordstaaten und mittelamerikanischen Ländern. Es gefällt Ernst, er kennt die Agenturen, die Häfen der Karibik, nur die mit seiner Frau im letzten Urlaub diskutierten Punkte sind ungeklärt. Weihnachten feiert Irmgard mit den drei Kindern alleine, mit dem immer gleichen Ritual. Zuerst hören alle zusammen im NWDR die

Prinz Louis Ferdinand von Preußen, der Sohn des letzten Deutschen Kaisers, mit seiner Familie in Antwerpen an Bord von "Cläre Hugo Stinnes". Die Kinderfrau (2. von links) fuhr mit einem der Söhne nach Mexiko

141

Weihnachtssendung „*Gruß an Bord*" mit Hermann Rockmann, dem legendären Hamburger Reporter, in der über Norddeich Radio und Kurzwelle Kontakt zu Schiffen auf allen Meeren aufgenommen wird. Dann gibt es Kartoffelsalat und Würstchen, anschließend kommen Oma Lieschen und Opa August ins Haus 81, es werden Weihnachtsgedichte aufgesagt, Opa August stimmt mit seinem Bass Weihnachtslieder an, dann gibt es die Bescherung. Irmgard liest dann noch den Weihnachtsbrief von Ernst vor, nicht ohne dabei ein wenig in sich zu hinein zu weinen. Opa raucht währenddessen eine von seinen Zigarren.

Auch an Bord spielt sich ein immer wiederkehrendes Ritual ab. Die ganze Mannschaft (bis auf die Wachen auf der Brücke und in der Maschine) kommt in den Salon. Der „Alte" hält eine Rede, verteilt kleine Geschenke, erinnert an zu Hause. Auch manchem Seemann bleiben dabei die Augen nicht trocken. Dann gibt es für alle einen kräftigen Punsch. In den Messen, in denen jeweils ein Tannenbaum steht (sie wurden schon seit Auslaufen Deutschland in den Kühlräumen gela-gert). wird jetzt – wenn das Wetter es zulässt – das Fest-tagsmenü serviert. Oft sitzen am Heili-gen Abend die Män-ner aus der Offi-ziersmesse mit im Salon. Nicht selten veranlasst die emoti-onale

Weihnachten 1955 war Ernst in der Triftstraße

aufgeladene Stimmung manche Seeleute dazu, bei traurigen Gesprächen über die Heimat reichlich zu trinken.

Ernst mag es, in der Heiligen Nacht auf die Brücke zu gehen. Er schaut dann auf die Sterne, stellt sich vor, wie seine Familie unter dem Tannenbaum sitzt, und anschließend setzt er sich dann hin, um seinem „herzliebsten Irmchen" noch einen Brief zu schreiben. Ernst vermeidet es an solchen Abenden, selbst viel Alkohol zu trinken, er möchte die Kontrolle behalten.

Am 11.3.1953 läuft die „Cläre" in *New York* ein. Am nächsten Tag mustert Kapitän Bast ab, er wird mit dem Flugzeug nach Deutschland zurückfliegen. Auch Ernst mustert vor dem Deutschen Generalkonsulat als 1. Offizier ab, um einen Moment später wieder an Bord der „Cläre" anzumustern.

Diesmal als Kapitän.

Ernst hat es geschafft. Sein Kindheitstraum ist in Erfüllung gegangen. Die Schulterstücke hatte er schon bei der Ausreise Hamburg im Juli ins Gepäck bekommen, den zusätzlichen Streifen an der blauen Uniformjacke wird er sich später annähen lassen. Die Reederei beglückwünscht ihn per Telegramm, er setzt sich am Abend an seinen Schreibtisch in der holzgetäfelten 3-Raum Kapitänskajüte, um seiner Irmgard in einem Brief seine Gefühle mitzuteilen. In der Heimat ist Opa August (der noch immer bei Stinnes im Harburger Seehafen arbeitet) besonders stolz auf seinen Sohn, Ernst hat das erreicht, was er vielleicht auch gerne gewesen wäre. Auch Irmgard gratuliert man in der Verwandtschaft, aber sie sieht alles mit gemischten Gefühlen. Ihr zweiter Sohn Klaus kommt zur Schule, Antje wächst heran und ist kein Baby mehr. Und sie erwartet sehnsüchtig Ernst zurück, und dass er den versprochenen langen Urlaub antreten kann. Sie bekommt um den 20. August das Telegramm „Azoren passiert" und freut sich, dass die „Cläre" in ca. 5 Tagen am Kontinent sein wird. Das ist sie auch. Aber inzwischen gibt es eine „Bitte" von Kapitän Kluge: Auf dem Neubau M/S. „Andrea" benötige man unbedingt und sofort einen Kapitän für eine Kuba/Mexiko-Reise. Ablösen solle Ernst direkt in Bremen, dort würden beide Schiffe liegen. Und über Geld solle er sich keine Gedanken machen, man würde ihm den Urlaub auszahlen, und dann würde auch noch eine Zusatzgratifikation winken.

Ernst ist bereit, aber wie es Irmgard beibringen? Sie ist nach seiner knappen Mitteilung bitter enttäuscht und merkt, dass keine Diskussion möglich ist. Sie weint immer wieder. Die Möglichkeit, Lotse zu werden, verwirft Ernst jetzt endgültig, sie hatte schon alle Papiere vorbereitet. Und in der Triftstraße könne man, wenn die Mieter raus seien, umbauen, sagt er, ein neues Haus sei zu teuer. Ernst hat einige Tage Küstenablösung, da übernimmt eine Vertretung das Schiff. Die Stimmung in der Triftstraße ist aufgeheizt, der Kessel droht zu explodieren. *„Noch eine Reise"*, sagt Ernst, *„dann bin ich wieder hier. Und dann bin ich Weihnachten zu Hause"*.

Auf dieser Reise merkt Ernst, dass er nichts anderes will. Er fährt den wohl zu dieser Zeit schönsten Liniendienst, den man sich vorstellen kann. Circa sechs bis acht Wochen eine Reise von Hamburg bis Hamburg, elegante, moderne Schiffe, eine sichere Position, und im Salon sind nicht nur die anderen beiden „Eisheiligen", sondern jetzt auch immer bis zu 12 Passagiere. Damals nutzt man, wenn man über den Atlantik reisen will, lieber Schiffe als Flugzeuge. Es ist preiswerter und es hat den Komfort einer Urlaubsreise. Und Ernst hat jetzt oft interessante Personen im Salon: Angehörige von Botschaften und General-konsulaten, Lehrer deutscher Schulen, Vertreter von Firmen, die Handel mit Mexiko oder Cuba treiben wollen, Adelige aus dem Haus Hohenzollern, Künst-ler, die Auftritte in den Ziel-Ländern planen, Paare, Singles bzw. Alleinreisende, und darunter oft Frauen…

Es ist eine neue Perspektive für Ernst. Er ist Kapitän, er ist der „*Master next God*", seinen Anweisungen folgt man, man respektiert ihn, er bringt das Schiff sicher in den Hafen. Und wenn es Sturm oder Nebel gibt, dann steht er auf der Brücke, wenn es sein muss, Tag und Nacht, behält die Ruhe und die Übersicht. Und mit jeder Seemeile, die man von Land weg ist, sehen ihn einige Passagiere, vor al-lem Frauen, immer verehrungswürdiger und suchen seine Nähe. Ernst spürt das, und im Gespräch im Salon, beim Shuffleboard-Spielen an Deck, bei einem Whisky zum Sonnenuntergang zeigt er sich von seiner charmanten Seite. Er ist jetzt knapp über 40, ein gestandener Mann, und er mag es, hofiert und verehrt zu werden. In wieweit er die Situationen ausgenutzt hat, ist dem Chronisten nicht erzählt worden, aber als dieser einige Jahre später als Zehnjähriger eine sehr lange Reise mit seinem Vater machen wird, spürt er ein Gefühl von Eifer-sucht (vielleicht auch stellvertretend für seine Mutter), als „*Capitano Ernesto*", wie er oft genannt wird, sich frohgemut und voller Charme einer an ihm hän-genden Passagierin auf der 14-tägigen Atlantiküberfahrt widmet.

Ernst ist Mitte November wieder in Hamburg, aber Weihnachten feiert Irmgard mit ihren Kindern wieder alleine. Ernst „muss" nach einer kurzen Küstenablö-sung sofort wieder die „Cläre Hugo Stinnes" für eine neue Cuba/Mexiko-Reise übernehmen. Daraus werden drei Reisen, immer kurze Ablösung am Konti-nent, dann wieder nach Rotterdam oder Antwerpen, danach über den Atlantik.

Bei den knappen Aufenthalten zu Hause ist immer sofort die Familie da, Ernst soll erzählen, obwohl er das nicht so sehr mag. „*De Kaptein is wedder dor!*" heißt es in der Verwandtschaft, und dann treffen sich die Männer zum Frühschoppen im „Lindenhof" von Otto Richter und Wilma Büsing, während Irmgard zu Hause ein Sonntagsessen zaubert.

Aber wenn Ernst kommt, dann macht sich Irmgard noch immer schön, zieht schicke Kleidung an, schminkt sich und nimmt Parfüm. Und zwei Tage vorher geht sie mit Zugehfrau (Ella ist inzwischen nicht mehr im Haus) das Haus durch und bringt alles in Ordnung.

Anfang Juni wird Ernst endlich abgelöst und mustert von der „Cläre" ab. Urlaub ist angesagt! Oma Lieschen und Opa August sind mal wieder bereit (und zum Glück dazu noch in der Lage!) die drei Kinder zu versorgen, damit Ernst und Irmgard mit dem Zug in den Schwarzwald fahren können. Sie mieten sich zwei Wochen in der Pension „Sommerberg" in *Schonach* ein und finden dort ein nettes Paar aus Düsseldorf als Urlaubsbekanntschaft. Die Urlaubsbilder zeugen davon, dass es fröhliche und entspannte Ferien sind, aus beiden Gesichtern spricht viel Fröhlichkeit und Zufriedenheit, und sie erzählen dazu schöne Geschichten.

Ernst hat, seitdem er Kapitän ist, kräftig zugenommen. Er schätzt die Genüsse des täglichen Lebens, gut essen und auch gerne – wie es in dieser Zeit unter Männern üblich ist – trinken. Er mag Bier, und bestellt dazu oft einen „GabiKo", einen *„ganz billigen Korn"*. Schon damals nennt er diesen auch *„Epi"*, aber was diese Tarnbezeichnung bedeutet, hat sich Chronisten bis heute nicht erschlossen.

Trotz des schönen Urlaubs gibt es zu Hause in der Triftstraße immer wieder lauten Streit, der oft die Kinder aus dem Schlaf holt. Es geht um Kindererziehung (offensichtlich macht Irmgard nach Ernsts Ansicht da nicht alles richtig), um Geld (Irmgard möchte über mehr Mittel als nur über den monatlichen Ziehschein verfügen) und auch um Eifersucht. Beide vermuten bei dem Partner Untreue, aber Genaueres weiß keiner dem anderen vorzuwerfen. Schwager Hermann macht diesbezüglich mit Ernst wieder einen Scherz. Irmgard hängt abends regelmäßig einen weißen Leinenbeutel an die Haustür, damit der Bäckerlehrling morgens dort die Brötchen hineinlegt. Hermann behauptet Ernst gegenüber, dies sei das Zeichen für Irmgards Hausfreund, dass „der Alte" da sei und er nicht kommen könne. Ernst glaubt es natürlich nicht wirklich, aber ein bisschen verunsichert es ihn schon.

Am 10. August geht er in Hamburg wieder mit der „Cläre" auf eine weitere Mexiko-Reise. An Bord der „Cläre" ist diesmal auch die echte Cläre, nämlich

die Witwe des legendären Hugo Stinnes, jetzt Miteignerin der Hugo Stinnes Reederei. Sie ist schon über 80, aber eine rüstige Dame, die erst 1973 mit 102 Jahren aus dem Leben treten wird. Sie ist die Namensgeberin des Schiffes. Ihr Sohn Otto Stinnes, jetzt Ernsts oberster Chef, bringt seine Mutter persönlich an Bord. Er schätzt Ernst als sehr zuverlässigen Mitarbeiter, pflegt den persönlichen und brieflichen Kontakt zu ihm und lässt Ernst fast jedes Jahr eine hohe Gratifikation für „unfallfreies Fahren" zukommen.

Reeder Otto Stinnes an Bord von „Cläre Hugo Stinnes"

Cläre Stinnes wohnt natürlich in der „Eignerkabine", der komfortabelsten der sechs Passagierkabinen. Sie schätzt Ernst Schiffsführung und seinen Umgang mit Damen sehr, später wird sie ihn zusammen mit ihrem Sohn Otto noch mehrfach an Bord der „Cläre" oder auf anderen Schiffen der Reederei besuchen.

Die Mexiko-Reisen gehen meist nach einem festen Fahrplan. Man kommt in *Jacksonville* an der Atlantikküste in Nordflorida an, geht nach *Tampa/Fl.* an der Golfküste, *New Orleans* in *Louisiana*, nach *Tampico* und *Vera Cruz* in Mexiko, *Havanna* und *Santiago* auf Cuba, dann zurück wieder zur US. Golfküste mit den Häfen *Houston, Beaumont* oder *Brownsville*. An dem Mexiko-Dienst ist neben Stinnes auch die Hapag, der Norddeutsche Lloyd und die Reederei Schuldt beteiligt. Die Linie weitet sich zu einem florierenden Geschäftszweig aus. An der europäischen Küste werden die Häfen *Rouen* bzw. *Le Havre, Antwerpen, Rotterdam, Bremen* und *Hamburg* angelaufen. Die Ladung besteht vor allem aus Stückgutcollies, auf dem Weg nach Westen oft auch Autos, nach Europa selten in einigen Luken Schüttgut, wie z.B. Schwefel. Die Hafenzeiten sind in den US. Häfen und in Europa meist sehr kurz, auf Cuba und in Mexiko zur Freude der Crew meist einige Tage lang.

Für Ernst wird diese Linie Routine. Er kennt die Agenten in den einzelnen Häfen, nimmt gerne Einladungen an Land an, lädt aber gelegentlich auch Bord ein (auch in Mexiko schätzt man statt *Corona* auch gerne *Beck's* Bier sowie ein gutes deutsches Büffet mit Roastbeef und Bratkartoffeln). Bei Ernst versuchen stets dieselben Leute wie der Bootsmann, der Koch, der Funker und der Steward, die wichtige Mitglieder im Bordteam sind, anzumustern. Und auch einige Passagiere, die regelmäßig in Mexiko oder Cuba zu tun haben, versuchen immer wieder, ihre Passage bei Kapitän Wehmeyer an Bord zu buchen. So gestalten sich die Reisen im Cuba/Mexiko-Dienst manchmal fast zu „Familienausflügen".

Aber die Familie ist zu Hause, die Kinder wachsen heran. Mutti Irmgard liest abends vor dem Schlafengehen Teile aus Ernsts Luftpostbriefen vor, gelegentlich bekommen Peter und Klaus, die ja inzwischen lesen können, selbst einen kleinen Brief, manchmal kommt sogar eine Ansichtskarte. Gemeinsam spricht man ein besonderes Nachtgebet, das sich an den Vater auf See oder in fremden Häfen wendet. Gott möge ihn vor Sturm und Schiffbruch bewahren und gut nach Hause leiten.

Ernst ist kein großer „Geschenke-Mitbringer". Klaus, der Chronist, erinnert sich, dass sein Vater ihm, der Cowboy- und Indianergeschichten sowie -spiele über alles liebt, einmal einen Gurt mit zwei Colts im Halfter mitbringt, dazu einen breitkrempigen Texashut. Für Irmgard hat er manchmal Gold im Gepäck, oder auch Kastagnetten und Rumbarasseln, denn Irmgard liebte lateinamerikanische Musik, und Ernst erzählt von den Mariachi-Kapellen, die man an bestimmten Plätzen mieten kann, und die an vom Kunden gewählten Orten aufspielen, für Ernst manchmal auch an Bord.

Nach mehreren Reisen mit der „Clärc" muss Ernst nach einer kurzen Küstenablösung am 26.4.55 den Neubau M/S. „Niedersachen" für einen Mexiko-Törn übernehmen. Auf der Heimreise feiert Ernst am 30.6.55 seinen 42. Geburtstag, bei gutem Wetter auf der Höhe der Bermudas. Seine Mannschaft schreibt ihm ein empathisches Gedicht, und ein Passagier namens J. Friedrich Entelmann, der in den 50-er Jahren ein bekannter Comic-Künstler ist, zeichnet von Ernst das Porträt, das den Umschlag dieses Buches ziert.

Nach zwei Wochen Urlaub in der Triftstraße übernimmt Ernst wieder die „Cläre". Sie schert allerdings für eine Reise aus dem Mexiko-Liniendienst aus, soll in Ballast in das sowjetische *Archangelsk* im *Weißen Meer* fahren, um dort

Holz zu laden für *Dordrecht* in Südholland. Es sind Sommerferien für Peter und Klaus, und so nimmt Ernst kurz entschlossen Irmgard und die beiden Jungen mit auf die Nordlandfahrt. Ernst verspricht ihnen eine schöne Sommerreise in die Mitternachtssonne entlang der norwegischen Küste, rechnet jedoch selbst nicht mit dem Sommersturm im Nordatlantik. Das unbeladene Schiff tanzt auf den Wellen herum, so dass Irmgard und Klaus die ganze Hinfahrt seekrank sind, in einer der diesmal freien Passagierkabinen im Bett liegen, sich gegenseitig bedauern und sich ihrer Übelkeit hingeben. Peter, inzwischen neun Jahre alt und nicht von der Seekrankheit betroffen, darf die ganze Zeit auf der Kommandobrücke stehen und zeitweilig sogar Matrosen von der Ruderwache ablösen. Erst kurz vor dem Nordkap beruhigt sich das Wetter und die Seekranken wagen wieder die ersten Mahlzeiten. In *Archangelsk*, das an der *Dwinamündung* liegt, macht das Schiff an einer Holzpier fest. Die zu Flößen zusammengebundenen Stämme werden längsseits getrieben und dann mit eigenem Ladegeschirr an Bord gehievt. Das Beladen dauert fast 10 Tage. Es sind für die Kinder wundervolle Ferien. Der 2. Offizier, Herr Böhme, kann, weil er in sowjetischer Kriegsgefangenschaft war, ein wenig russisch und bringt den beiden Jungen einige Brocken bei, die sie beim Spielen mit russischen Kindern anwenden können. Ernst lehrt Klaus das Schwimmen, indem er ihm eine Schwimmweste umlegt, daran eine Festmacherleine bindet und ihn dann (mit Klaus Einverständnis) von der Pier ins Wasser stößt. Klaus treibt mit der Strömung, Ernst läuft am Ufer mit und zieht ihn am Sandstrand wieder an Land. Nach einigen Malen verzichtet man auf die Weste, und siehe da, Klaus hält sich gut über Wasser und ist unglaublich stolz. Noch im Alter wird er glauben, dass sein Vater der beste Schwimmlehrer der Welt gewesen sei.

Auf der Rückfahrt gibt es bei Irmgard noch leichte Rückfälle in die Seekrankheit, Klaus versucht dagegen anzugehen und ist auch erfolgreich. In Dordrecht geht die Kapitänsfamilie in eine Badeanstalt an einem See. Klaus wagt es sogar, immer wieder vom Dreimeterbrett zu springen. Und auch Ernst ist stolz, auf seinen Sohn und auch auf sich. Dass die Jungen zwei Wochen zu spät aus den Sommerferien in die Schule kommen, lässt sich nicht ändern. Der Lehrer von Klaus, inzwischen in der dritten Klasse, nimmt Ernst jedoch das Versprechen ab, ihm das Schiff zu zeigen, falls es mal wieder in den Harburger Seehafen kommt. Das passiert schon zwei Monate später, als die „Cläre" in Harburg Schwefel löscht. Klaus Klasse hat erst Nachmittagsunterricht, er geht also schon morgens früh mit seinem Lehrer zum Schiff. Ernst zeigt Herrn B. brav alles, von der Kommandobrücke bis zum Maschinenraum, dann setzt man sich hin und gönnt sich einen „Schluck". Ernst entschuldigt sich beim Trinken, er müsse noch am Nachmittag das Schiff durch den Köhlbrand zu seinem Hamburger Liegeplatz verholen. Herr B. trinkt viele Schlucke eines zollfreien Whiskys und verlässt gegen Mittag schwankend das Schiff, um seinen Nachmittagsunterricht zu versehen. Klaus „beurlaubt" er, dieser darf mit seinem Vater die „Cläre" durch den *Köhlbrand* nach Schuppen 28 verholen.

In Harburg verändert sich auch einiges. Opa August geht in Rente und kann sich ganz um Haus, Garten und „Kindererziehung" kümmern. Er ist der Ansicht, dass besonders bei den Jungen, und hier ist besonders Klaus gemeint, „eine harte Hand" angesagt sei. Das bekommt Klaus auch zu spüren, und auch von Irmgard, die zunehmend unter Belastung und Spannungen leidet, rutscht häufiger die Hand aus. Eine Erfahrung, die Klaus übrigens auch in der Schule macht, Prügeln ist bei der Erziehung noch immer die erste Wahl.

Das Wirtschaftswunder macht auch in der Triftstraße 81 nicht halt. 1954 erhält der Haushalt nicht nur einen Telefonanschluss, sondern es wird auch eine Kanalisation gelegt, so dass das eklige Fäkalienpumpen aus der Klärgrube entfällt. Im gleichen Jahr kommt auch der erste Kühlschrank ins Haus, und 12 Monate später löst eine „Constructa"-Waschmaschine im Keller den mit Holz zu befeuernden Waschzuber ab. Frau Borwitzki findet eine Wohnung, und die zwei Mansardenräume werden frei. 3 Jahre später bekommt Frau Langenbach, die schon über 90 ist, einen Platz in einem Senioren-Stift. Die Naragheizung hat ausgedient, „modern" und „sauber" soll eine neue Ölheizung sein. Und gleichzeitig werden Rohre für die Heizkörper in allen Räumen des Hauses verlegt. Der kupferne Kessel des im Keller befindlichen Badezimmers wird entfernt, stattdessen sorgt ein elektrischer Durchlauferhitzer mit Drehstromanschluss für die Warmwasseraufbereitung im Haus. Als später ein weiteres Badezimmer im 1. Stock von einem der ehemaligen Langenbachräume abgeteilt wird, wird auch die Warmwasserversorgung über die Ölheizungsanlage geregelt. Nun haben die Kinder auch nach und nach alle ihr eigenes Zimmer… Das passiert natürlich nicht alles in einem Jahr, sondern im Zeitraum zwischen 1955 und 1960.

La Lupita

Aber einen echten Hit gab es für die Familie, besonders für Irmgard 1956. Zu den Andenken, die Ernst aus Mexiko mitbringt, gehören auch zerbrechliche Schellack-Schallplatten mit Mariachi-Musik. Sie liegen zu Hause, und Irmgard nimmt sie eines Tages zu einer

Tres Dias

Freundin, die schon einen Plattenspieler besitzt, um die Musik zu hören. Von zwei Titeln *„Tres Dias"* und *„La Lupita"* ist Irmgard restlos begeistert. Und sie schreibt Ernst, dass sie einen Plattenspieler haben möchte. Bei seinem nächsten

Sie hieß Mary Ann

Küstenaufenthalt geht Ernst zu seiner Reedereiinspektion nach Hamburg, irgendeiner der Reedereimitarbeiter berät ihn beim Kauf einer Musiktruhe, einen Tag später wird die Truhe angeliefert, in dunkel poliertem Edelholz, ein Radioteil mit UKW, auf dem man sogar den Polizeifunk hören kann, und ein Zehner-

Nimm uns mit, Kapitän...

plattenwechsler. Gleichzeitig hat Ernst noch etliche Vinylplatten, die man mit 45-er Geschwindigkeit spielt, bestellt. Dabei war Hans Albers Musik mit dem Titel(song) dieses Erinnerungsbuches *„Nimm uns mit, Kapitän, auf die Reise"*, *„Sie hieß Mary Ann"* mit Ralph Bendix und andere. Irmgard erwirbt in der Folge weiterer Platten, auch Klaus beginnt sein Taschengeld von da an in Singles, das Stück zu vier Mark, anzulegen. Auf jeden Fall ist bei Hausfesten, und davon gibt es, wenn Ernst mal da ist, einige, für musikalische Unterhaltung gesorgt. Irmgard trägt dann große, goldene Ohrringe und tanzt mit ihrem musikalischen Schwiegervater August oder mit Kurt, mit dem Rudis Witwe Hilde schon seit einigen Jahren verheiratet ist, lateinamerikanisch, dazu werden Kastagnetten und die Rumba-Rasseln eingesetzt, auch ein Sombrero gehört zur Ausstattung. Nur der mexikanische Tequila oder kubanische Rum fehlen, da wird die Tradition des deutschen Bieres und des Heidekorns bewahrt.

Auch ein Auto steht auf der Wunschliste. Ernst kann zwar große Schiffe über die Weltmeere führen, hat jedoch keinen Kfz-Führerschein. Er meldet sich bei der Fahrschule Holzmann an, und bei seinen kurzen Aufenthalten nimmt er Fahrstunden, und eines Tages präsentiert er den „grauen Lappen". Irmgard ist

stolz, und er leiht sich für einige Tage einen Ford 12 m und kutschiert die Familie herum. Aber bis zum eigenen Wagen wird es noch einige Jahre dauern.

Im Februar 1957 hat Irmgard über ihren Hausarzt Dr. Wetzel eine Kur beantragt und für *Bad Wörishofen* im bayerischen Unterallgäu genehmigt bekommen, sie müsse unbedingt, das ist die Meinung des Arztes, für sich selbst etwas tun. Oma Lieschen kann nicht schon wieder alle drei Kinder nehmen, sie ist mittlerweile auch schon über 60. Klaus ist gerade auf dem Übergang von der Grundschule zum Gymnasium, die Aufnahmeprüfung hatte er einen Monat zuvor erfolgreich bestanden. Ernst ist mal wieder einige Tage auf Küstenablösung zu

Ernst im Frühjahr 1956 mit Irmgard und seiner Püppie

Hause. Er geht sowohl zum Grundschulleiter als auch zum Direktor des Gymnasiums, erklärt beiden die Situation und beantragt die Beurlaubung seines Sohnes vom Schulunterricht für voraussichtlich vier Monate. Man hat Verständnis und genehmigt es ihm unter der Voraussetzung, dass er seinen Sohn in bestimmten Fächern selbst unterrichtet. Ernst bekommt die Lehrbücher für die 5. Klasse mit. Zu Hause am Mittagstisch erfährt Klaus, dass er noch Koffer packen müsse. Ungläubig schaut der gerade Zehnjährige seine Eltern an. Als er den Grund

M/S. Andrea auf dem Mississippi

151

erfährt, springt er vor Freude in die Luft. Manchmal gehen auch Wünsche, von denen man bisher nicht einmal geträumt hatte, in Erfüllung. Noch am Abend fahren beide nach *Antwerpen*, von wo die M/S. „Andrea", die jetzt Ernsts Stammschiff ist, zu einer Reise abseits des Linienfahrplanes ausläuft. Sie soll im Charterauftrag für die französische CGM (Compagnie Générale Maritime) vor allem von Frankreich und US. Staaten die karibischen Inseln bedienen. Ernst wird seinem Auftrag als Privatlehrer gerecht, sechsmal die Woche ist für Klaus von 8 – 12 Unterricht, den Mathematik-, Erdkunde und Englischunterricht delegiert Ernst an seinen Chief bzw. den 1. Offizier.

Vater und Sohn auf Guadeloupe

Die persönlichen Eindrücke von Klaus sind an dieser Stelle nicht bedeutsam, erwähnt werden muss jedoch, dass beide zueinander eine besondere, lebenslang andauernde Beziehung entwickeln. Der Zehnjährige bewundert seinen Vater in allen Situationen, es gibt so gut wie keine Spannungen, für das Kind ist das Schiff wie ein einziger großer Spielplatz. Klaus bewohnt für sich alleine eine Passagierkammer (das Hospital), Ernst lässt, sobald es die ständig ansteigenden Temperaturen zulassen, durch den Zimmermann einen Gang auf Steuerbordseite des Oberdecks, in den Seewasser gepumpt wird, abschotten. So hat Klaus seinen eigenen Pool, durch das Rollen des Schiffes wird es sogar ein „Wellenbad". Und Klaus darf, wann immer will, auf die Brücke und dort die Ruderwache übernehmen.

Er lernt, nicht nur den Schulstoff, sondern unendlich viel über das Leben. Und das Tollste, was er auf dieser Reise hört, kommt von einem älteren, erfahrenen Matrosen, als einige der Crew im Hafen von *St. Thomas* auf den *Virgin Islands* abends bei einer Flasche Beck's auf der Luke sitzen. *„Weißt, du, Klaus"*, sagt er, *„dein Vater ist der beste Alte, den in meiner ganzen Fahrenszeit gehabt habe. Und das sage ich nicht nur so, sondern das denken die meisten hier an Bord."*

Klaus hat mit Vaters Hilfe die Bounty nachgebaut

Ernst bekommt auf dieser Reise eine äußerst schmerzhafte Kopfrose, er geht in verschiedenen Häfen zu Ärzten, die falsche Diagnosen stellen. Er leidet sehr, versieht jedoch seinen Dienst. Irgendwann irgendwo erhält er wirksame Medikamente, die die schmerzhafte Erkrankung langsam abklingen lassen. Einen Teil seiner Zeit verbringt Ernst trotz seiner Schmerzen mit dem Bau eines Schiffsmodells der „Pamir", noch nicht wissend, dass viereinhalb Monate später dieses Schiff sinken wird…

Für Klaus ist es eine Traumreise. Touristisch kaum erschlossene Karibikinseln, Südstaaten USA, gutes Wetter, Kuba in den letzten Zügen der Batista-Zeit, Frankreich, die Monate vergehen zu schnell. Als Klaus wieder in Hamburg ist, vermisst er die Zeit mit seinem Vater. Nach zu Hause hat er sich kaum gesehnt. In dieser Zeit reift sein Wunsch, später auch als Kapitän zur See zu fahren. Als er im Juni in seiner neuen Schule ist, wird er zwar bewundert von Mitschülern und einigen Lehrern, aber er selbst wäre gerne für immer an Bord geblieben.

Irmgard ist von der Kur ganz gut erholt zurück, sie hat in Bayern gleich eine neue geschmackvolle Wohnzimmereinrichtung bestellt.

Ernst verbringt jetzt tatsächlich mehr als zwei Monate Urlaub zu Hause. Gelegentlich mietet er ein Auto, und die ganze Familie fährt für einen Tag nach Haffkrug an die Ostsee, auch Ausflüge mit Übernachtung zu seinen Cousins gehören zum Programm, und dann hat Irmgard viele Aufträge für ihn an Haus

und Hof... Skatrunden und Hoffeste mit der Verwandtschaft gehören ebenso
dazu.

Hurrikan „Carrie" im September 1957

M/S "ANDREA"   Habana/Cuba, den 3o.September 57

Kapitän-Bericht

Betr.: Reise 8 von Antwerpen nach Habana.

Am 14.September 1957 gegen 15 Uhr war das Schiff in Antwerpen
mit 2484 to Stückgütern beladen. Der Tfg betrug V 15:11 , H 19:o5.
Anfang der Reise am 14.September 1957 um 16.18 Uhr. Um 23.54 Uhr
Anfang der Seereise bei Tonne Al. Die Fahrt durch die Nordsee und
den englischen Kanal verlief ohne besondere Vorkommnisse. *vor Spanien*
Am 17.September 1957 auf Breite 44.54 N Länge 14.41 W auf-
frischender Wind aus Südost-Süd 6/7. Am 19/9/57 auf 4o.o9 N 26.46 W
WSW-Wind Stärke 8/9. Schiff arbeitet sehr stark. *vor Azoren*
Bereits am 17.9.57 von Washington/NSS Hurrican-Warnung empfangen. Standort des Sturmes 35,6 N 64,4 W. Es wurden laufend Wet-
terberichte genommen. Das Schiff und die Räume nochmals auf See-
festigkeit überholt. Die Zugrichtung des Hurricans 18,19. und 2o.
September OSO-SO. Am 2o.9.57 Standort des Hurricans 33,2 N 47,o W.
Zugrichtung Ost 13 Kn. M/S "Andrea" stand am 2o.9.57 mittags auf
38.o2 N 31.42 W. *hinter den Azoren*
Da der Hurrican in den letzten drei Tagen Ost-Südost gezogen war, entschloß ich mich ab 12 Uhr mittags West zu laufen,
um nördlich des Sturmgebietes zu bleiben, zumal ich dort mit achterlichem Winden rechnen konnte.
Am 2o.9.57 24oo Uhr hatte der Hurrican plötzlich eine ONO-
Zugrichtung angenommen. Abstand 34,5 N 45,o W Abstand von
unserer Position ca. 500 Seemeilen. Jetzt entschloß ich mich, mit
Südkurs abzulaufen, da ich endlich mit der normalen Abzugrichtung
des Hurricans nach ONO-NO rechnete. Schiffsposition 38.o N 34.45 W.
Am 21.9.57 um o4oo Uhr aus Süd auffrischender Wind Stärke
7/8, zunehmende See und Dünung. Mittags bereits Stärke 1o/11. Jetzt
war ich mir klar, daß es für uns kein Ausweichen mehr geben konnte,
da der Sturm wider alles Erwarten Ostrichtung angenommen hatte und
wir denselben abwettern mußten. Es wurden nochmals alle Sicherungs-
maßnahmen getroffen. Gegen 13oo Uhr empfangen SOS-Meldung von
Segelschulschiff "Pamir". M/S "Andrea" arbeitet schwer und liegt
beigedreht, hohe See. Von 19oo-23oo Uhr voller Orkan, vor Staub-
wasser und See nichts mehr zu sehen.
Gegen 23oo Uhr langsames Nachlassen des Orkans. Schiff arbeitet schwer und nimmt viel Wasser über Deck und Luken. Liegen
in der hohen durchlaufenden Dünung weiterhin beigedreht.
Am 22.9.57 gegen 4.oo Uhr gehen auf 255°. Erst jetzt konnte
ich wieder an das SOS der "Pamir" denken. Ich gab unseren Kurs,
Geschwindigkeit und Position an das den Seenotfall leitende Schiff
"Penn Trader"/5LLA ab. Telegramm wurde quittiert ohne Aufforderung.
Laut Funkmeldungen hatten sich in dem Unfallgebiet bereits mehrere
Schiffe eingefunden. Unser Abstand 315 Seemeilen vom Unfallort, den
ich hätte frühestens am 23.9.57 1o.oo Uhr erreichen können. So Ent-
schloß ich mich, anstatt gegen die hohe NW-Dünung anzulaufen auf
255 zu bleiben.

2) **Kapitän-Bericht Reise 8 Antwerpen-Habana.**

Am 22.9.57 vormittags sämtliche Räume begangen und losgerissene
Ladung festgesetzt. Schiff wahrscheinlich grössere Ladungsschäden.
Schiff arbeitet noch immer sehr stark.
Am 23.9.57 abends endlich Wetterbesserung. Verschiedene harte Tro-
pengewitter, abnehmender Wind und See.
Die Reise verlief weiterhin unruhig.
Am 30.9.57 13.12 Uhr Ankunft Habana. Hier wurde durch die Agentur
A.Bona unser P+I Versicherer bestellt, sowie Verklarung vor dem Deut-
schen Konsulat und Seeprotest vor der Cub.Behörde abgelegt.

Kapitän

Am 19.8.57 mustert Ernst in Hamburg wieder an Bord seines Schiffes „Andrea"
an. Es geht am 14.9.57 von Antwerpen wieder auf Linienfahrt nach Kuba/Me-
xiko, als erster Hafen ist Havanna vorgesehen. Über den Verlauf dieser Ausreise nebenstehend der Kapitänsbericht von Ernst an seine Reederei.

Es ist einer der schlimmsten Stürme, die Ernst in seiner gesamten Seefahrerzeit
abzureiten hat. Aber das Tragische für ihn ist, dass sein Schiff nicht nur selbst
in Bedrängnis ist, sondern dass die „Pamir", ein Schwesterschiff der „Padua",
auf der Ernst 27 Jahre zuvor seine seemännische Laufbahn begonnen hatte, auf
der Rückfahrt von *Buenos Aires* im Einzugsgebiet des Hurrikans „Carrie" in See-
not gerät. Es kämpft im selben Seegebiet der Azoren gegen den Orkan, nur wenige Hundert Seemeilen entfernt von der Unglücksstelle. Die geschüttete Ge-
treideladung ist verrutscht, die Schlagseite wird immer stärker, die Besatzung,
vor allem Jungen zwischen 15 und 20 Jahren, versucht, in die Boote zu gehen,
nur wenige schaffen es. Sie sehen die „Pamir" noch kieloben in der sturmgepeitschten See liegen, bevor sie gurgelnd auf den Grund des Atlantiks sinkt.

Nach Tagen werden sechs Menschen lebend geborgen, fünf in einem Boot, einer
sich an einer Planke festhaltend. 80 Menschen sind ertrunken.

Ernst ist betroffen, dass er sich nicht an der Suche beteiligen kann, aber auch
die „Andrea" hat Probleme und Ernst steht kurz davor, selbst einen Seenotruf
abzusetzen. Es ist das Ende der kommerziellen Frachtensegler in Deutschland.
Ein weiteres Schwesterschiff, die „Passat", ist noch auf der Rückreise von

Argentinien. Auch diese ist nicht störungsfrei, auch hier verrutscht die Ladung auf dem Nordatlantik. Aber sie erreicht den Kontinent und wird später Museumsschiff und Seemannsschule in Lübeck-Travemünde.

Am 30.9. läuft die „Andrea" in *Havanna* ein, mit bisher nicht übersehbaren Schäden an der Ladung. In der Deutschen Botschaft wird eine „Verklarung" vorgenommen, damit der Reeder nicht für die durch höhere Gewalt entstandenen Schäden aufkommen muss.

Tampico, den 13. Oktober 195 7

An Fa.
Hugo Stinnes Zweigniederlassung,
Brennstoff=, Eisen= und Schiffahrtsgesellsch.
Hamburg 11, Grimm 8
Abtlg. Inspektion

SCHIFFS-LEITUNG

Betr.: Zurücklassen von zwei Besatzungsangehörigen in Vera-Cruz

Hierdurch teile ich Ihnen mit, dass
der Koch Nielsen
der Storekeeper Belau
in Vera-Cruz zurückgelassen wurden, da beide bei Abfahrt des Schiffes nicht an Bord ware.
Es war am Vortage auch durch Aushang bekannt gemacht worden, dass das Schiff fahren sollte.
Ich hatte angenommen, dass die beiden hier in Tampico auftauchen würden. Konnten aber nach Aussage der hiesigen Agentur nicht rechtzeitig hier eintreffen, da nicht jeden Tag ein Flugzeug geht. Die beiden werden jetzt bis zu unserer Rückkehr nach hier (ca. 14 Tage) in Mexico bleiben, um dann wieder an Bord zu kommen.
Die Immigration in Vera-Cruz wurde durch unsere Agentur verständigt.

Hochachtungsvoll

Die Reise bringt Ernst verspätet zu Ende. Es sind noch etliche Vorkommnisse wie kleine Havarien oder das Verschwinden von Besatzungsmitgliedern. Zwei Männer, unter anderem der für die Bordstimmung so wichtige Koch, „*segeln*" in Vera Cruz „*achteraus*", weil sie sich nicht von ihren mexikanischen Bräuten trennen können. Sie werden erst nach zwei Wochen mit Hilfe der Agentur und

Immigrationsbehörden wieder „eingefangen" und im letzten mexikanischen Hafen wieder eingesammelt – die entstandenen Kosten werden ihnen von der Heuer abgezogen. Im Laufe dieser Reise wird auch noch aus firmeninternen Veränderungen der Besitzverhältnisse der Name des Schiffes von „Andrea" in Edmund Hugo Stinnes" geändert. Anfang November 1957 ist die „Edmund" wieder in Europa, für Ernst geht aber die Fahrt nach einer kurzen Küstenablösung bis zum 1. Juni 1959 weiter.

Die schönsten Jahre der Seefahrt

Die folgenden Jahre sind für Ernst wohl die schönste Zeit der Seefahrt. Die meiste Zeit ist er im Kuba/Mexico Dienst. In Kuba haben sich seit 1959 die politischen Verhältnisse geändert, Fidel Castro hat mit seinen Revolutionären das korrupte, US-abhängige Batista-Regime abgelöst, der Diktator verschwindet mit 50 Mio. Dollar in bar und verbringt bis zu seinem Tod 1973 noch sorgenfreie Jahre in Spanien. Die USA belegen das neue System mit Sanktionen und üben, besonders nach der missglückten Invasion in der Schweinebucht im April 61, immer mehr Druck auf ihre Verbündeten aus, die nun „kommunistische" Insel zu boykottieren. 1962 läuft Ernst das letzte Mal Kuba an, für ihn und die meisten der Linienfahrer ein trauriger Moment. Die Leichtigkeit des Lebens hatte sich allerdings unter der Führung von Fidel Castro verändert. Ernst selbst kann dem sozialistischen System auf der Insel viel Gutes abgewinnen, die Menschen leiden nicht mehr unter den Klassenunterschieden, Rassenunterschiede gab es eh nur am Rande. Das amerikanische, profitorientierte und zumindest in den Südstaaten der USA rassistische System stößt ihn zunehmend ab. Er vermisst die Wärme, die über oberflächliche Kommunikation hinausgehende Empathie, das Verständnis für den Anderen. Ernst, der unpolitisch ist und in seiner Fahrenszeit nie zu einer Wahl geht, äußert im Gespräch oft seine Sympathie für den Kommunismus, er kann sich dabei sogar ereifern.

Nachdem Kuba vom Liniendienst ausgeschlossen ist, wird ein neuer Dienst aufgenommen, der nur die Südstaaten USA anläuft. Er bedient die Häfen *Wilmington*/North Carolina, *Charleston*/South Carolina, *Jacksonville*, *Tampa* und *Pensacola* in Florida, *New Orleans*/Louisiana und diverse Häfen in Texas. Die Reisen sind etwas kürzer als die Mexiko-Törns, meist sind es immer nur sechs Wochen von Europa nach Europa. Gelegentlich fällt auch mal eine Reise aus der Linie raus. So gibt es Ende der 50-er Jahre eine Mittelmeerreise in die Adria. Es werden Split, Rijeka in Jugoslawien und Triest und Venedig in Italien angelaufen. Irmgard ist für ungefähr vier Wochen mit an Bord, in gelöster Stimmung kommt sie wieder zurück. Sie hat viel bunte Kleidung im Gepäck, pittoreske Bilder erworben und schwärmt in Familienkreisen von tollen Landausflügen und der Leichtigkeit der Südländer.

1960 während seines Urlaubs kauft sich Ernst sein erstes eigenes Auto. Es ist ein Ford 17 m de Luxe, vier Türen, Radio, durchgehende Fahrerbank, Lenkradschaltung und Weißwandreifen. Nun muss noch schnell eine Garage auf dem Grundstück Triftstraße 81 gebaut werden, ein Maurerpolier und seine Kolonne, die in der Nachbarschaft ein Mehrfamilienhaus errichten, machen das mal eben so „nebenbei".

Ernst hat in diesem Jahr längere Zeit Urlaub, es werden viele Ausflüge und Besuchsfahrten innerhalb Deutschlands gemacht. Auch Irmgard möchte einen Führerschein machen und will Ernst damit überraschen. Aber es geht nicht so schnell bei ihr, zu allem Unglück bricht sie sich beim Fahrradfahren mit Holzlatschen den Fuß. Oma Lieschen erzählt ihrem Sohn, dass seine Frau jetzt wohl auch Auto fahren wolle, sie sähe immer, dass sie von einem Fahrschulwagen abgeholt werde. Ernst passt das nicht, für ihn gehören Frauen nicht hinters Lenkrad. Er untersagt ihr, den Plan weiter zu verfolgen. So steht das schicke Auto meist in der Garage, bis Sohn Peter schon zu Weihnachten 1963 den Führerschein präsentieren kann.

1961 im März werden die beiden Jungen konfirmiert, zusammen „in einem Abwasch", wie Ernst es ausdrückt, dann brauche er nur einmal Urlaub nehmen. Sein Sohn Klaus, über dessen zunehmende pubertäre Aufsässigkeit sich Irmgard oft in Briefen beklagt, ist das überhaupt nicht recht, weil er bei zwei Konfirmanden in der Familie eine Einbuße an Geschenken befürchtet.

Das Campen ist in Deutschland in Mode gekommen. Ernst und Irmgard kaufen ein gebrauchtes, aber gut erhaltenes Steilwandzelt. Im Sommer fahren sie – ohne Ernst – mit dem 17 m zum Zelten nach Dänemark. Das Auto fährt ein Freund der Familie, Herr Sievers, der zwar einen Führerschein hat, aber kein Auto besitzt. Er fährt also zweimal, einmal Irmgard und die Kinder und dann seine Familie.

Im Sommer 1962 macht Sohn Peter eine Reise im Südstaatenliniendienst mit seinem Vater. Er mustert als Messejunge an und ist der Backschafter achtern in der Mannschaftsmesse. Ernst möchte, dass er Crewmitglied ist und nicht Sohn des Kapitäns, bei Landgängen jedoch hat er einige Privilegien. Peter fährt von Rotterdam mit dem Zug nach Hause, seine Sommerferien waren schon 14 Tage vorher zu Ende. Ernst mustert in Hamburg ab und hat Urlaub bis zum 30. Oktober. Er fährt mit Irmgard ins *Zillertal* nach *Österreich*, beide genießen den Urlaub sehr. Die beiden Jungen gehen während der Abwesenheit zum Essen in den „Lindenhof", Antje wird bei Oma versorgt. Zum Jahreswechsel 62/63 ist die „Edmund" mal wieder aus dem Liniendienst raus, eine Winterfahrt nach Finnland ist angesagt, das Revier kennt Ernst aus Kriegszeiten. Es ist viel Eis unterwegs, auf der Rückfahrt sitzen sie kurz vor Kiel fest. Ein Eisbrecher muss eine Fahrrinne öffnen, bevor sie in Holtenau in die Schleuse gehen können. Die Fahrt geht direkt weiter ins Mittelmeer, Jugoslawien, Venedig, Piräus, dann zurück nach Hamburg, wo sie am 1. März festmachen. Dann nach einem kurzen Aufenthalt zu Hause wieder ein 6-Wochen Südstaaten-Törn.

Es stellt sich immer mehr raus, dass Sohn Klaus gerne den Beruf des Seemanns ergreifen möchte. Ernst ist der Ansicht, er sollte für eine Reise bei einer anderen Reederei anmustern, wo sein Vater nicht so bekannt ist. Er vermittelt Klaus eine Mittelmeerreise mit M/S. „Rantum" der Reederei Zerssen & Co., der Kapitän dieses Schiffes war bei Ernst als 3. Und 2. Offizier gefahren. Klaus arbeitet als Messejunge, und das Leben an Bord auch ohne seinen Vater gefällt ihm so gut, dass er sich entschließt, nach der „Mittleren Reife" das Gymnasium zu verlassen, um zur See zu fahren. Doch das haut nicht hin. Die Untersuchung bei der See-Berufsgenossenschaft kurz vor dem Start der Seemannsschule in Finkenwerder ergibt, dass er - wie sein Bruder – rot-grünblind ist. Eine nautische Laufbahn kommt nicht in Frage. Da er auch keine Lust mehr auf Schule hat, macht Klaus stattdessen eine dreijährige kaufmännische Ausbildung, die überhaupt nicht seinen Neigungen entspricht.

Im Urlaub im Sommer 1963 versucht Ernst mit der Restfamilie Irmgard und Antje sowie der Familie Sievers, die jetzt ein eigenes Auto hat, auch das Zelten in Dänemark – aber es scheint nicht sein Ding zu sein. Auch das Wetter spielt in diesem Sommer nicht mit. Er ist glücklich, als er wieder in der Triftstraße ankommt. Dr. Wetzel, der Hausarzt, verschreibt Ernst wegen diverser körperlicher Probleme eine Kur in Bad Salzuflen. Es ist nach seiner Kriegsverletzung 1940 das zweite Mal, dass Ernst krankgeschrieben ist. Die Kur tut ihm gut.

Seinem Rücken, seinen Bronchien (die sind vom jahrzehntelangen starken Rauchen reichlich verklebt), seiner Psyche. Ernst hat noch mehrere Monate Resturlaub und kann über den Jahreswechsel zu Hause bleiben. Und am 31. Dezember 1963 feiern er und sein Irmchen eine große Silberhochzeit mit vielen Freunden und Verwandten im Café Gellersen in der Nachbarschaft der Triftstraße. Es ist dasselbe Lokal, in dem sieben Monate später die Goldene Hochzeit von Oma Lieschen und Opa August stattfindet, ein rauschendes Fest im Gegensatz zu ihrer grünen Hochzeit 1914 zu Beginn des 1. Weltkrieges, als Lieschen kurz vor der Niederkunft mit Ernsts Schwester Anneliese stand. Beide erfreuen sich zu diesem Zeitpunkt allerbester Gesundheit.

Erst am 27. Januar 64 geht Ernst wieder auf See. Die „Edmund" hat inzwischen wieder einen neuen Namen und heißt jetzt M/S. „Monsun". Turbulenzen im Hause Stinnes haben zu einem anderen Firmenkonstrukt geführt, aber Otto Stinnes bleibt nach wie vor Ernsts oberster Chef. Grundsätzlich hat sich die Situation der Seeleute in Deutschland verbessert. Die Gewerkschaften haben großzügigere Urlaubs- und Ablöseregelungen durchgesetzt, die Heuertarife sind erheblich gestiegen (der sich mehrende Wohlstand ist auch in der Familie Wehmeyer deutlich spürbar), Mitreisemöglichkeiten für Ehefrauen sind jetzt schon fast die Regel. Ernst ist jetzt 50 Jahre alt, er kann gut mit Menschen umgehen, ist gerne gesellig, und in fröhlichen Runden trinkt er gerne, manchmal zu viel. Jedoch im Dienst ist er klar und konsequent nüchtern. Aber Ernst spürt jetzt auch, dass er nicht mehr der Jüngste ist: nicht nur körperlich, auch im Umgang mit seiner Mannschaft. Er ist jetzt nicht nur qua Amt, sondern auch tatsächlich „der Alte" an Bord. Seine Offiziere sind unter 30, die Ingenieure bis auf den Chief auch. Der Respekt ist da, aber die neue Generation an Bord ist eine andere Liga. Sie kennen ihre Rechte und bestehen darauf, sie haben weder die harte Schule auf den Segelschiffen noch die Kriegs- und Nachkriegszeit durchmachen müssen, sie sind in den Augen von Ernst und seiner Generation zu verwöhnt und verweichlicht. Ernst handelt jetzt oft nach dem Wahlspruch *„Man muss hart sein gegen sich selbst und noch härter gegen andere"*. Dabei schafft er sich bei der Crew nicht nur Freunde. In Briefen an Irmgard und seine Reederei beklagt er sich oft über die Respektlosigkeit und Arbeitsunwilligkeit mancher Besatzungsmitglieder. Es passiert jetzt häufiger, dass Ernst ihnen an der Küste *„einen Sack"* gibt, das heißt, dass er sie rausschmeißt. Gegen manche stellt er Strafantrag, wegen Gewalttätigkeit, Wachvergehen und Diebstahl, andere lässt er auf deren Kosten von Übersee nach Hause fliegen. Seemann scheint in

Deutschland kein attraktiver Beruf mehr zu sein. Er hat jetzt unter der Decks-besatzung immer einige Spanier an Bord, später auch Kapverden. Es sind exzellente Seeleute, die meisten sind in ihrer Heimat Fischer gewesen. Sie trinken nicht, freuen sich über jede Überstunde, die sie machen können und besuchen in den Häfen keine Bordelle, wo sich die anderen Geschlechtskrankheiten einfangen und dann für einige Tage auf Arbeitsunfähigkeit pochen. Nach meist 1 ½ Jahren Fahrenszeit mustern sie ab, gehen für zwei Monate zu ihren Familien und melden sich rechtzeitig wieder bei der Reederei.

Eine der Personen an Bord, mit der Ernst über fast 20 Jahre am liebsten an Bord ist, und zu dem sich eine das Leben während Freundschaft entwickelt hat, ist „sein" Chief Hannes Struck aus Nordenham. Sie können sich nicht nur an Bord aufeinander verlassen, sie verstehen sich immer und überall und werfen sich die Bälle blind zu, oft auf Kosten anderer. Hannes ist drei Jahre älter als Ernst. Beide sprechen nur Platt miteinander, vertrauen sich an Bord persönliche Dinge an und gelten als die ideale Schiffsführung. Ernst erzählt in fröhlicher Runde gerne Anekdoten über Hannes, oft in dessen Anwesenheit:

„Während unserer Liegezeit in Havanna waren Chief Hannes und ich bei der mexikanischen Botschaft in Kuba eingeladen. Zu diesem Zweck hatten wir uns bei 38° im Schatten mit Uniformjacke und Schlips auftakeln müssen. Als wir dort nach langer Taxiirrfahrt endlich mit einer Stunde Verspätung eintrafen, waren wir die ersten Gäste. Nach einer weiteren Stunde kamen die anderen Besucher, denen wir uns vorstellen mussten. Nachdem ich meinen Namen genannt hatte, stellte sich der Chief vor. Ich glaubte meine Ohren nicht zu trauen und schon an einem Hitzekoller zu leiden, denn ich hörte den Chief sagen: „Harrn we man een Buddel Beer". Ich fragte ihn, was das solle, aber er meinte bloß: „Das verstehen die doch sowieso nicht, und dann bei dieser Hitze!" Als er sich bereits zwanzig Mal mit dem sich zugelegten Namen vorgestellt hatte, antwortete ein typischer Mexikaner: „Minetwegen twe Beer, denn ick hev ok son Doss!"

Später stellte sich raus, dass der Señor in den frühen dreißiger Jahren wegen eines Mädchens in Hamburg hängen geblieben war und dort mehrere Jahre im Hafen gearbeitet hatte."

Ernst mag Geschichten mit einem Augenzwinkern erzählen, oft sind die „Opfer" Passagiere, die seinen Worten blind vertrauen. Wenn er einen guten Tag hat, dann kann er stundenlang Seemannsgarn spinnen, und er freut sich

köstlich, wenn es geglaubt wird. Hannes Struck ist dabei sein „Co-Moderator",
er kann jederzeit den Faden aufnehmen und noch ein Bonmot draufsetzen.

Ernst hat seit den 50-er Jahren auch einen „Ziehsohn" aus der Maschine an
Bord. Es handelt sich um Ralf Sander, der als Maschinenassistent auf Stinnes -
Schiffen anfängt. Schon seit Vater war bei Stinnes als Chief gefahren. Ralf studiert, macht seine Patente, fährt immer wieder als Ingenieur meist auf „Monsun". Ralf und sein Kapitän scheinen „Vater und Sohn im Geiste" zu sein, sie können gut miteinander, was manchmal die Eifersucht der anderen Offiziere und
Ingenieure hervorruft. Ralf wird später über seine Erfahrungen als Ingenieur
und Chief auf Stinnes-Schiffen unter der Webadresse http://www.xochi-
pilli.eu/seefahrt-index.html schreiben, unter anderen auch über die Beziehung
zu Passagierinnen:

*„Ein prekäres Thema zum Schluss: "Das Verhältnis zwischen Deck und Ma-
schine"*

*Aus Erzählungen und eigenen Erfahrungen war das Verhältnis zwischen dem Nauti-
schen- bzw. Deck- und Maschinenpersonal meist sehr angespannt. Bei den Streitigkei-
ten der "Drei Eisheiligen" verhielt ich mich möglichst neutral, habe mir aber nie von
den Nautikern den Schneid abkaufen lassen. Eigenartigerweise entwickelte sich zwischen mir und einigen Kapitänen ein Vater - Sohn - Verhältnis. Sehr ausgeprägt war
es mit **Kapitän W.**, den sie - warum auch immer -"Käpten Blubberbacke"nannten.
Wir beide hatten einige Gemeinsamkeiten, wie z.B. gutes Essen, leider auch das Trinken und insbesondere eine Schwäche für hübsche Frauen.*

*Im Liniendienst von und nach den USA und Mexiko gab es oft auch weibliche Passa-
giere an Bord. Aufgrund seiner Stellung hatte der Kapitän natürlich als erster mit
ihnen Kontakt. Beim Empfangscocktail sah er sich die Damen dann etwas genauer an,
ob da möglicherweise die eine oder andere unter ihnen so sympathisch war, dass es
sich lohne, sie näher kennenzulernen. Dabei dachte er nicht nur an sich, sondern er
vergaß auch mich nicht. Nachdem wir den letzten Hafen vor der Überfahrt verlassen
hatten, dauerte es nicht lange, bis der Kapitän mich zu einem Umtrunk in seine
Räumlichkeiten bat. In dem Moment war mir klar, dass er auf zwei weibliche Passagiere ein Auge geworfen hatte, die auch altersmäßig zu ihm bzw. zu mir passten. Mit
etwas Glück ließ sich vielleicht während der Reise eine Beziehung mit der jungen
Dame aufbauen. Ich wäre wirklich dumm gewesen, dieses Angebot nicht anzunehmen.*

Mittlerweile hatte ich die Angewohnheit, den Käpten mit: "Mein Kapitän" anzusprechen. Der 1. und 2. Offizier fanden das überhaupt nicht lustig und den Chiefs waren unsere Kungeleien mehr als ein Dorn im Auge."

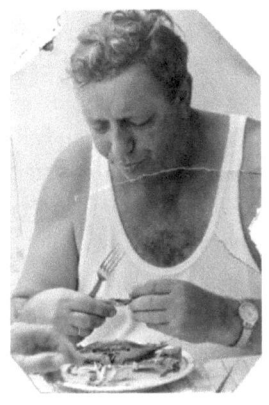

Capitano Ernesto beim Crab-Essen in Mexiko

Mexiko bleibt das Traumland für die Seeleute, die immer wieder versuchen, auf einem der Schiffe anzumustern, die diesen Liniendienst bedienen. Es sind die langen Liegezeiten, das günstige „Preis-Leistungsverhältnis" für alle Vergnügungen, die warme Atmosphäre, die ihnen von den Menschen entgegenschlägt. Man kennt alles, hat Freunde. Ehemalige Passagiere kommen nach *Vera Cruz* oder *Tampico* runter, Ernst fliegt auch nach *Mexico-Ciudad* hoch, bewundert die Kulturdenkmäler der Azteken, beschäftigt sich mit der grausamen Eroberung des Reiches durch Hernando Cortez am Anfang des 16. Jahrhunderts und ist gern gesehener Gast der deutschen Kolonie. Zu ihr gehören schon in den 20-er Jahren ausgewanderte Deutsche und ihre Nachkommen, aber auch entsandte Experten wie Lehrer an den Deutschen Schulen, dem Goethe-Institut oder Bedienstete der Deutschen Botschaft.

Einige der Besatzungsmitglieder haben dauerhafte Beziehungen zu den sogenannten „leichten Mädchen" aus dem „Mi Ranchito" in *Vera Cruz* oder aus *Luzy's Bar* in *Tampico*. Luzy kommt regelmäßig an Bord, wenn ein Stinnes-Schiff anlegt und macht dem Kapitän ihre Aufwartung. Sollte es an den Abenden oder während der Liegezeit Ärger oder Streitereien geben, ist Luzy sofort zur Stelle, um es zu bereinigen. Gelegentlich spielt die Mannschaft von Ernsts Schiff Fußball gegen ein einheimisches Team. Luzy führt dann mit dem Ka-

Luzy, die ungekrönte „Reina de la Noche" von Tampico

pitän den „Ehrenanstoß" aus, ihre Mädchen feuern die Spieler an. Abends gibt es eine Party in ihrer Bar. Viele Mädchen gehen mit an Bord, das ist in Tampico gestattet und von der Schiffsleitung geduldet. Einige Mädchen fahren die ganze mexikanische Küste mit, helfen achtern oder auch mittschiffs bei der Backschaft und versüßen den Jungs zumindest am Abend ihren Arbeitstag. Ernsts Bootsmann Günther J., mit dem er seit Anfang der 50-er Jahre auf Mexiko-Fahrt geht, ist in Deutschland verheiratet und hat drei wohlgeratene Kinder. An der europäischen Küste sind seine Frau und meist zwei Kinder während der Küstenfahrt an Bord, liebevoll kümmert sich Günther um sie. In seiner Kammer hängt ein gerahmtes Bild seiner Familie an der Wand. Sobald das Schiff auf der Ausreise die *Azoren* passiert hat, nimmt er das Bild ab. Und er hängt ein neues Bild an die Wand, es zeigt eine feurige dunkelhaarige Frau mit zwei Kindern. Es ist seine mexikanische Familie. Wenn das Schiff in *Vera Cruz* oder *Tampico* einläuft, steht sie an der Pier, meistens die Kinder an der Hand. Die ca. 14-tägige Fahrt zwischen den mexikanischen Häfen bleibt sie an Bord. Auf der Heimreise nach Europa hängt Bootsmann Günther wieder das Bild um. Und in *Antwerpen* freut er sich auf seine Frau und die Kinder. Günther sorgt finanziell für beide Familien. Und er liebt beide, wie er dem Chronisten auf einer Reise 1967 erzählen wird. Er erzählt aber nicht, ob die beiden Familien voneinander wissen. Ernst, vom Chronisten dazu befragt, meint, die mexikanische Familie wisse von der rechtmäßig Angetrauten in Deutschland, aber umgekehrt wohl nicht.

Ernst genießt auf diesen Reisen auch das Essen. Er liebt Seegetier über alles, vor allem Crabs, Langusten und Gambas, die er nur Shrimp nennt. Oft fährt er mit Kollegen oder mexikanischen Freunden an die Beach, schwimmt in den Golf-Wellen, bis die über den Bergen des Hinterlandes verschwindende Sonne von der tropischen Dunkelheit abgelöst wird. Dann setzen sie sich in eine Strandbar, trinken eiskaltes *Corona* oder *San Miguel Cerveza* und lassen sich frisch gefangene, gekochte oder gebratene Krabben oder Shrimp nach Cajunart kommen. Ernst zieht die Gambas „aus", wirft die Schalen vor die auf die Leckerbissen wartenden Vögel und genießt das kräftige, rote Fleisch. Zwischendurch bedient man sich immer wieder an der Tequilaflasche, streut Salz in die Vertiefung zwischen Daumen und Zeigefinger, drückt darauf eine halbierte Limette aus, lutscht es mit der Zunge ab und spült mit dem Tequila nach.

Aber Ernst genießt auch besonderes Essen an Bord. Sein Lieblingsessen – eine alte Stinnes Tradition – ist Reisplatte mit Curry. Für ihn ist dies auch ein Essen, bei dem er an seine „Padua"-Zeit denkt, weil in diesem Essen die Schärfe des Currys alle schon schlechten Geschmacksrichtungen der anderen Zutaten überdeckte. Doch heute ist es ein Luxusessen. Eine Currysauce wird mit Hühnerfleisch gekocht, auf einer großen, silbernen Platte liegen alle Zutaten bereit: gehackte Zwiebeln, fein geriebener Ingwer, gewürfelter Goudakäse (in Ermangelung von indischem *Panir*), fein gehackte Eier, Ölsardinen aus einer Dose, manchmal auch Shrimp. Das wird nach Wahl auf den schon mit Reis gefüllten Teller gelegt und dann mit der Currysauce übergossen, das Hühnerfleisch wird dazu gereicht. Für die ganz scharfen Hunde stehen noch feingehackte Chilischoten bereit, in Mexiko ersatzweise *Jalapeños,* oder rotes Chilipulver. Dazu gibt es Beck's Bier in ausreichender Menge, um den Schlund abzulöschen. Gelegentlich lässt es Ernst auch zum *Captain's Dinner* servieren, eine Traditionsveranstaltung, wenn Passagiere an Bord sind. Aber auch sonst ist Ernst bemüht, zusammen mit Koch und Funker (in Personalunion Zahlmeister) ausgewogene Nahrungsmittel beim Schiffshändler zu ordern. Und Fisch oder *Shellfish* muss seiner Ansicht nach immer dabei sein.

Ernst fährt bis zum 29.11.65 als Kapitän auf der „Monsun". Es ist sein Schiff seit Februar 1956, damals noch „Andrea", dann viele Jahre „Edmund Hugo Stinnes", und zum Schluss eben die „Monsun". Es sollen fast 10 Jahre werden, bis er endgültig von ihr abmustert. Es war sein Schiff.

„Westfalen"-Ära

Nach seinem Weihnachtsurlaub, den er vor allem mit einer aufwendigen Zahn-
sanierung, Augenarztuntersuchungen und Malerarbeiten im Keller der Triftstraße verbringt, geht Ernst am 5. Januar 1966 auf die M/S. „Westfalen", die für
die nächsten Jahre „sein" Schiff sein wird, allerdings dauert es einige Zeit, bis
sich beide aneinander gewöhnt haben.

Die „Westfalen" wurde 1956 bei den *Howaldtswerken* in *Hamburg* gebaut, ist
149,5 m lang und von der Tragfähigkeit ungefähr doppelt so groß wie die
„Monsun". Sie wird mit 44 Mann Besatzung gefahren und gilt eine Zeitlang als
„Flaggschiff" der Otto- Stinnes-Reederei. Sie ist jetzt im Mexiko-Dienst inte-
griert und kann wie die anderen Schiffe bis zu 12 Passagiere mitnehmen. Auch
hier hat er wieder alte, ihm schon bekannte Kollegen an Bord, auf die sich Ernst
verlassen kann, seinen alten Bootsmann Günther J., ihm vertraute Offiziere, Ingenieure und Deckspersonal. Nach der Rückreise geht das Schiff für eine Woche in *Hamburg* ins Trockendock, der Germanische Lloyd muss eine Klassifika-
tion vornehmen, der Unterwasseranstrich erneuert und kleine Reparaturen erledigt werden. Ernst kann dadurch zumeist die Abende zu Hause in der Triftstraße verbringen, am Tag muss er zur Werftaufsicht an Bord sein. Erst am 20.
Mai verlässt die „Westfalen" Europa in Richtung Mexiko. Auf der Rückreise
feiert Ernst auf der Höhe der *Azoren* seinen 53. Geburtstag, *„bei ruhiger See"*, wie
er in seinem Tagebuch notiert, aber mit einer *„ziemlich hoch hergehenden Party"*.
Danach mustert Ernst Mitte Juli für seinen Jahresurlaub in *Hamburg* ab. Klaus
ist auch inzwischen 19 Jahre alt und im letzten Lehrjahr. Er hat sich mit vier
Freunden einen alten VW-Bus gekauft und ist auf Südeuropatour, Peter hat in
diesem Jahr Abitur gemacht und will Physik studieren. Antje ist noch in der 10.
Klasse des Gymnasiums. Ernst ist der Ansicht, sie brauche kein Abitur, sie
würde ja sowieso heiraten… Zum Glück wendet sich Irmgard vehement gegen
diese Einstellung, und Antje wird ihren „Schulweg" bis zum Abitur und weiter
verfolgen. Aus seinem Tagebuch geht hervor, dass Ernst in der Zeit bis September zu Hause mit Renovierungs-, Erneuerungs- und Gartenarbeiten verbringt,
Dinge, zu denen er nicht allzu große Lust hat, die er sich aber diszipliniert und
auf Anweisung von Irmgard auferlegt. Es ist spürbar, dass Ernsts Kräfte nachlassen, auch seine Lust auf Seefahrt ist nicht mehr wie früher vorhanden. Außerdem ist seine Firma in Turbulenzen geraten. Durch die Pleite von Hugo
Herrmann Stinnes, von dem sich sein Bruder Otto Stinnes 1956 getrennt hatte,

ist auch seine Firma wegen der Namensgleichheit in Zahlungsschwierigkeiten geraten. Es müssen Schiffe verkauft werden, es droht auch die Gefahr, dass Personal entlassen werden muss. Auch Ernst fürchtet um seinen Arbeitsplatz und fühlt sich dadurch sehr belastet. Hinzu kommen die Änderungen in der Seefahrt. Die neuen Heuerverträge, Urlaubs- und Ablösebestimmungen sowie neue Ausbildungsordnungen machen den Reedern schwer zu schaffen, und immer mehr deutsche Schiffe werden nach Panama, Malta, Liberia und anderen Staaten „ausgeflaggt", weil dann die Rechtsvorschriften dieser Länder gelten. Das bedeutet, dass die Schiffe dann mit einer kleineren Besatzung fahren können, die strengen deutschen Sicherheitsbestimmungen nicht mehr gelten und so viel Geld gespart werden kann. All dies macht Ernst krank, so dass ihn Dr. Wetzel, der Hausarzt und Freund der Familie, eine nochmalige Kur in Bad Salzuflen empfiehlt. Diese macht er im September und Oktober, aber ohne großen Erfolg. Inzwischen häufen sich die Hiobsbotschaften aus der Reederei. Man teilt ihm mit, er könne zurzeit nicht als Kapitän auf die „Westfalen" zurückkehren, man wolle ihm jedoch eine Tätigkeit als *Supercargo* auf der von einer norwegischen Reederei gecharterten M/S. „Irma" anbieten. Ernst ist unglücklich, sogar ein wenig depressiv, aber er nimmt das Angebot an. *Supercargo* ist normalerweise der Job für junge Offiziere mit frisch erworbenen Kapitänspatent, die Erfahrung im Bereich der Befrachtung und des Stauens im Schiffsraum sammeln sollen. Aber ihm bleibt keine Wahl. Otto Stinnes versichert ihm noch mal in einem persönlichen Gespräch, wie sehr er seine bisherigen Dienste für sein Unternehmen geschätzt habe, und dass er Chancen für den Neuaufbau der Schifffahrtssparte sähe. Außerdem bittet er Ernst, genauso wie die meisten seiner anderen leitenden Mitarbeiter, sich mit einem größeren Betrag, er denke so an 40.000 DM, an Schiffsneubauten zu beteiligen. Ernst will da zunächst nicht so recht ran, geht dann aber dieses „Wagnis" ein. Er hat keine Erfahrung in seinem Leben mit geschäftlichen Transaktionen und Risiken gehabt. Dass er später, als es der Firma wieder besser geht, dadurch erhebliche steuerliche Vorteile haben wird und seine dann studierenden Kinder sogar Unterstützung durch das „Honnefer Modell" bekommen werden, ist ihm zu diesem Zeitpunkt nicht bewusst. Er hat einfach nur Angst, dass diese Einlage verloren sein wird.

Am 28. Oktober geht Ernst in *Hamburg* an Bord der „Irma". Die Reise im Südstaaten-Liniendienst führt in die Häfen *Charleston, Savannah, Jacksonville, Tampa* und *Morehead City*. Die Agenturen sind verwundert, dass Ernst als Supercargo und nicht als Kapitän fährt. Er spürt, dass nicht er mehr Ansprechpartner ist, sondern ein junger Kapitän aus Norwegen. Man grüßt ihn freundlich, spricht mit ihm über die Beladung, aber er fühlt sich zurückgewiesen. Außerdem schmeckt ihm die norwegische Küche an Bord nicht besonders gut. Von seinem letzten Hafen *Morehead City* schreibt er in einem sehr persönlichen Brief an seine Reederei mit der Bitte um Weiterleitung an Herrn Otto Stinnes, dass er sich durch diese Tätigkeit gekränkt fühle und sie in keiner Weise seiner bisherigen Berufserfahrung und seinem Aufgabenbereich entspräche. Er bittet darum, ihm – wenn möglich – wieder ein eigenes Schiff als Kapitän zu geben. Am 30. Dezember ist er zu Hause, aber nur für zwei Tage, dann muss er zurück nach *Rotterdam* und das Entladen in den europäischen Häfen zu überwachen. Inzwischen hat ihm die Reederei mitgeteilt, dass sie seinem Wunsch entsprechen wolle. Er übergibt seine Arbeitsunterlagen als *Supercargo* an einen anderen Stinnes-Kapitän, der auf der nächsten Reise in den sauren Apfel beißen muss.

Bis zur Übernahme der Schiffsleitung auf der „Westfalen" hat Ernst noch Zeit, endlich kann er Resturlaub aufbrauchen. Am 6.2. fährt Peter ihn mit dem schon in die Jahre gekommenen Ford 17 m nach Bremen, wo er mit Schwung und neuer Zuversicht seine Kapitänskajüte bezieht. Er macht noch die gesamte Küstenreise und geht am 1. März in Richtung Kanal, um zu einem erneuten Südstaatentörn über den Nordatlantik aufzubrechen. Man ist in den Häfen froh, ihn wieder als Kapitän an Bord zu sehen, und Ernst merkt noch einmal, wie wichtig ihm diese Position ist. Im April ist er wieder in Europa, diesmal kommt er sogar in den Harburger Seehafen, in dem sein Vater August jahrzehntelang mit seinem Schlepper gearbeitet hat. Ernst lässt Opa August, der auch auf Grund seines Alters abgebaut hat, an Bord bringen, noch einmal an seine alte Wirkungsstätte. Er nimmt ihn beim Verholen nach Schuppen 84 mit auf die Brücke, für den „ganz Alten" noch einmal ein bewegender Moment. August wird noch viele Wochen darüber in der Verwandtschaft erzählen.

Die nächste Reise mit der „Westfalen" geht wieder nach Mexiko. Die meisten freuen sich auf den Trip, aber die Qualität der Mannschaft lässt immer mehr nach. Inzwischen gibt es statt gut ausgebildeter Matrosen ungelernte Decksleute, denen die Grundkenntnisse der seemännischen Arbeit fehlen, viele Leute sind unwillig, weigern sich, Überstunden zu machen oder wollen in jedem Hafen einen Arzt aufsuchen. Gelegentlich kommt es auch zu Gewalt, oft unter Alkoholeinfluss, so dass Ernst dem Steward Anweisung gibt, keinen Alkohol auszuschenken. Der Anteil an nicht Deutsch sprechenden Seeleuten nimmt zu, das ist eine Belastung für den Wachdienst, da auch ihr Englisch oft nicht ausreichend ist. Aber die Reise verläuft weitgehend ruhig, auch dank der Tatsache, dass etliche Männer an Bord noch ein eingespieltes Team sind.

An der Küste wird Ernst von Kapitän F. abgelöst, er kann einige Tage in Hamburg verbringen und sogar seinen Geburtstag mit einem großen Hoffest feiern. Klaus, der seine Ausbildung zum Industriekaufmann erfolgreich beendet hat, geht seit April wieder zur Schule. Er hat erkannt, dass die letzten Jahre vielleicht nicht verloren waren, aber dass das nicht der Beruf ist, den er lebenslang ausüben will. Er will Abitur machen. Und seine Liebe zur Seefahrt ist ungebrochen. Wie glücklich ist er, als sein Vater ihm mitteilt, dass er für eine Mexiko-Reise noch einen guten Decksmann suche. Er hat gerade Sommerferien bekommen, packt seinen Koffer und fährt mit nach Rotterdam, wo Ernst die „Westfalen" von Kapitän F. übernimmt. Klaus muss vor der Anmusterung noch sein Gesundheitszeugnis erneuern, ebenso der 1. Offizier Müller. Sie bleiben bei den einzelnen Untersuchungen beim Vertrauensarzt der Seeberufsgenossenschaft immer zusammen, auch beim Lesen der Farbtafeln. Herr Müller rattert drei oder vier Zahlen aus dem Buch herunter, in dem Klaus nur wirre Punkte sieht. Aber er hat sich die Zahlen gemerkt, die Herr Müller gelesen hat. Als die Arzthelferin ihm die Seiten aufschlägt, wiederholt er die eben von seinem Vorgänger genannten Zahlen. Die junge Frau macht ein Häkchen, schon hat Klaus das Gesundheitszeugnis „deckstauglich" für die nächsten zwei Jahre. Das bedeutet, er kann jetzt die volle Decksarbeit einschließlich Wachdienst wahrnehmen! Auch Ernst freut sich, als er von diesem Coup hört. Aber die nächsten Tage lässt Ernst nichts von sich hören. Er will nicht, dass sein Sohn eine Sonderrolle genießt. Bootsmann Günther J., der mit den bei den Azoren gewechselten Bildern, gibt Klaus die miesesten und dreckigsten Arbeiten, die dieser aber klaglos erfüllt. Er weiß sich unterzuordnen, zeigt Arbeitsdisziplin und wird von den Männern im Achterschiff voll akzeptiert. Gelegentlich sieht er seinen Vater, wenn dieser auf die Brücke kommt, auf der Klaus gerade Wache geht, oder wenn er mit dem Bootsmann an Deck die notwendigen Arbeiten durchgeht. Und Klaus beobachtet zufrieden, dass es seinem Vater hier an Bord wieder gut geht. Erst kurz vor dem Passieren von *Abaco* auf den *Bahamas* lässt Ernst seinem Sohn ausrichten, er solle mal zum „*Sundowner*" bei ihm vorbeischauen. Klaus erfährt von seinem Kapitän, dass der Bootsmann mit ihm zufrieden sei, ebenso der 2. Offizier, mit dem er Wache geht. Klaus geht nach einem Whisky mit stolz geschwellter Brust nach achtern, aber er auch bei seinem Vater hat er den Stolz gespürt.

Bei den Landgängen genießt hat Klaus jedoch eine Sonderrolle. Er kann seine Überstunden und Seesonntage abbummeln und auf stille Vermittlung seines Kapitäns ausgedehnte Ausflüge mit Leuten von der Agentur unternehmen. In Mexiko arrangiert Ernst für seinen Sohn einen 5-tägigen Ausflug nach *Mexiko-City*. Klaus fliegt von *Tampico* in die Hauptstadt, wo verschiedene von Ernsts Freunden ihn aufnehmen und in der Stadt, in der ein Jahr später die Olympischen Spiele stattfinden werden, herumführen. Zurück fliegt er nach *Minatitlan*, weil das Schiff inzwischen nach *Coatzacoalcos* verholt hat. Es sind die ersten beiden Flüge im Leben des jetzt zwanzigjährigen Klaus.

In Rotterdam musterte er von der „Westfalen" ab, denn natürlich waren die Sommerferien seiner Schule schon drei Wochen vorher zu Ende. Aber der Mehrwert dieser drei Wochen an Bord war erheblich größer als das, was Klaus in der Schule hätte lernen können.

Teil VII

Die Weltreise mit seiner Seemannsfrau Irmgard 1968

- Erfahrungen auf dem Bulk-Carrier M/S. „Mülheim-Ruhr"

- „Weltreise" mit Irmgard auf „Westfalen"

- Brasilien und Argentinien

- Erinnerungen an die Segelschiffzeit

- Endlich zu Hause

M/S. Westfalen in Ballast während einer Revierfahrt auf dem St. Lorenz-Strom

Bulk-Carrier „Mülheim-Ruhr"

Nach mehreren Monaten Urlaub packt Ernst Anfang Oktober seinen Koffer. Er soll in *Yokohama* Kapitän F. auf der „Westfalen" ablösen, die aus dem Mexiko-Dienst herausgeflogen ist. Am nächsten Tag jedoch bekommt er die Anweisung von der Reedereiinspektion, dass er für eine Südstaaten-Reise die „Mühlheim-Ruhr" übernehmen solle. Das neue Schiff ist ein sogenannter Bulk-Carrier, ein für Schüttgut vorgesehener Massengutfrachter. Ernst packt den Koffer um, fährt nach *Antwerpen*, übernimmt dort und geht auf Kurs *Bahamas*, muss jedoch wegen des Hurrikans „Heidi" einen Umweg nach Norden steuern.

Die „Mülheim-Ruhr" wurde 1959 bei den Flenderwerken in *Lübeck* gebaut und ist 1965 bei den Nordseewerken in *Emden* auf 169,45 m verlängert worden. Die Ladefähigkeit beträgt danach 19.455 tdw, das bisher größte Schiff, für das Ernst bisher ein Kommando übernommen hat. Es fährt mit einer Besatzung von 42 Mann eine Geschwindigkeit von 14,5 kn.

Es werden nur drei Golfhäfen angelaufen: *Houston/Tx, Mobile/Al* und *Port Sulphur/La*, von wo es mit Schwefel nach Europa geht. In *Rotterdam* wird Ernst wieder abgelöst und kann noch Resturlaub nehmen. Er ist noch einmal für längere Zeit im Hause, diesmal Weihnachten und Sylvester, seinem und Irmgards 29. Hochzeitstag. Jetzt lernt Ernst auch seinen neuen Schwager „*in spe*" kennen: seine Schwester Anneliese ist seit 1964 verwitwet und hat einen neuen Partner kennengelernt. Sie wird ihn im Juli 1968 heiraten, und Ernst und Werner werden bis an Werners plötzliches Lebensende viele Jahre später die allerbesten Freunde sein.

„Weltreise" mit Irmgard auf „Westfalen"

Die Kinder sind inzwischen fast erwachsen. So haben Ernst und Irmgard im verbleibenden Resturlaub noch viel Zeit und Lust, mit dem Auto durch die Gegend zu fahren. Sie besuchen Hannes und Mia Struck in *Nordenham* sowie Ernsts Lieblingscousin aus Kindertagen, Hannes Raab und seine Frau Mimi in *Ahrenswohlde*, fahren in die *Holsteinische Schweiz*, an die *Ostsee*, wo Ernst bei Kollegen eine Stippvisite macht. er trifft seine alten Kollegen von der Wasserschutzpolizei Drechsler und Klindworth, und immer wieder werden Familienpartys in der Triftstraße gefeiert.

Doch am 26. Februar muss Ernst nach *Tokio* fliegen. Klaus und Irmgard fahren ihn zum Flughafen *Fuhlsbüttel*. Von dort fliegt er über Zürich mit Swiss Air direkt nach Japan, mit Zwischenstopp in *Anchorage/Ak*. Von *Tokio* fliegt Ernst weiter nach *Niigata*, wartet eine Nacht im Hotel, bis die „Westfalen" einläuft und er Kapitän F., der so schnell wie möglich nach Hause fliegen will, ablöst. Ernst ist auf seinen Reisen noch nie in Fernost gewesen, nach 16 Jahren überwiegend Liniendienst bricht für Ernst jetzt mit fast 55 Jahren ein neues Kapitel in der Charter- und Trampschifffahrt an. Er hat keinen genauen Fahrplan, die nächste Destination erfährt er oft erst im letzten Hafen. Jetzt hat er den Auftrag bekommen, über das Japanische Meer von *Niigata* nach *Nachodka* zu fahren und dort Kohle für Japan zu laden. *Nachodka* ist der östlichste Hafen der Sowjetunion, und 1968 ist kalter Krieg zwischen den Blöcken. Der Funkoffizier ist in großer Aufregung, er ist Zonenflüchtling und befürchtet, festgesetzt zu werden. Ernst versucht einen anderen FO für die eine Woche zu bekommen, vergebens. Ohne FO darf er nicht auslaufen, also fährt Herr L. doch mit, voller Angst. Außerdem muss Ernst nochmal zur Deutschen Botschaft in *Tokio* fliegen, die Musterrolle muss bestätigt werden, denn in sowjetischen Häfen darf man sich keinen Fehler im Papierkram erlauben. Es ist eine Entfernung von 483 sm über das *Japanische Meer*, also für die „Westfalen" ein 40-Stunden Törn. Es ist Winter in Japan und auch in *Sibirien*, Schneetreiben und Vereisung begleiten die Fahrt. Das Laden der Kohle ist schnell abgeschlossen, schon am 15.3. ist das Schiff wieder in Japan. Als sie aus der 12 Meilen-Zone von *Nachodka* hinaus sind, kann der Funker aufatmen, ihm ist nichts passiert.

Die „Westfalen" ist nach 36 Stunden Überfahrt zum Kohle löschen in *Muroran* auf der nördlichen Insel *Hokkaido*, dann geht es weiter über *Kobe* und *Nagoya* und *Yokohama* auf *Honshu*. Nächster Hafen ist die britische Kronkolonie *Hongkong*, dann zwei Tage später mit drei Seetagen nach *Singapore*. Von dort weiter in einem 9-Tage Seetörn nach *Mogadischu* in *Somalia*. Ernst schreibt nach Hause, dass er sich vorher nicht vorstellen konnte, wie viel „*Klamotten*" im *Pazifik* und im *Indischen Ozean* den Schiffsverkehr beeinträchtigen. Damit meint er die vielen Inseln und Riffe, die bei bestehenden starken Strömungen und Winden zu einer Gefahr für die Seefahrer werden können.

Er merkt wieder, dass er der älteste an Bord ist. Mit seinem 1. Offizier, der schon 1957 als Matrose und nautischer Assistent bei ihm auf „Andrea" gefahren ist, kommt er gut klar, auch mit dem Chief-Ingenieur Ralf S., der schon an anderer Stelle erwähnt wurde. Der Koch ist nach Ernsts Ansicht eine Niete, er macht

173

immer wieder Dienst nach Vorschrift, weil die Reederei die Überstundenzuschläge von 1 ½ Stunden täglich gestrichen hat. Einmal serviert er nur Salzkartoffeln und eine Apfelsine, mehr hätte er nicht geschafft. So etwas gibt Ärger in der gesamten Mannschaft. Und letztlich wird der Kapitän dafür verantwortlich gemacht. Gelegentliche Skatrunden finden statt, aber Ernst spürt die Einsamkeit des Vorgesetzten. Es geht ihm auch nicht gut, ihn plagen ständige Kopfschmerzen. Und er erfährt von seinem 1. Offizier K., dass dessen Frau in *Mombasa* an Bord kommen und die Ostasienreise bis Europa, also voraussichtlich fünf Monate, an Bord bleiben will, und das, obwohl die beiden zwei kleine Kinder haben. Auf See schreibt Ernst jeden Abend mehrere Seiten an seine Frau. Und er plant für sie: sie solle auch nach *Mombasa* kommen, mit *Lufthansa* nach *Nairobi* fliegen, sich vorher ein Seefahrtsbuch besorgen, damit sie anmustern könne, außerdem eine Gelbfieber- und Pockenschutzimpfung vornehmen lassen. Und im nächsten Brief am nächsten Abend verwirft er wieder alles, sagt, es würde nicht gehen, der Garten, die Kinder (die inzwischen 22, 21 und 17 sind), das Geld, das die Reise kostet. Dann schreibt er wieder, wie sehr er sich nach seinem „herzliebsten Irmchen" sehne, und dass es doch gehen müsse, und dass diese Reise ihr Dinge zeigen könne, von der andere Frauen nur träumten. Irmgard, als Organisationstalent berühmt, geht die Sache an, ohne ihren Mann sofort zu informieren. Sie regelt die Mitfahrgenehmigung mit der Reederei, spricht mit ihren Kindern, die im Sommer sowieso andere Pläne haben, telefoniert mit Frau K., der Frau des 1. Offiziers, erkundigt sich nach Flügen, einen gelben Impfpass mit frischer Pockenschutz- und Gelbfieberimpfung besorgt sie sich auch. Oma Lieschen, der es gesundheitlich eine Zeitlang nicht so gut ging, ist auch wieder bereit, nach dem Rechten zu schauen, die volle Verantwortung will sie jedoch nicht mehr übernehmen. Auch ihre Schwester Tante Anna soll gelegentlich kontrollieren, ob die Kinder alles sauber hinterlassen. Sie organisiert also ein komplettes Netzwerk, und Ernst ahnt an Bord noch nichts. Er fährt die ostafrikanische Küste auf und ab, *Mogadischu*, *Mombasa* in *Kenia* (wo sie 11 Tage Liegezeit haben und er eine Safari macht), *Nacala* und *Beira* in *Mozambik*, (wo sich der Zimmermann beim Fußballspielen komplizierte Beinbrüche zuzieht und später abgelöst werden muss), *Tanga* in *Tansania* an der Grenze zu *Kenia* und am 18. Juni wieder fest in *Mombasa*. Hier erfährt er auch, dass Irmgard am 21.6. um 15.30 Uhr ankommen wird.

Von hieran lässt der Chronist über diese Reise immer wieder Irmgard in Auszügen aus ihren Briefen und Postkarten an ihre Kinder und Schwiegereltern zu Wort kommen:

```
                              (Karte) Mombasa, 22.6.68
Liebe Eltern,liebe Oma Leni!

Bin gestern nach manchem hin und her erst in Nairobi, dann
noch in Mombasa planmäßig angekommen. Ernst war auf dem
Flugplatz und hat sich riesig gefreut. Heute Vormittag wa-
ren wir in der Stadt, und heute Abend um 18 Uhr geht es
direkt nach Singapore. Das Wetter ist z.Zt. wie bei uns,
also zu ertragen.

Herzliche Grüße, Ernst und Irmgard
```

```
                              (Karte) Mombasa, 22.6.68
Liebe Antje, lieber Peter und Klaus!

War heute Mittag mit Papa an Land essen. Du konntest von 12
verschiedenen Gerichten soviel essen wie du wolltest, für
5 Mark. War ganz prima! Gleich fahren wir Richtung Singa-
pore, also hört ihr 18 Tage nichts von uns. Lasst es euch
gutgehen. Wie ist es denn so ohne Mutti? Lasst Erdbeeren
pflücken, damit keine umkommen!

Alle guten Wünsche für euch

Mutti
```

Liebe Kinder!

Wie Ihr aus meiner Karte von Mombasa wisst, bin ich dort mit dem Flugzeug gut angekommen. Das letzte Ende von Nairobi bis Mombasa war nicht so schön, weil mein Flug nicht fest gebucht war und ich auf „stand-by" bis 20 Minuten vor Abflug warten musste. Ich war froh, Papi auf dem Flugplatz zu sehen. Leider war es wirklich der letzte Reisetermin gewesen, denn am anderen Tage sollte das Schiff rausgehen. Als ich mich an Bord erfrischt hatte, fuhren wir nochmal an Land, damit ich wenigstens noch einen kleinen Eindruck von Afrika mitnehmen konnte. Das Klima war erträglich und nicht wärmer als bei uns… Man sah nur Schwarze und Inder. An den Straßen waren große Mandelbäume mit riesigen Blättern, ähnlich wie unsere Walnussbäume.

Kurz vor Auslaufen des Schiffes war noch große Aufregung, ein Assi war noch nicht an Bord. Der Chief fuhr mit dem Agenten von Bar zu Bar. In letzter Minute fanden sie ihn mit starker Schlagseite am Straßenrand stehen. Papa war froh, denn er hätte viel, viel Schreibereien und Unannehmlichkeiten haben können.

… Nun schipperten wir auf dem Indischen Ozean. Das Schaukeln ließ nicht nach, die Wärme nahm zu. Es war weit und breit kein Schiff mehr zu sehen. Mal war Sonne, mal schwarze Wolken, dann wieder bedeckter Himmel, aber immer eine bruttige, feuchte Wärme und kein Raum, wo man sich abkühlen konnte. Der Fahrtwind war warm und feucht, das kalte Duschwasser ca. 28°, also auch keine Abkühlung. Nachts war das Schlafen auch schlecht, man war ein paarmal in der Nacht, wie aus dem Wasser gezogen, dazu das Hin- und Herrollen in der Koje. Na ja, ich war nur froh, dass ich nicht seekrank wurde. Oft bin ich mit Papa an Deck hin- und hergelaufen und habe mich mit Yogi, dem Bordhund angefreundet. Die ersten acht Tage hat er mich als Eindringling gesehen, dann ist er zutraulich geworden. Er ist seit vier Monaten an Bord, einer aus der Maschine hat ihn in Japan von der Pier mitgenommen. Da saß er angebunden und sah aus wie ein Wollknäuel. Weil er aussah wie ein kleiner Waschbär, haben sie ihn Yogi-Bär genannt. Inzwischen hat er sich gemausert und er sieht jetzt aus wie ein kleiner Schlittenhund. Sein kleiner Kopf mit den kleinen spitzen Ohren und den blanken

Augen, denen nichts entgeht, sieht aus wie der eines Wolfs-
hundes, sein Schwanz wie der eines Eichhörnchens, und sein
Fell grau-schwarz wie der eines jungen Schäferhundes. Er
ist so groß wie ein Zwergpudel. Er ist Jedermanns Freund an
Bord, und wo mehrere Leute zusammen sind, bei der Arbeit
oder abends beim Skat oder Tonbandmusik ist Yogi dabei.

... Ab heute Mittag liegt das Schiff nun ruhig, denn wir haben
die Malakkastraße erreicht. Heute Nachmittag sichteten wir
Sumatra, eine endlose Bergkette mit dichtem Baumbestand
(Dschungel), und nach 12 Tagen sahen wir zum ersten Mal
wieder ein Schiff.

... Nun Ihr Lieben, wie ist es euch inzwischen ergangen.
Vermisst ihr Mutti oder seid ihr ohne mich auch zufrieden
oder gar glücklicher? Ich denke oft an euch und verfolge in
Gedanken euren Tagesablauf.

... Papa fühlt sich schon seit ein paar Tagen nicht so recht,
einmal hat er viel Husten und ist so schlapp. Er hat gestern
schon zusätzlich Salztabletten genommen, um den Salzverlust
beim Schwitzen auszugleichen. Ich esse jetzt schon immer
etwas schärfer gewürzt, um die Waage zu halten. Papa hat
sich sicher nachts erkältet. Er deckt sich nur mit einem
Bettbezug zu, dann hat er die Aircondition an, auch wenn
sie den Raum nur ca. 3° kälter macht, so ist doch ein ewiger
Zug.

... Morgen wollen wir um 11.30 Uhr (bei euch dann 6.00 Uhr)
in Singapore sein. Nun freue ich mich schon auf das fremde
Land. Verschiedene an Bord wollen hier eine geschnitzte
Truhe kaufen. Herr Sander, der Chief, will mich dahin mit-
nehmen. Die Männer in der Maschine sind alle Junggesellen.
Sie machten gestern schon ihren Flax und meinten, in Honkong
wird geheiratet. Ich finde es für Papa besser, dass er junge
Leute um sich hat, da gibt es doch eher mal einen Spaß.

... Letzten Sonntag hatte Papa seinen 55. Geburtstag gefeiert. Ich hatte eine Torte und einen Butterkuchen gebacken.
Morgens hatte ich ihm einen Geburtstagstisch gemacht, dazu
die Post, die ich von zu Hause mitgenommen hatte, dazu hat
Papa sich sehr gefreut. Blumen hatte ich leider keine. Dafür
habe ich Papa den wunderschönen Rosenstrauß von zu Hause
hingestellt. Alle haben die herrlichen Rosen bewundert, sie
haben sich in der Vase noch entfaltet, aber bei der

Schaukelei und in der Wärme haben sie sich nicht so lange gehalten, aber als ich sie aus dem Koffer nahm, waren sie ganz frisch. Wir haben Papas Geburtstag von morgens 10.00 Uhr bis mittags und nachmittags vom Kaffeetrinken bis zum Abendbrot und dann von 20.00 Uhr bis Mitternacht gefeiert. Immer war eine andere Abordnung da. Es war und gemütlich und nicht zu viel des Guten. Und wie habt ihr Papas Geburtstag verbracht? Habt ihr selbst gekocht oder hat Oma Lieschen euch eingeladen?

… Eben kommt ein Telegramm, dass das Schiff vor Singapore erst ankern muss, bevor wir an die Pier kommen. Der Mond hat heute einen riesengroßen weißen Kreis um sich herum, alle meinen, es werde einen Taifun geben. Na, morgen sollen wir im Hafen sein. Nun wünsche ich euch alles Gute, vergesst uns nicht und schreibt gleich nach Yokohama. Erst mal Gute Nacht,

Mutti und Papi

(*Karte*) Singapore, 6.7.68

Liebe Kinder,

sind heute Morgen hier angekommen. Ich mache mit Papa einen Stadtbummel. Es ist ein ungeheurer Verkehr und Menschengewühl und heiß. Wir trinken jetzt in einem luftgekühlten Café ein Glas Bier und wollen nun gleich etwas suchen, wo man essen kann. Liebe Antje, vielen Dank für deinen lieben Brief vom 3.7., habe mich sehr gefreut.

Mutti und Papi

Das Briefeschreiben hat jetzt Irmgard übernommen, es liegt ihr auch viel mehr als Ernst. Sie kann vermehrt Gefühle und Stimmungen, auch neue Eindrücke, ausdrücken, während Ernst beim Schreiben doch eher auf einer sehr sachlichen Ebene bleibt. Es ist ihre erste ganz große Reise mit ihrem „Kapitän", sie ist offen für Neues und kann ihre Eindrücke ihren Kindern so mitteilen, als wenn diese dabei wären, aber ihre Sorgen, dass zu Hause alles in geordneten Bahnen läuft, sind durchaus zu spüren.

Singapore ist ein schneller Hafen, schon am Abend läuft die Westfalen wieder aus, mit Ziel Hongkong. Doch der Chronist lässt lieber Irmgard weiter berichten:

(Brief) Auf See von Singapore nach Hongkong, 7.7.68

Liebe Kinder,

… Ich hoffe, dass Ihr meinen Brief und die Ansichtskarte von Singapore inzwischen erhalten habt. Wir hatten die letzten paar Tage auf See, gleich bei Einfahrt in die Malakkastraße, eine sehr ruhige erholsame Fahrt, ein richtiges Alsterwasser. Auch war es zeitweise ein sehr hübsches Panorama, sobald wir etwas dichter unter Land kamen. Auch die Einfahrt nach Singapore ist sehr reizvoll. Bewaldete hügelige Hügelketten, während die Sumatra-Inselgruppe teils so bergig ist wie die norwegische Küste.

Als es vorgestern Mittag zum Lunch gongte, haben wir uns erwartungsfreudig an den Tisch gesetzt – aber es gab nur Salzkartoffeln und Butter und eine Apfelsine, das hatte es, bevor ich an Bord war, schon mal gegeben. Der Koch war ausgefallen und der Kochsmaat hat sich um nichts gekümmert. Alles Schikane, denn seit ein paar Wochen sind den beiden die 1 ½ Überstunden pro Tag laut Stinnes-Sparmaßnahmen gestrichen, nun sagen sie: „Wir können es nicht schaffen!" Mir schmeckte es auch immer und war die erste Woche auch gut, als wir in Afrika Salat und frische Gurke eingekauft hatten. Na ja, es ist für Papa sehr schwer und die Leute verlieren die Lust. Auf der anderen Seite kriegt er von der Reederei Post, dass sie auf anderen Schiffen mit nur 30 Mann Besatzung fahren, und da würde das ein Koch schaffen. Ich kann da ja nichts zu sagen, aber es kann den Leuten schon die die Arbeitslust und -laune verderben. Na, jedenfalls den Tag habe ich mit dem Steward Klaus mittags noch Bratkartoffeln mit Gurken- und Bohnensalat gemacht, Karbonaden gebraten und für abends Kartoffelsalat mit Würstchen vorbereitet, das alles für 32 Mann und eine Frau. Von den übrig gebliebenen Karbonadenknochen haben wir eine Suppe gekocht mit Reis, Suppenkraut und Erbsen und Wurzeln. Das hat Papa und den anderen gut geschmeckt. Seit gestern arbeiten die beiden wieder in der Kombüse. Jedenfalls habe ich in der Küche ganz schön geschwitzt, aber wir haben

unsere durch das Schwitzen verlorene Flüssigkeit durch das
Biertrinken wieder aufgefüllt.

… Es tut mir leid, dass ich jetzt Schluss machen muss. Weil
der Brief gleich an Land soll.

Ich wünsche euch allen dreien recht gute Ferien.

Mutti und Papi

Irmgard hat sich an Bord der „Westfalen" eingelebt, sie hat ja auch als "Stewardess" offiziell angemustert, und im Grunde ist sie froh, Aufgaben übernehmen zu können. Neben vielseitigem Interesse für andere Länder und Kulturen gehört das Kochen durchaus zu ihren Kernkompetenzen. Sie ist die einzige Frau an Bord, mit der Mitreise der Frau des 1. Offiziers K. hatte es im letzten Moment nicht geklappt. Ernst hat manchmal ein wenig die Furcht, dass sie ihre Kompetenzen als Kapitänsgattin überschreitet, andererseits weiß er ihre Tatkraft und ihr Interesse für den Bordbetrieb zu schätzen. Und nicht nur für Ernst, auch für anderen Herren im Salon und in der Offiziersmesse ist sie eine geschätzte und abwechslungsreiche Gesprächspartnerin. Doch lassen wir Irmgard einfach weiter erzählen:

(Brief) Auf See von Honkong-Yokohama, den 16.Juli 1968

Liebe Kinder!

… Das Wetter ist bisher sonnig, dann wieder wolkig, aber
immer schwül. Jeder Gegenstand klebt vor Feuchtigkeit. Die
See war bisher ruhig, aber trotzdem ist keine erholsame
Ruhe an Bord. Die Maschinen rattern, die Lüfter an Deck
machen einen Lärm, dass man sein eigenes Wort nicht verstehen kann. Dazu kommt, dass man sich nicht einmal auf die
Mahlzeiten freuen kann, denn der Koch gibt sich gar keine
Mühe, es ist keine Abwechslung in der Kost. Die Leute me-
ckern alle, aber man kann ihn nicht an die Luft setzen.
Jedenfalls sagt Papa, dass sie so einen schlechten Koch
lange nicht gehabt hätten. Ich muss immer wieder feststel-
len, dass unser Vater eine Menge entbehren muss gegenüber
uns zu Hause.

… In Honkong waren wir ja nur einen Tag. Wir kamen in der
Nacht an, wurden an eine Boje gelegt, am anderen Morgen

wurde dort in Dschunken gelöscht und abends um 12 Uhr gings wieder raus. Papa, Chief Ralf S. und ich fuhren morgens an Land und bummelten durch die Stadt. Wie ihr an den Ansichtskarten gesehen habt, ist es eine gewaltige Stadt mit enorm vielen Hochhäusern. Auch hier viele Menschen, viel Verkehr, saubere sowie schmierige Straßen und Bars eine an der anderen. Papa war leider sehr müde, weil er in dem schwierigen Revier die ganze Nacht auf der Brücke gestanden hatte. Wir fuhren nachher mit dem Taxi nach Aberdeen, dieser Stadtteil liegt wie Blankenese, nur noch viel höhere Berge. Hier sind die Bungalows der Millionäre, „hängende Gärten mit goldenen Dächern". Weiter unten in den in Serpentinen verlaufenden Straßen liegen zwischen niedrigem Wald zerfallende Hütten von Brettern und Wellblech. Hier hausen die Ärmsten der Armen. Zum Essen fuhren wir zu den schwimmenden Restaurants. Zwischen Hunderten von Dschunken liegen diese Lokale. Wir aßen chinesisch, alles mit Fisch, aber was ich gegessen habe, weiß ich nicht, eben chinesisch. Papa fuhr nachher allein an Bord, weil er einfach nicht mehr stehen und laufen konnte. Am liebsten wäre ich allein durch die Straßen gepilgert, aber das war Papa zu riskant, somit habe ich nicht das zu sehen bekommen, was mich interessierte. Herr Sander, mein „Beschützer", nahm mich noch mit in eine Bar, wo er vor ein paar Monaten eine „Susanna" kennengelernt hatte. Sie war auch wieder da, hatte aber am Abend für ihn keine Zeit. Jedenfalls eine ganz schön teure Angelegenheit in so einer Bar. Zum Abendbrot fuhren wir wieder an Bord. Weder Koch noch Steward da. Wieder ein Reinfall mit dem Essen, Papa war heilfroh, dass ich rechtzeitig wieder da war. An Bord war noch alles voller Händler. Papa hatte sich bei der Ausreise einen Anzug bauen lassen, aber die Hose saß nicht. Er hat ihm kostenlos eine neue Hose geschneidert und will ihm noch eine zweite nach Kobe schicken. Mal sehen, ob's wahr wird!

Nachts um 1.00 Uhr fuhren wir raus nach Yokohama.

... (Brief) Yokohama, Mittwoch, 17.7.68

Heute Morgen sind wir um 3.00 Uhr in Yokohama angekommen. Wir liegen auf Reede, um uns herum gefühlt hundert Schiffe, die auch alle in den Hafen wollen.

Gestern Morgen hatten wir mit einem Taifun gerechnet, da er abends per Funk angesagt war. Glücklicherweise sind wir nicht direkt davon betroffen worden, dafür gab es gestern ein starkes Gewitter und wolkenbruchartigen Regen. Danach setzte ziemlicher Seegang ein und es war eine dermaßen schlechte Sicht, dass man nur nach Radar fahren konnte. Dabei wurde es kühler und das Thermometer ist heute Morgen um 10° gefallen, so dass die meisten an Bord gefroren haben. Für Papa war die Nacht sehr anstrengend, da er von nachmittags bis nachts auf der Brücke gestanden hat.

So, Papa braucht jetzt die Schreibmaschine, so dass ich meinen Bogen ausspannen muss.

Es grüßt euch in Liebe

Mutti und Papi

In *Yokohama* muss die „Westfalen" für zwei Tage in Quarantäne, in *Singapore* hat es in der letzten Woche einen Cholera-Ausbruch gegeben. Es kommen Vorläufer von „Dixie-Klos" an Bord, Abwässer dürfen nicht mehr ins Meer geleitet werden, die gelbe Signalflagge muss gehisst werden, von jedem Besatzungsmitglied nehmen Männer mit Schutzmasken und weißen Anzügen eine Stuhlprobe. Alle hoffen, auf diese Art und Weise den Koch loszuwerden, aber er und sein Maat erfreuen sich bester Gesundheit. Nach zwei Tagen gibt es Entwarnung, alles gesund auf der „Westfalen". Irmgard klingt in ihren Briefen voller Tatendrang, macht sich aber doch Sorgen um die Triftstraße und das Wohlergehen aller. Sie bietet mehrfach an, auch vorher zurück zu kommen, wenn etwas nicht gut läuft, aber aus Hamburg gibt es von allen Seiten Entwarnung. Es hört sich so an, als wenn die Kinder gut mit der bisher nicht in dieser Form erlebten Freiheit umgehen können. Die „Westfalen" fährt weiter zwischen den japanischen Inseln nach *Nagoya*. Von dort machen Ernst und Irmgard einen Ausflug mit der Bahn zum Fuße des *Fujiyama*. *Osaka*, wo sie zeitweilig während eines Taifuns auslaufen müssen (die Gefahr im Hafen ist größer als auf dem offenen Meer) ist eine weitere Station, dann wieder *Kobe*, von wo Irmgard mit Besatzungsmitgliedern einen Ausflug ins Landesinnere machen kann und auf dem Schiff schon Ladung für die USA genommen wird, genauso wie das zweite Mal in *Yokohama*. Der letzte japanische Hafen ist *Muroran* auf der Nordinsel *Hokkaido*. In Yokohama tritt Ernst sein Kommando auf Anraten eines herbeigerufenen Arztes an seinen 1. Offizier K. ab, er hat so hohes Fieber, dass er das Bett nicht verlassen kann. Erst kurz vor *Muroran* geht er wieder auf die Brücke, nicht weil es ihm besser geht, sondern ihn die Pflicht auf Grund des aufkommenden Nebels und des „steinigen" Reviers ruft.

Am 17.8. morgens um 7.00 heißt es in *Muroran* „Leinen los" und es geht auf die lange Pazifikquerung nach *Long Beach/CA*. Nach 15 Tagen auf See erreicht die „Westfalen" am 31.8. ihr Ziel südlich des Zentrums von *Los Angeles*. Ein Tag wurde am 23.8. „gewonnen", weil die Datumsgrenze von West nach Ost überquert wurde. Hier einige Auszüge aus Irmgards Briefen an ihre Kinder über das Durchpflügen des „Stillen Ozeans":

Liebe Kinder!

… Nachdem wir Muroran verließen, lag Papa noch zwei Tage im Bett oder saß schlapp im Sessel. Das Wetter war nun so kühl und regnerisch geworden, dass wir in den Kammern froren. Der Chief setzte die Heizung an, aber zum Entsetzen war die Rohrleitung im Salon kaputt, so dass die darunter liegende Kammer des Elektrikers ziemlich viel Wasser genommen hatte. Zwei Tage bis spät abends hatte die Maschine mit der Reparatur zu tun, bis wir heizen konnten.

Das Wetter war in dieser Zeit schlecht geworden, so dass alles angebunden werden musste. Zwei Tage und Nächte hat das Schiff so geschaukelt, dass ich total krank war. Ich fühlte mich hundeelend und habe tagelang nur von trockenen Haferflocken gelebt. Als es ruhiger wurde, kam Nebel auf. Papa hat in zwei Tagen fast 36 Stunden auf der Brücke gestanden. Es war furchtbar.

… Unser Koch hat sich immer noch nicht gebessert. Ich habe mir in Kobe einen Kocher gekauft. Gestern habe ich mir vom Koch Weißkohl und Hammelfleisch geben lassen und habe erst einmal einen anständigen Eintopf gekocht. Vom ebenfalls gelieferten Schweinefleisch habe ich eine große Schüssel Sülze zubereitet. Papa, der Chief und ich haben gestern und heute den Kohl gegessen, alles ist alle geworden, es hat uns so gut geschmeckt. Auch die Sülze gibt es leider nicht mehr, jeder wollte probieren und schon war sie verputzt. Nun will ich erst einmal ein paar Tage warten und dann nach Matjes fragen, die werde ich dann einlegen. Hier hat jeder Mal Appetit auf was Besonderes. Na, wir kommen schon über die Runden. Ich bin nur froh, dass Papa wieder gesund ist.

… Gestern haben wir den Freitag, den 23.8. zweimal erlebt, weil wir die Datumsgrenze überfahren haben. Bislang waren wir euch immer acht Stunden voraus, bzw. jetzt auf dem Stillen Ozean haben wir noch ein paarmal die Uhr eine Stunde vorgestellt, so dass wir euch vorgestern 12 Stunden voraus waren. Um aber mit dem Tageslicht und dem Datum übereinzustimmen, war vorgestern und gestern für uns Freitag und somit seid ihr uns jetzt 12 Stunden voraus. Es ist jetzt 21 Uhr abends, bei euch also Sonntagmorgen 9 Uhr. Vielleicht genießt ihr den letzten Ferientag, denn Montag fängt doch meines Wissens die Schule wieder an.

…Heute ist leider schon der 28. August. Es sind wieder vier Leute krank. Der 3. Offizier hat sich angeblich eine Rippe angebrochen, nun muss Papa für ihn die Wache gehen, aber er hat die 8 - 12 Wache ausgewählt. Der Storekeeper hat sich etwas auf den Fuß fallen lassen, der Koch hat sich auch wieder krankgemeldet, er kann die Luft nicht durchkriegen (??), und ein Decksmann liegt auch mit Schmerzen in der Brust. Papa meint ja, dass die Leute morgen alle wieder an Deck sind. Zum Teil liegt die Krankheitsursache wohl im Alkohol.

… Am Morgen, als Papa zu seiner Wache auf der Brücke war, habe ich Matjes in Essig und Zwiebel eingelegt, Suppe von Rippen gekocht und Schmalz mit Äpfeln und Zwiebeln ausgelassen. Heute kocht wegen der Krankheit des Smutjes der Bäcker, bei ihm ist alles schmackhafter. Heute Abend soll es Schaschlik geben.

(Brief) Auf der Reede von Los Angeles, 31.8.68, 10.00 Uhr

Nun sind wir gleich in Los Angeles. Ich hoffte ja auf gutes Wetter bis hierher, aber leider kriegten wir noch Sturm und sehr raue See, dass es bis gestern Mittag alles andere als schön war. Wenn das Schiff überholte, glaubte man, einen steilen Berg erklimmen zu müssen. Auf der anderen Seite konnte man nicht bremsen, wenn es bergab ging.

Gestern Abend saßen wir noch im Salon. Der Zimmermann (23 Jahre) hatte dort die ganze Holzvertäfelung neu machen müssen, weil sie bei der Heizrohrreparatur nicht abzunehmen war, sondern herausgebrochen werden musste. Weil er es so hervorragend gemacht hatte, haben wir mit ihm, den Chief, dem 1. Offizier und dem Storekeeper, der die Rohrleitung repariert hatte, ein paar Bier getrunken. Um 23 Uhr musste Papa auf die Brücke, weil das erste Feuer in Sicht kommen sollte. Er blieb die ganze Nacht, weil Nebel aufkam. Jetzt, am Morgen, kommt alles wieder an Bord: Zoll, Immigration, Agentur, Arzt, Schlepperführer usw. So ist das, er bekommt dann manchmal 48 Stunden keinen Schlaf.

Seid gegrüßt, ich muss jetzt schließen, weil der Brief dem Agenten mitgegeben werden soll.

Mutti und Papi

Irmgard ist froh, nach 15 Tagen wieder Land unter den Füßen zu haben. Gleich am ersten Abend gehen sie an Land in ein Kino, am nächsten Tag besuchen sie das „Disneyland", beide finden es sehr schön. Am 2.9. verlassen sie Kalifornien und fahren entlang der Westküste von *Baja California*, sehen die Lichter von *Acapulco* in Mexiko, passieren *Guatemala, El Salvador, Nicaragua* und *Costa Rica*, bevor sie bei *Panama City* die ersten Schleusen an der Kanaleinfahrt passieren. Die Durchfahrt unter Anleitung des Kanallotsen beginnt am 12.9. um 9.48 Uhr und endet in *Christobal* auf der Karibikseite am 13.9. um 2.18 Uhr, sie hat also genau 16 Stunden und 30 Minuten gedauert. Eine Zeit, in der ein Kapitän die Brücke nur zu dringenden Klogängen verlassen darf. Schon am nächsten Tag wird die Ostspitze *Kubas* und *Mayaguana* auf den *Bahamas* passiert, das Wetter ist im Gegensatz zur Pazifikseite wieder tropisch heiß, kein *Humboldt-Strom* kühlt die Luft ab.

Hier noch einige Aufzeichnungen aus Briefen von Irmgard an ihre Kinder:

(Brief)

Hier an Bord sind wieder seit Los Angeles vier Kranke. Allein drei aus der Maschine, so dass der Chief jetzt auch Wache gehen musste. Zwei Leute hatten die Grippe, einer hat eine geschwollene entzündete Hand, ohne Ursache, und der vierte Mann ist der Koch, mit Herzbeschwerden. Nun hat der Bäcker die Küche übernommen und das Essen schmeckt gleich viel besser. Gestern gab es halbe Hähnchen mit Erbsen und Wurzeln, heute Hühnersuppe vorweg und danach Schweinebraten mit Rotkohl, als Nachtisch eine Scheibe Melone. Alle waren sehr zufrieden mit dem Essen, weil es auch schmackhaft war.

Am Tage muss Papa jetzt häufiger auf der Brücke sein, weil
ja der 3. Offizier ausfällt, und manche schriftliche Arbeit, die er hat liegen lassen, muss jetzt nachgeholt werden. Es fehlen die Leute an Bord, um das Schiff in dem
Zustand zu erhalten, wie es nötig wäre. Papa fand neulich
eine Besatzungsliste, als das Schiff in den Dienst gestellt
wurde vor 12 Jahren, da waren 42 Mann Besatzung an Bord.
Heute sind es nur 30, außerdem schreibt die Reederei laufend, dass mit Überstunden gespart werden solle. Das Schiff
ist mit 15 kn verchartert, aber es läuft selbst bei Wind
von achtern höchstens 14,2 kn. Das sind alles Probleme und
Papa muss begründen, warum es nicht mehr läuft, immer kann
er es auch nicht auf Schlechtwetter und Brennstoffminder-
wertigkeit zurückführen.

… Seid alle herzlichst gegrüßt

Mutti und Papi

Es geht mit dem Golfstrom entlang der Ostküste der USA. Am 20.9. passiert
man die Enge zwischen Neuschottland und Neufundland und fährt in den St.
Lorenz-Golf. Dann geht es im St. Lorenz-Strom, vorbei an *Quebec,* in Richtung
Montreal. Das Schiff muss warten und vor Anker liegen, kein Lotse steht zur
Verfügung. Erst am 24.9. um 20.36 Uhr liegt die „Westfalen" in Montreal an der
Pier, wo am nächsten Morgen sofort mit dem Löschen begonnen wird. Ernst
und Irmgard verlassen einen Nachmittag das Schiff, um das Expo-Gelände zu
besuchen. Am 26.9. abends geht es ab *Montreal* auf dem *Seaway* nach *Toronto.*
Auch hier gibt es zum Löschen nur einen Tag Liegezeit, Irmgard nutzt es zum
Besuch der kanadischen Seite der nahen Niagara-Fälle. Vom Ontariosee geht es
dann in den Eriesee nach *Cleveland/Oh.*

(Brief) Sonnabend, 21.9.68

Meine lieben Kinder!

Wir fahren geruhsam bei schönstem Sonnenschein an der kanadischen Küste entlang. Es ist zwar schon 18 Uhr und die
Sonne ist im Scheiden, aber ein herrliches Bild zeigt sich

mir vom Schreibtisch aus. Ein goldener Sonnenball vor einer schmalen dunstigen Wolkenfront am Horizont, der einen sonnenbreiten goldenen Streifen übers Meer wirft. Obgleich es so schön aussieht, war ich heute doch nur eine Stunde draußen, weil der Fahrtwind eisig ist, und ich bin froh, meine Erkältung los zu sein. Papa fühlt sich heute nicht besonders, er hat auch wieder 38° Temperatur, ob es von der Schweinsbeule kommt, die er auf seinen vier Buchstaben hat, oder auch von dem Witterungsumschwung. Inzwischen ist es 20.00 Uhr geworden. Papa hatte sich hingelegt und glaubte bis 22.30 Uhr Ruhe zu haben, dann sollten wir den ersten Lotsen bis Quebec haben. Jetzt rufen sie zurück und teilen der Schiffsleitung mit, ein Lotse müsse 24 Stunden vorher bestellt werden. Papa hatte natürlich angenommen, dass dies wie üblich von der Agentur, die bereits vorgestern ein Ankunftstelegramm erhalten hatte, erledigt wird. Jetzt ist Papa wieder auf der Brücke, und wir müssen in einer dreiviertel Stunde bis morgen früh vor Anker gehen. Papa ärgert dies sehr. Ich glaube, dass Papa so anfällig wegen der nervlichen Belastung hier an Bord ist. Acht Besatzungsmitglieder stehen jetzt auf der Arztliste. Diese Charterreise sollte nach einem Jahr zu Ende sein, aber wer weiß, wie lange diese neue Charter läuft. Die Reederei schenkt den Leuten auch keinen reinen Wein ein, selbst der „Alte" weiß nicht, wo es lang geht. Am Liebsten möchte ich Papa mit nach Hause nehmen. Er sagt dann immer: *„Ich mache solange, bis ich umfalle."* Jetzt will ich erstmal aufhören. Die Maschine stellt gerade von Schwer- auf Dieselöl um, dann rattert das ganze Schiff.

(Brief) Montreal, den 26. Sept. 1968

… Heute war ich zum Friseur. Gestern konnte ich es einfach nichts übers Herz bringen, dafür 7 $ auszugeben, aber heute sagte Papa, ich sollte es doch dafür ausgeben. Ich bin schon heute Morgen an Land gegangen und Papa und ich haben uns vor einem Spezial-Seafood-Restaurant getroffen. Ich hatte die Adresse vom Agenten bekommen und mich bis dahin durchgefragt. Bei der Gelegenheit lernt man eher die Stadt kennen, als wenn man gefahren wird. Wir waren zum Essen eingeladen, seit Japan das erste Mal, und es war ganz prima, wir haben Hummer gegessen.

Als wir an Bord zurückkamen, hatte Papa teils angenehme, teils unangenehme Überraschungen zu erleben. Für den Koch und Funker war aus Hamburg Ablösung da. Die alten steigen in Toronto aus und fliegen von dort zurück. Zum anderen musste Papa erfahren, dass heute wieder ein junger Mann von Deck mit Kreislaufstörungen umgefallen ist. Nun liegen zwei Leute hier im Krankenhaus, die wieder an Bord fehlen.

Papa möchte gern, dass ich noch die Great Lakes Fahrt mitmache. Also, wenn es zu Hause nicht so brennt, würde ich gerne noch etwas bei Papa bleiben.

…

Eben hat Papa Post erhalten, dass das Schiff von Chicago über Detroit-Montreal-Philadelphia und New York nach Rio de Janeiro geht.

Herzlichst Eure Mutti und Papi

Cleveland in *Ohio* hat für Irmgard eine besondere Bedeutung. Dort lebt ihre alte Schulfreundin Liselotte Udelsmann, die schon in den dreißiger Jahren wegen der Heirat mit einem Amerikaner in die USA ausgewandert war. Ihr jüdischstämmiger Vater konnte sich bei Irmgards Eltern in der Brookstraße eine Zeitlang bis zu seiner illegalen Ausreise 1939 verstecken. Darüber würde bereits in Teil III berichtet. Sie blieben die ganzen Jahre im Briefverkehr, Liselotte schickte nach dem Krieg regelmäßig Care-Pakete in die Triftstraße, und einmal trafen sie sich anlässlich eines Deutschland-Besuches Anfang der 60-er Jahre. Irmgard hatte Liselotte über ihre Ankunft durch die Agentur informiert, nun wartet sie beim Einlaufen der „Westfalen" an der Pier. Sie verbringt einige Stunden an Bord, während Ernst noch Gespräche mit den Agenten führt. Irmgard berichtet in einem Brief an ihre Kinder über diesen Besuch:

(Brief) Cleveland, den 1. Okt. 1968

Liebe Kinder!

Seit gestern sind wir hier in Cleveland und Tante Liselotte war morgens um ½ 9 Uhr an der Pier und hat uns abgeholt.

Zum Glück blieb das Schiff gestern hier liegen, ohne dass gearbeitet wurde. Anderenfalls hätte das Schiff bereits gestern Nachmittag wieder auslaufen sollen.

Wir waren den ganzen Tag bei Liselotte. Herrn Udelsmann ging es wider Erwarten sehr gut. Es war wohl die Freude, alte Freunde aus der Heimat wiederzusehen. Obgleich Herr Udelsmann blind ist, findet er sich ergeben in sein Schicksal. Lieselottes Mann ist auch nicht ganz gesund, so dass es für Liselotte oft nicht leicht ist zwischen ihren Kranken.

Die Familie hat ein sehr hübsches Haus (Ranch sagt man hier) in einer ruhigen Gegend, wo nur Bungalows stehen. Gestern Abend kam der Arzt, mit dem Herr Udelsmann befreundet ist, mit seiner ganzen Familie. Der Arzt ist Chinese und hat eine Amerikanerin geheiratet. Mit dieser Frau hat er drei eigene Kinder, Jungens im Alter von 12 bis 16 Jahren, sowie fünf angenommene Kinder (aus Indien, Japan, Korea und Puerto Rico). Ich kann euch sagen, aber da war was los, aber der Vater, auch beruflich sehr strapaziert (45 Jahre alt) machte abends um 23 Uhr in der Küche mit seinem Sohn noch Mathematik. Ich habe nur gestaunt und Papa nicht weniger. Um Mitternacht brachen sie auf (nachdem in der Zwischenzeit ein paar Kinder schon auf dem Teppich eingeschlafen waren) und mussten noch eine Stunde mit dem Auto fahren, bis sie in ihrem Haus waren. Papa und ich haben bei Tante Liselotte geschlafen und ihn nach einem ausgiebigen Frühstück wieder an Bord gebracht. Ich werde bei Liselotte einige Tage bleiben und dann zu Papa nach Detroit oder Chicago nachfahren.

Hier ist trotz des Oktobers noch hochsommerliches Wetter. Übermorgen bekommt Liselotte einen neuen Wagen, einen Ford. Wir werden noch eine Ausfahrt ins Landesinnere machen, denn Cleveland hat nichts besonders Sehenswertes. Aber Liselottes Wohngegend liegt auf der Höhe und ist sehr ruhig, so dass ich mich dort sicher gut erholen kann. Ich werde mich im Reisebüro erkundigen, wie ich nach Detroit oder Chicago komme, dann werde ich nach dort fahren, um Papa wieder zu treffen. Wenn ihr gleich wieder nach hier antwortet, wie lange ich noch bleiben kann, dann weiß ich, wie ich mich einzurichten habe. Am liebsten möchte ich nämlich bis New York bleiben, das wäre ca. Anfang November, aber ich kann noch nichts Genaues sagen. Jedenfalls hat sich Herr Udelsmann ganz furchtbar gefreut. Wir haben von euch allen gesprochen in Harburg, Oma, Opa, Seiferts und Oma Leni. Es war für Herrn Udelsmann eine Erinnerung an eine schmerzliche, aber doch überwiegend schöne Erinnerung an seine frühere Heimat. Wir haben gestern Klaus lieben Brief hier erhalten und danken herzlich. Wir freuen uns immer, wenn wir hören, dass es in der Triftstraße noch immer seinen geordneten Gang geht. Wenn Ihr nochmal eine Party feiert, haltet alles in einem gewissen Rahmen. Lieber Peter, versäume es bitte nicht, alles dranzusetzen, dass du auch deine Prüfungen schaffst. Wie sieht es denn mit Antje aus? Lieber Klaus, schaffst du es auch mit Deinem Vorhaben, dein Zimmer zu tapezieren, dass nicht für Tante Anna oder Oma zu viel Arbeit mit der Reinigung entsteht? Oder brauch ich mir darum keine Sorgen zu machen? Ich würde mich freuen, wenn Antje und Peter mir auch mal was von ihren privaten Vorhaben erzählen würden.

Schreibt mir bitte gleich heute, wenn ihr diesen Brief bekommt, wie es zu Hause aussieht. Papa fährt heute Abend raus mit dem Schiff nach Toledo. Er will sich noch hinlegen, weil es heute Nacht durchgeht.

Liselotte und ich werden jetzt Papa verlassen und nach New Euclid fahren.

Für heute mit den herzlichsten Grüßen von Tante Liselotte, Herrn Udelsmann an euch alle in der Heimat von Eurer

Mutti und Papi

Irmgard macht sich zwar große Sorgen, wie es in der Triftstraße aussieht, aber sie scheint großen Gefallen am Reisen gefunden zu haben. Auch für sie ist ein Stück Freiheit, auf das sie so viele Jahre verzichtet hat. Sie merkt, dass sie in der Welt klarkommt, auch mit ihrem Schulenglisch der 20-er Jahre. Sie versteht, durch diese Welt mit offenen Augen zu gehen, sie anzuschauen und so zu einer differenzierten Weltanschauung zu kommen. Am 5. Oktober kommt Irmgard in *Detroit/Mi* wieder an Bord. Es geht weiter nach *Milwaukee/Wi*, dann nach *Chicago/Il*, wo die „Westfalen" vom 10.10. bis zum 16.10. liegt. Ernst und Irmgard gehen mehrere Male essen, einmal ins Kino, ansonsten macht diese Stadt – Irmgard zumindest – Angst. In der Hafengegend sind Gangs unterwegs, so dass man sich in der Dunkelheit nicht mehr raus traut. Es geht nochmal nach *Detroit* zum Laden, dann durch den Kanal nach *Toronto*, wo man noch eine Nacht bleibt. Irmgard denkt intensiv an ihre Tochter Antje, die zu Hause am 24.10.

ihren 18. Geburtstag feiert. Sie hat ein schlechtes Gewissen, denn sie hätte gerne diesen Tag mit ihrer Tochter verbracht. Am 25.10., dem Geburtstag von Opa August (an den Ernst denkt), geht es von *Toronto* den *Seaway* mit Hindernissen (vor Lock I Maschinenausfall) hoch nach *Montreal*, wo die „Westfalen" bis zum 31.10. lädt. Ernst hat viele Dinge zu erledigen, muss zum Konsulat, sich um Kranke und deren Versorgung kümmern, und beide spüren, dass sie in wenigen Tagen voneinander Abschied nehmen müssen. Sie werden noch zweimal zum Essen an Land eingeladen, Irmgard packt ihre Sachen, das Flugticket ist bereits gebucht, es herrscht eine nicht ganz spannungsfreie Wehmut. Es kommt noch ein kleiner Hafen an einem Seitenarm des *St. Lorenz-Stroms, Port Alfred la Baie* am *Rivière Sanguenay* nördlich von *Quebec* mit einer schwierigen Revierfahrt. Die letzte Station ist *Trois Rivières* oder *Three Rivers*, da muss die „Westfalen" wieder den *St. Lorenz Strom* in Richtung Montreal zurück. Für Ernst alles eine Revierfahrt, die seine permanente Anwesenheit auf der Brücke erfordert.

Am 5. November geht Irmgard in *Three Rivers* von Bord. Das Schiff soll von hier direkt *Brasilien* anlaufen, nicht wie zunächst vorgesehen *Philadelphia* und *New York*. Sie wird von Ernst zu einem Dorf-Flugfeld in der Nähe gebracht und dort verabschiedet, ein kleines Flugzeug bringt sie nach *Montreal*, von dort fliegt sie am Abend nach Europa und kommt am Mittwoch, den 6.11. *in Hamburg-Fuhlsbüttel* an.

Irmgard, bis gestern Kapitänsgattin, ab heute wieder Hausfrau und Mutter, kommt erschöpft, aber glücklich wieder in der Triftstraße an, gerade rechtzeitig zu Peters 23. Geburtstag am nächsten Tag. Das Mehr an Freiheit, das Irmgard und auch die Kinder in den letzten 5 Monaten gehabt haben war wichtig und hat allen Beteiligten zu mehr Selbständigkeit verholfen. Und es hat Irmgard gezeigt, dass es auch ohne sie geht, dass ihre Kinder erwachsen sind und auf eigenen Füßen stehen können.

Brasilien und Argentinien

Für Ernst geht es weiter. Er verlässt den *St. Lorenz-Golf* mit defektem Radar in Richtung Süden. Ohne seine *„Kapitänin"*, die es gut mit ihm meinte und ihm auch in beruflicher Hinsicht den einen oder anderen Ratschlag gegeben hat. Von 48° nördlicher Breite muss die „Westfalen" auf 8° südliche Breite gehen, um den nordbrasilianischen Hafen *Recife* unterhalb des Äquators anzulaufen.

Danach folgt *Salvador de Bahia*, dann *Rio de Janeiro*. Als man dort am Abend des 26.11. an die Pier geht, heißt es, dass die Löscharbeiten am nächsten Morgen um 6 Uhr beginnen sollen. Gegen 22 Uhr kommt eine Gang an Bord und teilt der Wache mit, man wolle mit dem Löschen schon jetzt beginnen. Sie arbeiten bis in den frühen Morgen und bringen etliche Collies an Waren von Bord. Um 6 Uhr wird der Kapitän geweckt, weil die „richtige" Löschgang an Bord kommt und die Frage stellt, wo die Ladung geblieben ist. Die Nachtmannschaft war eine „Gangstergang", die hochwertige elektrische Geräte gestohlen hatten. Ernst meldet völlig verärgert diesen dreisten Diebstahl an Land der Polizei. Als er zurückkommt, findet er seine Kammer aufgebrochen: Die Bordkasse ist aus dem Schreibtischsafe gestohlen. Es müssen Leute gewesen sein, die sich genau auskannten und wussten, wo sich das Geld befindet. Ernst ist voller Wut und der Verzweiflung nahe, zeigt auch diesen Vorfall der Polizei an, ebenso der Agentur und der Reederei. Da man den Verdacht hat, dass Leute von der Besatzung in beiden Fällen als zumindest als Tippgeber beteiligt sind, herrscht an Bord nun ein noch größeres Misstrauen. Ernst hat in diesen Momenten das Gefühl, physisch und psychisch am Ende zu sein. Er ist einerseits froh, dass Irmgard dies nicht miterleben muss, andererseits hätte er sie gerne noch da, um ihr sein Herz über seinen Zustand auszuschütten. Aufgeklärt wird nichts, man hat den Eindruck, dass die Polizei und andere Einrichtungen auch nicht sonderlich daran interessiert sind.

Am 29.11. verlässt das Schiff Rio, der nächste Hafen ist Santos, der Seehafen von Sao Paulo, sechs Tage hat man dort Liegezeit. Für Ernst ein Graus: es ist jetzt hier südamerikanischer Hochsommer, die Hitze wird wieder unerträglich. Und die Mannschaft genießt das anregende südamerikanische Flair. Etliche Crewmitglieder sind den ersten Teil der Nacht in den Bars, den zweiten verbringen sie in den dahinterliegenden Hütten mit kaffeebraunen, schwarz gelockten Mädels. Wenn sie morgens an Bord kommen, ist ihre Arbeitskraft äußerst eingeschränkt, so dass der Bootsmann manchen müden Sailor einen „freien Tag" verpassen muss. Als es nach *Porto Alegre*, der südlichsten brasilianischen Großstadt, geht, werden zumindest schon die Temperaturen wieder etwas moderater, der Testosteronspiegel einiger Seeleute bleibt jedoch hoch. Hier kommt auch die lang erwartete Ablösung für den 1. Offizier an Bord, so dass der alte, langgediente Herr K., der Ernsts vollstes Vertrauen genoss, mit seiner während der *Great Lakes* Fahrt an Bord gekommenen Frau endlich nach Hause fliegen kann.

Erinnerungen an die Segelschiffzeit

Es geht weiter in den Süden. An *Montevideo* vorbei in den *Rio de la Plata* bis *Buenos Aires*, dann noch 166 sm äußerst schwierige Revierfahrt auf den *Paraná* bis *Rosario*, für Ernst wieder Dauerstress auf der Brücke mit viel Kaffee und noch mehr filterlosen Zigaretten. Dort im argentinischen „Hinterland" ist das Nachtleben schon etwas abgekühlter, auf dem Revier des *Paraná* und des *Rio de la Plata* wird auch jeder Mann gebraucht. Der letzte südamerikanische Hafen ist *Bahia Blanca*, noch einmal 600 km Luftlinie südlich von Buenos Aires auf 37° s.Br. Von dort geht es nach 24 Stunden weiter ostwärts in Richtung *Livorno/Italien*. Das Fahrtgebiet erinnert Ernst an seine Segelschiffzeit, nur ist die „Westfalen" nicht auf günstige Winde angewiesen, sondern kann gleich Nordost nach Afrika steuern. Über Weihnachten und Sylvester – es ist sein 30. Hochzeitstag – sind sie auf See, es ist ruhiges Sommerwetter mit Flauten am Äquator. Sie sehen immer wieder Wale durch den Südatlantik ziehen, können an Bord eine Menge „Verschönerungsarbeiten" durchführen, Ernst kann seine Berichte über die Aufregungen der letzten Wochen zu Ende bringen, und so kommt er körperlich und mental auch wieder ein wenig zur Ruhe. Sylvester passieren sie die Äquatorlinie, und am 3. Januar 1969 laufen sie morgens um 9 Uhr in *Sao Vincente* auf den *Kapverdischen Inseln* für 3 Stunden zum Bunkern von Treibstoff und Trinkwasser an. Es geht dann noch 6 Tage auf dem Atlantik weiter, ab *Gibraltar* braucht die „Westfalen" noch drei weitere Tage bis *Livorno*.

Endlich zu Hause

Nach drei Löschtagen in *Livorno* ist für Ernst und seinen Chief am 16.1. die Ablösung da. Sie fahren noch abends mit dem Zug nach *Mailand*, um 6 Uhr geht ihr Flugzeug über *Düsseldorf* nach *Hamburg*, wo Peter und Irmgard ihn mit dem jetzt schon neun Jahre alten Ford 17 m abholen. Um 15 Uhr ist er in der Triftstraße. Er trinkt diesmal gleich drei Gläser Harburger Leitungswasser und ist heilfroh, dass er diese fast einjährige Charterfahrt überstanden hat, auch seine Frau und die drei Kinder sind glücklich, dass ihr „Papi" wieder äußerlich unbeschadet zu Hause ist. Abends wird er noch mit Irmgard zu seiner Schwester Anneliese gehen, um ihr und ihrem Mann Werner endlich zur im Juli stattgefundenen Hochzeit zu gratulieren.

Teil VIII

Die letzten Berufsjahre 1969 – 1973

- Missbrauch für politische Machtspielchen auf dem Schatt al Arab

- Berufliche Orientierung der Kinder

- Politischer Wandel in Deutschland

- Die Nase voll von der Seefahrt

- Veränderungen in der Schifffahrt

- M/S. „Barbara"

- Wieder „Westfalen"

- M/S. „Volta Vision" ex „Westfalen"

- M/S. „Star Ravenna"

- Das letzte Kommando

- Ende der Seefahrt 1973

Missbrauch für politische Machtspiele auf dem Schatt al Arab

Bis zum 13. März 1969 bleibt Ernst im Hause. Er kann sich wieder ganz gut erholen, unternimmt viel mit Irmgard, die beiden haben selbst viel Besuch, weil Verwandte und Freunde gespannt auf die Erzählungen der gemeinsamen Weltreise sind. Irmgard hatte eine Vielzahl von Dias geschossen, diese werden an den Abenden mit Besuch kastenweise von dem vollautomatischen Projektor, den Ernst erworben hatte, an eine Leinwand geworfen.

Am 14.3. geht Ernst wieder auf sein Schiff, die „Westfalen". Auch sein Chief Ralf S., der mit ihm im Januar in *Livorno* abgemustert hatte, ist wieder an Bord. Nach einer kurzen Werftzeit bei *Howaldt* in Hamburg geht es nach *Antwerpen*, dann werden noch *Dünkirchen* und *London* als Ladehäfen angelaufen. Das Schiff ist weiter verchartert, eine andere Möglichkeit sieht die Reederei in dieser Zeit nicht, Geld zu verdienen und die Schiffe vor dem Verkauf zu bewahren, gleichzeitig werden so die Arbeitsplätze (auch der von Ernst) gesichert. Charterer ist diesmal die iranische *„Aria-Shipping-Line"*.

Am 4. April geht es auf einen sehr langen Seetörn Richtung Süden, sozusagen auf den Spuren *Vasco da Gamas* in Richtung *Arabisches Meer*. Grund für diese lange Seereise ist die bis 1975 andauernde Sperrung des *Suezkanals* nach dem „*Sechs-Tage-Krieg*" 1967. Alle Schiffe in Richtung Osten müssen jetzt den wesentlich längeren Weg um das südliche Afrika nehmen. Am 8. April passieren sie in Sichtweite *Teneriffa*, am 20. April um 23 Uhr das *Kap der Guten Hoffnung*. Am 23. April kann sich Ernst für 2 Stunden die Füße an Land vertreten, sie haben in *Durban/Südafrika* zum Bunkern von Treibstoff und Wasser sowie zur Proviantübernahme Zwischenstation gemacht. Es geht am selben Tag weiter Richtung Norden. Am 1. Mai passieren sie in Sichtweite die zum *Jemen* gehörige Insel *Socotra* im Arabischen Meer, dann geht es um die arabische Halbinsel in den *Golf von Oman*, durch die *Straße von Hormus* in den *Persischen Golf*, bis sie am 5. Mai vor *Kuwait* auf Reede gehen – erst zwei Tage später können sie zum Löschen an die Pier. Es wird heiß. Ernst erinnert sich an seine Fahrt als Leichtmatrose auf dem Tanker „Mittelmeer" 1932. Auf der „Westfalen" hat er selbst inzwischen eine Klimaanlage in seinen Räumen, das gilt jedoch nicht für die Mannschaft. Tagsüber liegen die Temperaturen um 45°, nachts nicht unter 30°C.

Der nächste Hafen ist das iranische *Bandar-e-Schahpur*, dort müssen sie sechs Tage auf Reede liegen, bevor sie am 17. Mai an die Pier zum Löschen können. Heiße Sandstürme bringen keine Abkühlung, sondern verschlimmern die Lethargie an Bord. Eine weitere Destination ist *Khorramshar*, dazu müssen sie mit Lotsen den *Schatt-al-Arab*, den Zusammenfluss von Euphrat und Tigris ca. 60 Meilen hinauf.

Doch *dieser Schatt-al-Arab* ist ein Spielball zwischen rivalisierenden Mächten: das westliche Ufer ist irakisch, das östliche ist iranisch. Es gibt zwar einen „Vertrag von *Saadabad*" von 1937, der die Verwaltung des Flusses dem Irak zuspricht und festlegt, dass die „Talweglinie" (Verbindung der am tiefsten eingeschnittenen Punkte in den Querschnitten eines Flussbettes) als Grenze gilt. Das bedeutet auch, dass man die irakische und die *iranische* Gastflagge gleichzeitig hissen und irakische Lotsen nehmen muss. Ernst erfährt nun vor der Einfahrt, dass der Schah von Persien diesen Vertrag am 19.4.1969, also sechs Wochen zuvor, gekündigt hatte und der Iran nun die Rechte über den ganzen Fluss beanspruchen würde. Dies ist jedoch in keiner Weise Konsens zwischen beiden Staaten. Die „Westfalen" sollte nun als erstes ausländisches Schiff nach der einseitigen Kündigung nur mit der Gastlandflagge des Iran den Shatt-al-Arab hinauffahren.

Hier fügt der Chronist die Aufzeichnungen des sich wieder an Bord befindlichen Chiefs Ralf Sander (www.xochipilli.eu/seefahrt-chief.html#anfang) über den weiteren Verlauf ein:

Wie wir in den Konflikt zwischen Persien und Irak hingezogen wurden

Am 20. 5. 1969 lagen wir noch immer auf Reede von Bandar-e -Shahpur - dem heutigen Bandar Khomeihni - und warteten auf die Weiterreise nach Khorramshahr. Gegen 03.30 Uhr wurde die Deckswache von Bootsmotorengeräuschen aufgeschreckt. Es handelte sich um persische Militärboote, die die beiden in Uniform gekleideten Lotsen und ca. 20 bis 30 weitere Personen in Zivil an Bord brachten. Die Brücke erteilte die Order zum Klarmachen der Maschine, die Anker wurden gelichtet und die Reise zum Schatt al-Arab begann. Während dieser Zeit hatten sich die vermeintlichen Privatpersonen umgezogen, erschienen in Militäruniformen und verteilten sich auf dem Schiff. Diese Herren übernahmen faktisch die Gewalt über unser Schiff.

Der Kapitän unterrichtete mich vertraulich über die Situation und sagte weiter, dass er an einer geeigneten Stelle versuchen würde, Anker zu werfen. Gesagt, getan! Die Anker fielen und die Reederei wurde gegen 07.00 Uhr Ortszeit über Funk informiert und gefragt, ob wir die Reise fortführen oder abbrechen sollten. Wir fuhren immer noch in Charter für die Aria-Shipping-Line des Schahs. Durch die Zeitdifferenz von 2 ½ Stunden war es in Hamburg erst 05.30 Uhr. Trotzdem erhielten wir ca. eine Stunde später per Funk die Erlaubnis zur Weiterreise. Als wir uns schon im Fluss befanden und nicht mehr wenden konnten, erreichte uns über Funk eine neue Nachricht. Die Reederei teilte uns nun mit, wir sollten auf keinen Fall die Weiterreise nach Khorramshahr antreten, sondern auf weitere Order warten.

Erst jetzt wurde der Schiffsführung klar, dass man sie durch eine falsche Meldung von Seiten Persiens in die Irre geführt hatte. Ab sofort wurde die Funkbude vom Militär besetzt und es durfte kein Funkverkehr mehr durchgeführt werden. Das galt auch für die spätere Hafenliegezeit. Auf der Reise stromaufwärts wurden wir von Kriegsschiffen, Hooverkraftbooten, Hubschraubern etc. eskortiert. Auf der persischen Landseite wurden wir von jubelnden Menschen begrüßt und von der irakischen Seite bedroht.

Aufgrund dieser Ereignisse gingen wir nicht an Land. Einzige Ausnahme war der 23. Mai. Der Käpten und ich hofften, an jenem Freitag - er ist dort wie in Deutschland ein Sonntag - ein offenes Büro der damaligen Hansa-Reederei vorzufinden, um von dort mit unserer Reederei telefonieren zu können. Leider war das Office auch geschlossen. Am kommenden Abend ließen wir uns vom Schiffsmakler überreden und gingen in das damals feudale Gulf-Hotel zum Essen.

Die Hafentage waren sehr angespannt. Auf der dem Irak zugewandten Backbordseite der Gemma hatte man Maschinengewehre positioniert.

Da unserem Kapitän aus verständlichen Gründen die Weiterreise in den Irak untersagt war, wurde die für Basra bestimmte Ladung auf ein anderes Schiff umgeladen. Die Drohgebärden wurden immer aggressiver und man drohte sogar, uns bei der Rückfahrt auf dem Schatt al-Arab zu beschießen. Da der Funker noch immer außer Gefecht gesetzt war, vereinbarten wir mit dem Funker der Gemma, die 2 Tage vor uns auslief, er möge uns einen zuvor vereinbarten Nachrichtencode zusenden. Wir waren nach Erhalt dieser Nachricht sehr erleichtert und erreichten am 1. Juni 1969 ohne Zwischenfälle das offene Meer.

Zitat eines ehemaligen Kollegen:

"Ich habe dem Bericht nichts hinzuzufügen. Für uns war es nur Spannung pur, über die Gefahren haben wir uns damals nicht so richtig den Kopf zerbrochen. Ich habe von dieser Fahrt noch einen Super 8 Film, jedoch in schlechter Qualität. Ich weiß nur noch, dass an Steuerbord die „Jubel-Perser" zu finden waren und an Backbord Steine von irakischer Seite flogen. Wir hatten noch immer Geleitschutz von Hubschraubern und Fregatten. Zumindest in Richtung Khorramshar. Aber Du warst doch direkt an der Quelle neben dem Kapitän auf der Brücke. Die Informationen, die wir bekamen, waren meist vom 2. Ing."

Auch Ernst berichtet in seinen Aufzeichnungen diesen geschilderten Verlauf. Diese Tage vom 20. Mai bis zum 3. Juni 1969 bezeichnet Ernst in seinen Kalendereinträgen mit folgender Überschrift: „EINE GANZ TRAURIGE ZEIT". Später sagt er, dass dies die ihn am meisten belastenden Tage seiner gesamten Seefahrt gewesen seien und ihm „fast den Rest gegeben hat". Er schreibt auch, wie wichtig in diesen Tagen das besonders vertrauensvolle Verhältnis zu seinem Chief Ralf Sander gewesen sei.

„Geleitschutz" gewährt man der „Westfalen" bis zum iranischen Hafen Bushir. Dann geht es noch einmal in die Emirate nach Dubai und Damman in Saudi-Arabien. In Ras Tanura, dem wohl größten Erdölhafen der Welt, wird noch einmal gebunkert, bevor der Persische Golf durch die Straße von Hormus wieder verlassen wird. Es geht jetzt, am 17.6. über das Arabische Meer auf die indische Westküste zu, Zielhafen ist Mormugao im indischen Bundestaat Goa, das sie nach nur drei Seetagen am 17.6. erreichen. Dort soll Erz für Gent in Belgien geladen werden. Die Liegezeit beträgt genau eine Woche, das Verladen des Schüttguts zieht sich unendlich hin. Es muss für den wieder sehr langen Seetörn nach Europa Proviant eingekauft werden, besonders der Erwerb von Fleisch ist in Indien nicht einfach, und die Qualität ist erbärmlich. Aber diesmal ist ein guter Koch an Bord, der auch mit nicht so hochwertigem Waren immer wieder ein schmackhaftes Essen zaubern kann. Ernst feiert auf See seinen 56. Geburtstag, am 7.7. umrunden sie das Kap der guten Hoffnung bei schwerer See, am 14.7. wird im Atlantik der Äquator in nördlicher Richtung passiert, dann gehen langsam die Treibstoffvorräte dem Ende entgegen, so dass in Las Palmas auf den Kanaren gebunkert werden muss. Am 25.7. steuert die Westfalen bei Vlissingen in die Scheldemündung, dann bei Terneuzen durch die Schleuse in den Gent-Kanal, wo sie am nächsten Morgen an der Pier fest sind und auf das

Löschen warten. Am Abend gibt es für Ernst eine Überraschung: Seine Tochter Antje, inzwischen eine junge Frau von fast 19 Jahren, kommt die Gangway hinauf. Sie hat ihre letzten Schulsommerferien und nutzt die Woche, um mit der „Westfalen" und ihrem Vater nach Hamburg zu fahren. Als sie am 2. August dort fest sind, steht Otto Stinnes an der Pier. Er möchte sich bei der Schiffsleitung persönlich für das Ungemach auf dem Schatt al Arab entschuldigen und sich für die hervorragende Bewältigung des Problems bedanken. Ernst ist angetan von der Fürsorge seines obersten Chefs, und die Beiden sowie der ebenfalls anwesende Chief tauschen sich über die immer größer werdenden Probleme in der christlichen Seefahrt aus.

Bis zum 3. November bleibt Ernst an Land.

Berufliche Orientierung der Kinder

Peter, der älteste, ist mitten im Physik-Hauptstudium an der Universität Hamburg, Klaus, der ja wieder zur Schule geht, steht kurz vor dem Abitur und hat sich zu diesem Zeitpunkt zu einem Lehrerstudium entschlossen. Außerdem ist er seit Irmgards langer Abwesenheit „in festen Händen", seine Freundin Inge kommt regelmäßig zu ihm in die Triftstraße. Antje besucht ebenfalls die 13. Klasse und will nach dem Abitur eine Fremdsprachenschule besuchen, der Berufswunsch ist zu diesem Zeitpunkt noch unklar. Ernst ist daran interessiert, dass die Ausbildung seiner Kinder möglichst kurz ist, denn er möchte Verantwortung, auch die finanzielle, für die drei möglichst bald abgeben. Sein Rollenverständnis ist nach wie vor so, dass eine Tochter nicht Abitur machen müsse, auf keinen Fall brauche sie ein Hochschulstudium, denn sie sei später ja sowieso Ehe-, Hausfrau und Mutter. Dabei stößt er allerdings auf erhebliches Unverständnis bei seiner Ehefrau Irmgard, die auf eine qualifizierte Ausbildung und Berufsausübung verzichtet hatte und dies jetzt, mit 57 Jahren, sehr bedauert.

Peter wird nach seinem Diplom in seinem Beruf als Physiker arbeiten, Klaus wird Lehrer für Sport, Mathematik und alles andere und diesen Beruf später mit Leidenschaft und Hingabe ausführen, Antje wird nach der Fremdsprachenschule bei der Lufthansa als Stewardess und Purserette bis in ihren Ruhestand fliegen.

Politische Veränderungen in Deutschland

1966 gab es in Deutschland eine politische Veränderung: Bundeskanzler Erhard trat am 30.11. zurück, nachdem die FDP-Minister aus der Regierung ausgeschieden waren und ihm die Unterstützung in der eigenen Partei nicht mehr sicher war.

Schon am nächsten Tag, den 1.12.66, wurde der baden-württembergische Ministerpräsident Georg Kiesinger zum Bundeskanzler gewählt und bildete eine „Große Koalition" mit der SPD und ihrem Vorsitzenden Willy Brandt, dem charismatischen Regierenden Bürgermeister von Berlin, als Vizekanzler und Außenminister. Ernst bekam Informationen an Bord nur über unregelmäßige Funknachrichten des Hamburger Abendblattes, die vom Funker mehr oder weniger lustlos aufgenommen und dann mit drei Durchschlägen in die Schreibmaschine gehauen wurden. Anschließend wurden die Durchschläge in den beiden Messen und im Salon ausgehängt, das Original ging zum Kapitän.

Ernst interessiert sich nicht allzu sehr für Politik, er ist der Ansicht, dass alle Politiker „Verbrecher" seien, aber vor Willy Brandt hat er doch erheblichen Respekt. Wenn er zu Hause ist, kann er sich politischen Diskussionen nicht immer entziehen. Sein Vater August ist glühender Anhänger der SPD und auch von Willy Brandt, regelmäßiger Zeitungsleser und Tagesschau-Seher, bei Diskussionen kann er sich noch immer sehr ereifern. Auch Irmgard tendiert stark zur SPD, das Programm ist in ihren Augen gerechter, frauenfreundlicher (für sie ein wichtiges Anliegen) und kümmert sich mehr um die „kleinen Leute". Ihr Sohn Klaus, der Chronist, ist politisch weiter links orientiert als das, was die Große Koalition in Bonn zustande bringt. Er hat Sympathien für Jugendprotest, Studentenrevolten, Anti-Springer Kampagnen und der Loslösung von Traditionen. Er trägt inzwischen einen Bart, seine lockigen Haare gerne länger, zumindest bis über die Ohren, und seine unkonventionelle Kleidung entspricht auch nicht den Vorstellungen seiner Eltern, besonders sein Vater mokiert sich darüber. Als Ernst sich einmal bei einem Gespräch auf dem Hof in der Triftstraße wieder über die „Gammler" und „Haschbrüder", die sich der Sucht hingeben, äußert und dabei zumindest ein kleines bisschen auch seinen Sohn Klaus meint, holt dieser zum Gegenschlag aus: Er sagt seinem Vater, dass dessen starker und regelmäßiger Alkohol- sowie Zigarettenkonsum mindestens ebenso ein Zeichen von Abhängigkeit sei wie bei den „Haschbrüdern". Damit ist für eine gewisse Zeit das Tuch zerschnitten, Ernst kann es nicht verwinden, dass sein Sohn ihn in einen Topf mit seiner Ansicht nach „außerhalb der Gesellschaft" Stehenden vergleicht. Es dauert einige Wochen, bis beide sich wieder nähern. Dazu trägt auch Ernst bei, der trotz aller gezeigter Härte immer wieder versucht, einen Kompromiss zu finden.

Als 1969 bei den Bundestagswahlen die SPD stärkste Partei und Willy Brandt Bundeskanzler wird, geht Ernst sogar das erste Mal zur Wahl (Irmgard hat ihn gedrängt) und hat wahrscheinlich auch mit seiner Stimme zum Erfolg der Sozis beigetragen.

Veränderungen in der Seeschifffahrt

Ernst beklagt immer wieder, dass die Veränderungen in der Seeschifffahrt zum Niedergang der traditionellen „christlichen" Seefahrt führen würden.

Er ist der Ansicht, dass die Identifikation mit dem Schiff, der Reederei und der Flagge verloren gegangen sei. Es ginge den meisten Seeleuten nur darum, möglichst viel Geld zu machen, dass sie dann entweder bei Landgängen auf den Kopf hauen oder horten. Die Besatzungs- und Ausbildungsordnung wird geändert, so fahren auf der „Westfalen" 1956 42 Seeleute, 1970 sind es knapp 30. Darunter leiden seiner Ansicht nach die Sicherheitsstandards. Die Gewerkschaften sind immer noch nicht zufrieden. Das führt bei den Reedern dazu, dass sie ihre Schiffe zunehmend „ausflaggen", d.h. sie fahren unter Flaggen, die für Länder stehen, in denen weniger Steuern gezahlt werden, die Sicherheitsstandards lascher und die Arbeitskräfte billiger sind, außerdem den Menschen an Bord weniger Urlaub und freie Tage zugestanden werden.

Über dieses Thema tauscht sich Ernst mehrfach mit seinem Chef Otto Stinnes sowohl brieflich als auch persönlich aus. Ernst äußert ihm Gegenüber großes Verständnis für die Argumente der Arbeitgebers, geleitet von dem Interesse, dass die Schifffahrtssparte von Otto Stinnes erhalten bleibe. Allerdings ist Ernst auch seit der Rezession 1966 Gewerkschaftsmitglied. Er hatte sich damals zum Beitritt in die DAG entschlossen, weil er seinen Job und damit seine Existenzgrundlage in Gefahr sah.

Hinzu kommt die Veränderung im Schiffbau. Der Transport an genormten Containern beginnt sich durchzusetzen, dazu müssen die Schiffe eine besondere, eckige Form haben, um möglichst viele davon transportieren zu können. Die reine Stückgutverschiffung, wie sie Ernst jetzt schon 18 Jahre aus dem Nordamerika- und Mexiko-Linien kennt, scheint seinem Ende nahe zu sein. Ein Großteil der Besatzung spricht kein Deutsch mehr. Bordsprache wird Englisch auf einem sehr einfachen, berufsbezogenen Niveau. Bei Schiffsneubauten wird auch immer mehr auf Komfort verzichtet. Gediegene, individuell ausgestattete Salons, Kapitäns- und Offizierskajüten mit geschmackvoller Holzvertäfelung gehören der Vergangenheit an, auch hier gewinnt Kunststoff die Oberhand. Ernst beklagt dies immer wieder, auch bei gegenseitigen Besuchen mit seinem alten Chief Hannes Struck aus Nordenham, der jetzt – 1969 – schon im Ruhestand ist.

Die Nase voll von der Seefahrt

Diese und andere Gedanken bringen Ernst dazu, sich mit dem Aufhören zu beschäftigen. *„Ich liebe meinen Beruf, aber ich glaube, dass ich nicht mehr allzu lange die Kraft dazu habe"* schreibt er Irmgard in einem Brief. Es ist nicht nur sein mentaler Zustand nach den Katastrophenreisen Brasilien und Schatt-al-Arab, es ist auch seine physische Konstitution. Zu Hause führt er viele Gespräche mit dem Hausarzt und Freund der Familie Dr. Wetzel, manche von ihnen hat Irmgard eingefädelt. Der rät ihm noch einmal zu einer Kur, um zumindest seine psychosomatischen Beschwerden zu lindern. Die tritt er im September an. Er fährt mit dem Auto nach Liebenburg im Harz, Irmgard fährt einige Tage später nach. Sie wird von Jörg Drechsler gebracht, dem Sohn seines Freundes und alten Wasserschutzpolizeikollegen Kurt, der gerade in den Ruhestand gegangen ist. Jörg war nach seiner Mittelschule zur See gefahren, Er hatte Ernst immer als Vorbild. Inzwischen hat Jörg auch sein Steuermannspatent und ist dabei, sein A6 zu machen. Er ist auch einige Reisen für Stinnes als 3. und 2. Offizier bei Ernst gefahren. Jörg kehrt am Abend wieder nach Harburg zurück. Auch Antje kommt für ein Wochenende in der letzten Septemberwoche. Am 16.10. fahren Irmgard und Ernst wieder nach Hause. Ernst fühlt sich einigermaßen fit, will es noch mal versuchen. Dr. Wetzel meint, es lägen genügend Gründe vor, ihn berufsunfähig zu schreiben, einer sei auch sein nachlassendes Hörvermögen, was auch schon den Ärzten der Seeberufsgenossenschaft auffiel, wenn er dort turnusmäßig alle zwei Jahre sein Gesundheitszeugnis erneuern musste. Beim Gespräch auf der

Reederei sagt man ihm zu, dass er mit der „Westfalen" wieder in den Liniendienst „Südstaaten USA" gehen könne.

M/S. „Barbara"

Aber es kommt anders.
Die M/S. „Barbara", ein
Schiff in der Größenord-
nung „Andrea", nur 5770
tdw   Tragfähigkeit,
braucht Ablösung. Auch
sie fährt zurzeit in der
Trampschifffahrt,   nor-
malerweise auf den *Great
Lakes*. Am 3. November
1968 geht Ernst in *Ham-
burg* an Bord. Über *Antwerpen* und *Amsterdam* geht es durch den durch den *Kanal* über den Atlantik, weiter südlich als sonst auf der Linienfahrt, denn Zielhafen ist *Georgetown* in *Guyana* in Südamerika. Weihnachten und Sylvester verbringt die Besatzung bei ruhiger See und guter Stimmung, am 1. Januar ist das
Ziel erreicht, aber erst nach drei Tagen ankern im Fluss kann an der Pier gelöscht werden. Der Rest der Ladung geht nach *Paramaribo* im Nachbarland *Su-
riname*, das sich durch ausgedehnte tropische Regenwälder und niederländi-
sche Kolonialarchitektur auszeichnet und als kultureller Schmelztiegel gilt. Von
dort sind es zwei Seetage bis *Belem* knapp unterhalb des Äquators im brasilianischen Bundesstaat *Para* im Mündungsdelta des *Amazonas*. Hier wartet die
„Barbara" auf die Lotsen, denn jetzt geht es auf „Revierfahrt" amazonasauf-
wärts. Nun kennt man Revierfahrten auf *Elbe*, *Schelde* und *Weser*, den *Seaway*
und *St. Lorenz-Strom* zu den *Great Lakes*, wo es ständig Peilpunkte, Betonnung
und genaues Kartenmaterial gibt, aber durch häufige Überschwemmungen
mitten im Regenwald verändert sich hier am *Amazonas* die Flusslandschaft ständig. Die Lotsen kennen ihr Revier, es sind Indigene, Ernst schreibt „Indianer",
die allerdings kaum Englisch sprechen. Es soll zu einem „Hafen" gehen, der
sich *Porto Alegre* (nicht zu verwechseln mit der Großstadt im Süden Brasiliens)
nennt, was „freudiger Hafen" bedeutet. Es gibt eine schmale Holzpier einige
Hütten und etwas entfernt eine aufgeschüttete Flugpiste. Und es ist ein uner-
trägliches, feuchtheißes Klima, die Trinkwasservorräte neigen sich dem Ende
zu. Hier soll Holz geladen werden, schweres Tropenholz für *Portugal*, für

203

dessen Ladegewicht erstmal Berechnungen angestellt werden müssen. Eine weitere Ladung Holzstämme soll in dem Amazonasdorf *Ipanema* (nicht zu verwechseln mit dem Badestrand vor *Rio*) an Bord genommen werden, doch dort setzt sich die „Barbara" fest und bekommt Schlagseite. Ernst lässt das Laden sofort abbrechen, auch wenn er die geordete Menge nicht an Bord nehmen kann. Er kommt nur unter Mühe frei. Die Kommunikationsmöglichkeiten sind begrenzt, in einer der Hütten befindet sich ein Kurzwellensender, über den Ernst Kontakt zur Agentur in *Belem* aufnehmen kann. Es kommt ein anderer Lotse an Bord, leider ist er nicht so „flusskundig" wie die ersten beiden, die schon mit einem einmotorigen Dschungelflieger nach *Belem* zurückgekehrt sind. Die „Barbara" schafft es, trotz oder wegen des Lotsen, und erreicht nach 12-stündiger Fahrt *Porto Santana* am nördlichen Mündungsarm des Amazonas, wo gewaltige Wassermassen in den Atlantik spülen. Dort wird das Schiff noch mal auf Schäden untersucht (zum Glück für Ernst nichts Bedeutsames), seefest gemacht und es kann bei den Behörden ausklarieren. Auch jetzt muss Ernst noch eine Strecke von 50 sm das Schiff durch das Delta bringen, aber hierfür gibt es keinen Lotsen. Aber er hat Glück, wie er in einem Brief hinterher schreibt, und kommt ohne Probleme in die offene See. Nach neun Tagen ruhiger Atlantiküberquerung erreicht die „Barbara" *Las Palmas* auf den *Kanaren*, wo schon über Funk Treibstoff, Frischwasser und Proviant geordert wurde. Zweieinhalb Tage später ist man in *Leixões* wenige Kilometer nördlich von *Porto*. Dort wird in zwei Tagen das Tropenholz gelöscht. Die nächste Order ist für *St. Nazaire*, dem Hafen von *Nantes* in der Bretagne, wo Ladung für *Alexandria/Ägypten* an Bord genommen wird. Ernst, der sich an Bord wieder sehr einsam fühlt (obwohl es diesmal nach seinen Berichten mit der Crew hinhaut), versucht Irmgard in seinen Briefen zu überreden, doch nach *St. Nazaire* zu kommen und die Mittelmeerreise mitzumachen. Ernst hatte schon in *Las Palmas* die Nachricht bekommen, dass nach Peter jetzt auch Klaus und Antje ihre Abiturprüfungen bestanden hatten, es war eine Last von ihm gefallen, denn es bedeutete jetzt für ihn weniger Verantwortung. Aber Irmgard will nicht. Sie fühlt sich nicht gut, macht sich Sorgen um die Kinder, besonders um Klaus, und hat - wie häufig bei psychischer Belastung – mit ihrem Magen zu tun. Peter wohnt inzwischen im Studentenheim und setzt seine Studien im DESY (Deutsches-Elektronen-Synchrotron) fort. Klaus befindet sich mit seiner Abiturklasse auf einer langen Reise in Spanien (zu der für zwei Wochen noch seine Freundin Inge stößt) und will anschließend ein Lehrerstudium in *Hamburg* beginnen. Antje hat sich noch für ein weiteres Jahr auf der Fremdsprachenschule entschieden, einerseits zur Orientierung und andererseits zur Verbesserung von Berufschancen. Also sticht Ernst mit der „Barbara" bei heftigem Biskaya-Sturm (SW-W 8) am 23.2. in See, umrundet die *Iberische Halbinsel* und passiert am 27.2. die *Meerenge von Gibraltar*. Das Mittelmeer zeigt sich von seiner guten Seite, für Winter ruhige See, nur kurz vor dem Zielhafen *Alexandria* kommen sie in einen Sahara-Sandsturm, der die Sicht dermaßen einschränkt, dass Ernst Order gibt, die Maschine auf „halbe Fahrt" zu setzen. Bevor sie am 12. März an der Pier von *Alexandria* festmachen, muss die „Barbara" siebeneinhalb Tage vor Anker gehen, etliche Ankerlieger hat der Sandsturm wieder auf die offene See vertrieben. Gleich am ersten Tag gibt es Ärger. Das Fotografieren ist im Hafen strengstens verboten, ein Decksmann tut es trotzdem und wird sofort verhaftet. Also auch Ärger für den Kapitän, es gelingt Ernst nach zwei Tagen, ihn wieder freizubekommen. Nach dem Löschen werden Zwiebeln für *Rotterdam* geladen, erst am 30. März läuft die „Barbara" dorthin aus, dann weiter nach *Hamburg*. Einige Tage muss Ernst mit dem Schiff noch in die Werft, dann beginnt am 23. April sein Urlaub. Auch diese Reise auf der „Barbara" hat ihn viel Kraft gekostet, besonders das *Amazonas*-Abenteuer.

Wieder „Westfalen"

Der Urlaub dauert bis zum 26. Mai, dann geht es nach Hamburg wieder an Bord von der „Westfalen", seinem Schiff. Wieder eine Südstaaten-Reise, Savannah, Charleston, Morehead City, schon am 6. Juli wieder zurück in Hamburg. Hier gehen Irmgard und Antje an Bord, es geht noch einmal auf eine schöne Sommerreise mit Passagieren, dieselbe Route, außerdem in die Häfen Jacksonville, Georgetown und Wilmington. Es ist so, wie die Reisen früher „in Linie" waren, mit Canasta-Spielen, Shuffle-Board und Skatturnieren, dazu unterhaltsame Abende mit Passagieren und Besatzung. Besonders für Antje ist es ein besonderes Erlebnis, weil sie nie eine so lange Zeit bei ihrem Papa an Bord war. Irmgard und Antje verlassen in Hamburg das Schiff, aber für Ernst stehen vier weitere Südstaatenreisen an, unterbrochen nur von einer Küstenablösung für zwei Wochen im November. Am 10. Und 11. Februar ist Ernst wieder in Hamburg, auf der Reederei hat er einen längeren persönlichen Austausch mit Herrn Otto Stinnes und dessen Sohn, der inzwischen in der Geschäftsleitung sitzt. Es geht um Arbeitsbedingungen, Belastungen an Bord, Mannschaftsstärke, Ausflaggen und vieles mehr, aber auch um die nachlassende Kraft beim älter werden. Am nächsten Tag kommt Herr Stinnes noch einmal an Bord, hier wird vor Ort die Unterhaltung fortgesetzt. Ernst wird für die Küste abgelöst, denn sein Sohn Klaus heiratet am 19.2.1971 seine Inge, ein Polterabend im Haus, eine kleine Feier im Waldcafé Kilb. Schon am 20. 2. fährt Ernst wieder an Bord nach Bremen, Irmgard begleitet ihn noch bis Rotterdam. Jetzt sind es 26 Seetage lang nach Mombasa in Kenia, einmal für drei Stunden in Dakar/Senegal gebunkert und zweimal den Äquator gequert. Ernst beschäftigt sich auf diesem langen und ruhigen Seetörn vor allem mit dem Knüpfen eines Teppichs, den später einmal Antje geschenkt bekommen soll. Weitere Stationen dieser Reise sind Tanga, Daressalam, Mogadischu und Lourenço Marques, für Ernst schon bekannte Reviere. Vor Sansibar streikt die Ruderanlage, ein Monteur wird herangeflogen, kann den Schaden aber schnell beheben. Wieder wird das *Cape of Good Hope* umrundet, am 22. Mai ist die Westfalen in Port Gentil in Gabun, um Tropenholz zu laden, weitere Stämme sollen auf dem Mondah-River geladen werden, von längsseits liegenden Flößen. Aber der die Strömung ist so stark, dass die Flöße abtreiben. Jetzt wird der Rest der Ladung doch in Port Gentil übernommen. Mit hoher Deckslast geht es nun nordwärts, La Pallice in Frankreich ist der erste Löschhafen für das Holz, Rotterdam der zweite für die übrige Ladung.

Am 23. Juni ist die Westfalen wieder in Hamburg, Ernst wird von Irmgard und seiner Schwiegertochter Inge abgeholt. Endlich Urlaub, aber auch wieder eine Kur zusammen mit Irmgard, Kinder sind jetzt ja nicht mehr im Haus. Zu Hause läuft das übliche Programm: Viel Besuch, viele Besuche machen, vor allem zum Lieblingscousin, dem Zimmermeister Hannes Raap in Ahrenswohlde, oder seinem schon in Rente gegangenen Lieblingskollegen, dem Chief Hannes Struck in Nordenham. Der Urlaub mit Kur dauert bis zum 7. November, Peters 26. Geburtstag. Dieser liegt in den letzten Zügen seines Physik-Studiums, das er im Juli 1972 abschließen wird. Am 8.11. fährt Ernst mit dem Zug nach Bremen, um die „Westfalen" zu übernehmen. Dies soll seine letzte Reise in sein so geliebtes Mexiko werden. Die „Westfalen" bedient *Vera Cruz* und *Tampico*, dann die Ostküste-Südstaaten der USA. Von *Charleston* geht es wieder über den Atlantik, auf dieser Rückfahrt ist Sturm der ständige Begleiter. Weihnachten 1971 verbringt Ernst fast ununterbrochen auf der Brücke, zwischendurch denkt er an seine beiden Söhne, die seit einigen Jahren am Heiligabend als Weihnachtsmann bei Hausbesuchen ein umfangreiches Zubrot verdienen und anschließend spät abends in die Triftstraße kommen, um im gewohnten Rahmen, auch immer noch mit Oma Lieschen und Opa August, vor dem Tannenbaum in Irmgards „Weihnachtsstube" in der Triftstraße zu sitzen. Dort empfängt man Ernsts traditionelles Telegramm „Azoren passiert", diesmal mit dem Zusatz „Frohe Weihnachten". Ernst erinnert sich auf der Brücke, dass er in den ganzen Jahren kaum einmal ein Weihnachtsfest zu Hause verbracht hat. Aber er weiß auch, dass er „Weihnachten auf See" mehr geliebt hat, mit viel Wehmut und Gedanken an zu Hause, und es war auch das, was er wollte.

Am 30.12. ist die „Westfalen" im ersten kontinentalen Hafen *Antwerpen*, zum Jahreswechsel um 0.00 Uhr passiert er *Hoek von Holland*, um 3.36 Uhr am ersten Tag des Jahres 1972 ist er in *Rotterdam* fest. Auch Irmgard, die in diesem Jahr 60 wird, hat sich Neujahrsmorgen noch einmal auf den Weg gemacht, um Ernst die Küste entlang nach *Hamburg* zu begleiten. Am 7.1.72 läuft die „Westfalen" bei Nebel in *Hamburg* ein, ohne Radar, das war kurz vorher ausgefallen.

M/S. „Volta Vision" ex „Westfalen"

Nachmittags gibt es eine „Übergabeparty". Die „Westfalen" soll ausgeflaggt werden und an eine ghanaische Gesellschaft verchartert werden, und sie soll ab sofort M/S. „Volta Vision" heißen. Die endgültige Übergabe soll in Tema/Ghana erfolgen, die Überführungsfahrt mit einer Minimalbesatzung von 19 Mann durchgeführt werden. Irmgard hat sich entschlossen, Ernst auf dieser Reise noch einmal zu begleiten.

Um bessere Eindrücke dieser Reise zu vermitteln, folgt jetzt eine Abschrift von Ernsts Bericht an die Reederei über diese Fahrt:

M/S. „Volta Vision"

                    Takoradi/Ghana, den 24. Februar 1972

Bericht über Reise Westafrika und Afrika-Küste

M/S. „Volta Vision" verließ am 12. Januar 1972 mit 19 Mann Besatzung den Hafen von Hamburg zur Überführungs- fahrt nach TEMA/GHANA.

Im letzten Moment kam eine unvorhergesehene Zementbuchung Bilbao-Douala hinzu. Anstatt Bilbao wurde auf der Reise Santander als Ladehafen erklärt. Da es sich um eine FIO- Ladung (Anmerkung: die Kosten des Ladens und Stauens bzw. des Löschens sind nicht vom Reeder, sondern vom Befrach- ter oder Empfänger der Ladung zu tragen) handelt, mussten mit unserer stark reduzierten Besatzung sämtliche Luken aufgemacht werden. Bedingt durch die vielen Regentage in Santander, wurden unsere Leute fast ausschließlich mit Abnehmen und Setzen der Regensegel beschäftigt. Da fast Tag und Nacht geladen wurde, war es für die paar Leute eine ziemliche Belastung, und das Stimmungsbarometer fiel auf Null.

Santander wurde am 25. Januar 1972 um 23 Uhr mit Bestimmungshafen Douala verlassen. Jetzt kamen wir bald in gute Wetterzonen und die Stimmung ging wieder aufwärts.

Wir erreichten am 6.2.72 8.00 Uhr die Lotsenstation Douala und kamen abends mit dem Hochwasser an die Pier. Auch hier mussten die Luken von der Besatzung aufgemacht werden, Bäume geriggt und ständig zwei Mann an Deck gehalten werden. Zum Reinigen der Luken wurden Landgänge unter unserer Aufsicht beschäftigt.

Von Douala ging es nach Cotonou/Benin, immer noch mit kleiner Besatzung, bei feuchter, warmer, teils heißer Tropenluft.

Endlich am 17.2.72 erreichten wir Tema/Ghana, und hier kam die Ghana-Besatzung an Bord.

Ich möchte besonders hervorheben, dass sich unsere deutsche Besatzung (Offiziere und Mannschaften) sehr eingesetzt haben und trotz Mehrarbeit und Hitze Disziplin gezeigt haben. Ein Festmachen des Schiffes und Verholen war jedes Mal eine Angstpartie, denn ein Versager hätte große Folgen haben können.

Im Moment sind wir bis Hamburg 48 Besatzungsmitglieder an Bord, so dass wir, wenn wir Farbe hätten (es ist ungewiss, ob wir hier welche bekommen), schon viele Instandsetzungsarbeiten verrichten können.

Mit Offizieren steht es bei VOLTA-LINES schlecht, denn wir haben einen 3. Offizier ohne Patent bekommen, und einen Kadetten. Bisher bleibt also unser Zwei-Wachen-System bestehen.

Zusammenarbeit mit der Volta-Linie:

Bei Ankunft Tema wurde mit einer feierlichen Zeremonie das Schiff empfangen und anschließend mit der Beladung begonnen. Es kamen sehr viele Herren der Volta-Lines an Bord und jeder versprach sein Möglichstes, aber es braucht doch alles seine Zeit, bis sich etwas tut. Bestellungen, Kontaktaufnahmen müssen immer erst von ACCRA genehmigt werden, und somit treten Verzögerungen auf.

Ganz im Argen ist es mit der Buchung der Ladung, denn gerade hier wird täglich geändert und genaue Angaben sind nicht zu erhalten. Es kann dabei vorkommen, dass wegen Trimmschwierigkeiten Ladung zurückgelassen werden muss. Es fehlt eben in der Befrachtungsabteilung der richtige Mann mit Erfahrung. Ein Beispiel: Man wollte uns auf der Reise Santander-Douala vor Entlöschung der Zementladung nach Tema beordern, um irgendwo in den Zwischendecks 3000 Tonnen Kakao zu laden.

Bei der Übergabe in Hamburg wurde erwähnt, dass kein Stauholz und Laschmaterial für Logs an Bord sei. „Bekommen wir alles in Tema", hieß es. Hier ist aber weder Stauholz noch Laschmaterial zu erhalten, so dass der Kakao in den Zwischendecks auf Bastmatten gestaut, die Logs aber nur bis Relingshöhe gestaut wurden, ein großer Verlust für die Volta-Lines.

Navigatorisch sind die Häfen alle gut, Lotsendienst, Schlepper, Proviant und Trinkwasser vorhanden.

Eine klare Linie wird sich erst auf der nächsten Reise ergeben, denn Ausreise die kleine Besatzung und nun die Übersetzung (zwei versch. Nationen) werfen auch Probleme auf, besonders im Küchenbetrieb. Ich werde Ende Februar noch eine vollständige Abrechnung machen, so dass die an Bord aufgenommenen Vorschüsse und Kantinenwaren verrechnet werden können. Takoradi ist unser letzter Hafen, und ich rechne mit Abfahrt von hier am 27. Februar. Erster Löschhafen am Kontinent ist Rotterdam, Ankunft ca. 9. März.

Ich hoffe, Ihnen mit diesen Zeilen einen kleinen Überblick gegeben zu haben und zeichne

Mit besten Grüßen

Wehmeyer (Kapitän)

210

Soweit Ernsts Bericht über seine erste „Ausflaggung". Irmgard bleibt bis Tema an Bord und fliegt am 18.2. von Accra nach Hause, Klaus holt sie am nächsten Morgen am Hamburger Flughafen Fuhlsbüttel ab.

Am 10. März ist die „Volta Vision" ex „Westfalen" in Rotterdam fest. Antje, die seit Sommer 1971 als Stewardess bei der Lufthansa arbeitet und jetzt in der Nähe von Frankfurt wohnt, besucht Ernst an Bord und fährt mit nach Antwerpen und Amsterdam, dort besuchen beide das Rijksmuseum und machen bei Schneetreiben eine Grachtenfahrt. Antje fliegt von Amsterdam wieder nach Frankfurt, Ernst läuft nach Hamburg aus, und am 18. März tritt er seinen Urlaub an. Er fühlt sich so schlecht, dass er das Bett hüten muss. Dr. Wetzel schreibt ihn krank und weist ihn ins Krankenhaus ein. Viele seiner Symptome sind psychosomatisch, und so befindet sich Ernst vom 5. April bis zum 16. Mai in einer Klinik im Süden von Hamburg. Am 28. Mai schreibt ihn Dr. Wetzel auf seinen Wunsch wieder gesund. Aber jetzt hat er Urlaub, das bedeutet Garten- und Malerarbeiten, beides strengt ihn immer mehr an. Er fliegt mit Irmgard noch für eine Woche nach Salzburg, Peter arbeitet jetzt nach Beendigung seines Studiums dort und wohnt in Burghausen mit einer Freundin. Es ist eine schöne Woche, in der sie alle gemeinsam viel unternehmen.

M/S. „Star Ravenna"

Die See lockt zwar nicht mehr, aber statt ihrer ruft die Pflicht. Die Stinnes-Reederei gibt ihm den Auftrag, einen in St. Petersburg (1972 noch Leningrad) gebauten Massengutfrachter in Jacksonville/Fl zu übernehmen, die M/S. „Star Ravenna". Es ist ein relativ neues Schiff und ein sogenanntes Kompensationsgeschäft mit der Sowjetunion. Das Schiff ist mit ca. 160 m Länge und 40.000 to Ladefähigkeit das größte, über das Ernst je ein Kommando hatte. Er hat kein besonders gute Gefühl, als er am 24. Juli 1972 über New York nach Jacksonville fliegt. Am 26. Juli verlässt der bisherige Kapitän S. das Schiff, abends geht es zum Löschen nordwärts nach Baltimore, dann nach Norfolk, wo Kohlen für Japan geladen werden. Es ist die alte Route durch den Panama-Kanal, aber es hat mit diesem Schiff jedoch schon eine andere Dimension, durch die vielen Schleusen zu kommen. Am 8. August verlässt die „Star Ravenna" den Bunkerplatz in Balboa und ist nun auf dem Pazifik. Den 25. August gibt es für die Eintragungen ins Logbuch nicht, denn der wird wegen Überqueren der Datumsgrenze übersprungen. Am 1. September macht das Schiff in Nagoya auf Honshu fest. So geht es die nächsten Monate. Ostküste USA, Panama-Kanal, Japan, zurück, Tage an der Datumsgrenze verlieren und auf der Rückreise wieder gewinnen, und immer wieder Probleme mit der Technik. Amerikanische Monteure wollen da nicht ran, sagen, alles sei auf kyrillisch, das könnten sie nicht lesen, man solle sich doch einen Monteur aus der Sowjetunion kommen lassen, wohl wissend, dass dieser wochenlang auf ein Einreisevisum für USA warten müsste. Der Chief, ein erfahrener Kollege, mit dem Ernst viele Reisen gemacht hat, versucht es wieder hinzukriegen, aber immer passiert etwas Neues: auf der vierten Reise zurück von Japan nach USA hakt zum x-ten Male wieder die Ruderanlage, und das Schiff treibt dann für viele Stunden steuerungsunfähig im Pazifik. Ernst überlegt schon, von *Honululu* einen Hochseeschlepper über Funk zu ordern und sich nach *Hawaii* schleppen zu lassen, aber der Chief und seine Crew kriegt es doch wieder hin. Wenig später arbeitet der Kreiselkompass schon zum wiederholten Male nicht richtig, so dass zeitweilig mit Magnetkompass gefahren werden muss. Der Elektriker hat in der Maschine einen Unfall mit Verbrennungen zweiten Grades, er bedarf ärztlicher Behandlung. Trotz langer, wettermäßig meist ruhiger Seetörns ist Ernst bedient. Nach fast 9 Monaten an Bord ohne europäischen Hafen hat er „endgültig die Nase voll". Er wird im Sommer 60 Jahre alt, ist körperlich und psychisch an der Grenze der Belastungsfähigkeit und meint, es sei Zeit für die Rente. Am 12. März geht Ernst in Newark/NJ von Bord, fliegt über Nacht von New York nach Köln mit einer neuen 707 der Lufthansa, und um 8.30 Uhr erwartet ihn seine Irmgard und Klaus in Fuhlsbüttel.

Zu Hause wartet auf ihn Harburger Leitungswasser und zum Mittag Roulade mit Rotkohl und Salzkartoffeln, eines seiner Lieblingsessen.

Von jetzt an bestimmt die Information über das tägliche Mittagessen die Aufzeichnungen in Ernsts Kalenderbuch. Ernst hat viele Termine mit Dr. Wetzel und anderen Ärzten, um seine Verrentung einzuleiten. Er beklagt sich darüber, dass seine alten Kollegen von der Wasserschutzpolizei mit 60 Jahren in Pension gehen müssen, er in seinem Beruf ungleich härteren Belastungen ausgesetzt gewesen sei und in diesem Alter noch nicht gehen darf.

Das letzte Kommando

Am 3. April ruft die Reederei an und fragt, ob er sofort eine Küstenvertretung auf dem Neubau M/S. „Taifun" übernehmen könnte. Vom 5. – 11. April löst er in Hamburg einen jungen Kollegen ab und kommt von Antwerpen über Brüssel mit dem Flugzeug wieder nach Hause.
Es ist sein letztes Kommando auf einem Stinnes-Schiff gewesen.
Zu Hause wird er von jetzt an immer 1. Offizier bleiben.

Das Ende der Seefahrt

Am 14. Mai 1973 hat der Kapitän Ernst Wehmeyer einen Termin bei der See-Berufsgenossenschaft. Er legt die Unterlagen von Dr. Wetzel und anderen Ärzten vor und wird noch einmal eingehend untersucht.

Man entzieht ihm die Gesundheitskarte, er darf nicht mehr in einem Arbeitsverhältnis zur See fahren.

Dr. Wetzel schreibt ihn am selben Nachmittag krank. Erst im Januar 1974 wird der Renteneintritt von Ernst auf den 1.6.1973 datiert, überzahlte Gelder des Arbeitgebers werden verrechnet.

Der „Alte" Kapitän ist jetzt im Ruhestand.

Teil IX

Der Ruhestand 1973 – 1995

- Die Eingewöhnung

- Aufgaben zu Hause

- Das erste Enkelkind

- Unternehmungen mit Irmgard

- Noch einmal eine Seereise als Passagier auf M/S. „Cap Sidero"

- Tod von Opa August

- Stinnes Pensionärstreffen

- Besuch auf der „Krusenstern" im Hamburger Hafen

- Berufliche Konsolidierung der Kinder

- Der 75. und 80. Geburtstag

- Aufwachsen der Enkelkinder in Helmstorf und neue Enkelkinder in Hennethal

- Alter und Gesundheit, Irmgards Fahrradsturz

- Vereinsamung

- Die letzte Reise

Die Eingewöhnung, das erste Mal Großeltern, Mittelmeerreise und Opa Augusts Tod

Ab Mai 1973 ist klar, dass Ernst nie mehr als Kapitän eines Schiffes zur See fahren wird. Er hat es sich gewünscht, aufzuhören, zu groß waren die Belastungen der letzten Jahre. Und jetzt ist es soweit. Er ist angekommen. Zu Hause. Als erstes kauft er ein neues Auto, der alte Ford 17 de Luxe mit Weißwandreifen und Röhrenradio war verrostet, der TÜV verweigert ihm die Plakette. Für Ernst wird es jetzt ein roter Audi 80, nicht de Luxe und ohne Weißwandreifen, aber ein zuverlässiges und treues Gefährt. Jetzt zeigt sich sein erster Job: Er wird Chauffeur für den Kapitän in der Triftstraße, für Irmgard. Die Kinder haben inzwischen selbst ihre Autos, und zu Hause sind sie gelegentlich Gäste. Und Ernst und Irmgard machen viele Fahrten: nach *Ahrenswohlde* zu Hannes und Mimi, nach *Nordenham* zu Hannes und Mia, nach *Drochtersen* im *Kehdinger Land*, zu Antje nach Frankfurt und Peter nach *Heidelberg*. Und es muss gemalt, renoviert, im Garten gewühlt werden, die Tage sind ausgefüllt. Und auch in der Küche hat Ernst seine Jobs: Kartoffel schälen, Gemüse putzen, Krabben pulen.

Am 12. Dezember 1973 werden Irmgard und Ernst das erste Mal Großeltern. Klaus und Inge haben eine Tochter Daniela bekommen, und Oma und Opa freuen sich, besonders Irmgard. Klaus kommt oft mit der Kleinen, bittet Oma auch um Betreuung, denn er ist im Referendariat, und seine Frau Inge beginnt zu dieser Zeit mit dem Lehrerstudium in Lüneburg. Ernst zeigt zwar zuerst wenig Verständnis dafür, dass seine Schwiegertochter noch arbeiten will, wenn ihr Mann eine gute Arbeit hat, aber auch er freut sich sehr, wenn die Kleine bei ihnen im Hause ist. Irmgard hat jetzt viel mehr Zeit für ein Enkelkind als sie es je für die eigenen Kinder hatte.

Gesundheitlich geht es Ernst nicht immer gut. Irmgard wünscht, dass er sich das Rauchen abgewöhnt, aber die filterlosen Juno, mindestens eine 20-er Packung am Tag, benötigt er wie sein tägliches Brot, ebenso sein 10 Uhr Fofftein, zu dem er eine Flasche Bier mit einem Korn als Begleiter trinkt. Seiner Gesundheit ist wohl beides nicht bekömmlich. Irmgard kauft Ernst ein Fahrrad mit tiefem Einstieg und Dreigangschaltung, sie selbst fährt fast immer Rad, um die Einkäufe des täglichen Bedarfs zu erledigen. Ernst macht einige zaghafte Versuche mit dem Gefährt, aber zu größeren gemeinsamen Touren kommt es nicht. Er freut sich, wenn er Männerbesuch hat, und da kommen viele: Opa August,

216

Sohn Klaus, Schwager Werner, Onkel Paul, die Neffen Hermann und Günther, Kurt Drechsler und dessen Sohn Jörg, sein Heizungsmonteur Waldemar Pause und Günther Strüven aus der Brookstraße. Und im Sommer sitzt man auf dem Hof an der Planke, die auf der Grenze zu Opa Augusts Doppelhaushälfte steht. Dann trinkt man Bier und Korn, spielt Skat, und Irmgard ist nicht immer begeistert, versteckt schon mal die Kornflasche oder füllt sie mit Leitungswasser (was einen Riesenärger mit Ernst gibt), aber man ist fröhlich, und man schaut gerne beim „Kaptein" vorbei.

Irmgard erledigt den ganzen Schriftkram und die Nachweise für die BfA, Ernst zeigt dafür keine Nerven. Sie ist auch jetzt der Finanzminister, kümmert sich um Steuern und Geldanlagen, und ihr ältester Sohn Peter berät sie gelegentlich dabei.

Irmgard, die eine begeisterte Theater- und Konzertbesucherin ist, bucht für beide Abonnements, aber das ist nicht Ernsts Welt, er beruft sich dabei auf sein nachlassendes Hörvermögen, also sucht Irmgard für diese Besuche meist einen anderen Partner oder eine Partnerin.

Was Ernst sehr schätzt, ist das wunderbare Mittagessen, das Irmgard ihm zubereitet. Sie ist eine hervorragende Köchin, es macht ihr Spaß, etwas „zu zaubern" und ihre Kreativität auszuleben. Ente mit Rotkohl, Braten aller Art, Kochfisch mit Dillsauce, ihre Eintöpfe, Ernst mag alles und das Mittagessen wird für ihn meist zum Höhepunkt des Tages. Dann legt er sich in der Regel „für eine Viertelstunde von 1 bis 4" hin und fährt am Nachmittag gerne selbst auf einen Besuch bei Freunden oder Verwandten vorbei.

Fernsehen, das Ernst während seiner Fahrenszeit auch nur sporadisch kennengelernt hatte, wird ein regelmäßiges Ritual. Die Tagesschau sowieso, aber auch naturkundliche und wissenschaftliche Sendungen interessieren ihn. Und Fußball. Die Fußballweltmeisterschaft 1974 in Deutschland sieht er mit Begeisterung, am liebsten mit anderen Männern. Viele Spiele guckt er sich mit seinem Sohn Klaus an und fiebert bis zum Weltmeistertitel für Deutschland mit.

Weihnachten wird 1973 und 1974 noch in der Triftstraße gefeiert, später fahren die beiden Großeltern immer zu Klaus, wegen der Kinder.

1975 bietet die Firma Stinnes ihm auf sein Nachfragen an, mit Irmgard eine Mittelmeerreise auf der M/S. „Cap Sidero" als Passagier zu machen. Ernst ist über das Angebot total glücklich, und am 29. April bringt Schwager Werner beide an Bord. Schon mittags geht es die *Elbe* runter. Sogar der Elblotse ist ein „dejà vu". Er war bei ihm viele Jahre als 1. Offizier gefahren. Ernst darf mit auf der Brücke stehen. Im Hintergrund zwar, aber die Freude lässt sein Herz bis zum Hals schlagen.

Irmgard und Ernst nutzen die Liegezeiten in *Antwerpen* und *London* zu ausgedehnten Landgängen, Ernst spürt bei dieser Reise keine Verpflichtungen im Nacken, seine Tagebuchaufzeichnungen in diesen Tagen enden fast immer mit dem Satz „*alles bestens*".

Biskaya, Cap Finisterre, Gibraltar, entlang der Küste *Marokkos,* die Südküste *Siziliens,* die, *Ägäis,* zwei Tage Liegezeit in *Izmir,* die *Dardanellen,* Erinnerungen an 1932 und die Durchfahrt mit dem Dampfer „Mittelmeer", das beeindruckende Panorama *Istanbuls,* sechs Tage Aufenthalt dort. Irmgard und Ernst nutzen ihre um Ecken verwandtschaftlichen Kontakte, die sie dorthin haben. Sie verbringen ganz viel Zeit mit einer Familie, die während der Nazi-Zeit in die *Türkei* emigriert und dort heimisch geworden war. Sie besuchen den überdeckten Bazar, die *Prinzeninseln,* essen Fisch am *Marmarameer,* machen eine komplette *Bosporusfahrt.* Für beide ist es der Genuss pur, für Ernst Erfüllung von Sehnsucht, auch einmal seiner Frau die schönen Seiten der Seefahrt zu zeigen.

Es geht weiter auf eine griechische Insel zum Kiesladen, auch dort hat man fünf Tage Liegezeit. Man findet eine „Privatbadebucht" nicht weit vom Liegeplatz, hier wird abends mit Unterstützung der Agentur ein Lamm besorgt, geschlachtet und gegrillt, und genauso gut wie der *Raki* in *Istanbul* schmeckt hier der *Ouzo.* Jetzt geht es wieder heimwärts, und bis zum ersten Hafen *Rotterdam* schreibt Ernst in seinem persönlichen Logbuch täglich „*herrliches Wetter*", so dass auch für Irmgard die Reise ein erholsames Erlebnis ohne jede Seekrankheit ist.

Am 11. Juni um 8.45 Uhr kommt ein Anruf von Oma Lieschen: Opa August, Ernst Vater, hat am Tag zuvor einen Schlaganfall während der Gartenarbeit erlitten. Lieschen fand ihn unter dem Kirschbaum, als sie ihn zum Essen rief und er nicht kam. Nun läge er im Krankenhaus, sei aber nicht ansprechbar.

Beide kommen umgehend mit der Bahn nach *Harburg,* wo sie Klaus um 19 Uhr abholt. Sie fahren direkt zu August auf die Intensivstation, aber er nimmt nichts mehr von seinem Sohn Ernst, auf den er immer so stolz war, wahr.

Um 11.20 Uhr am nächsten Tag verstirbt August Wehmeyer im 82. Lebensjahr. Die Familie versammelt sich am Abend dieses Tages auf dem Hof des Doppelhauses Triftstraße 79/81, um Opa August bei Korn und Bier zu gedenken. Eine Woche später wird August auf der Familiengrabstätte beerdigt.

218

Ernst hat jetzt noch einen zweiten Garten zu beackern, aber dafür wird bald ein Rentner gefunden, der diesen Job gegen Bezahlung übernimmt, für Ernst ist das alles zu viel.

Ernst und Irmgard fahren jetzt häufiger nach *Frankfurt* zu Antje und *Heidelberg*, wo Peter inzwischen arbeitet. Aber auch sonst sind sie viel unterwegs.

1977 bauen Klaus und Inge in *Helmstorf* im Landkreis Harburg ein Eigenheim. Ernst und Irmgard geben viel Unterstützung, indem sie immer wieder bereit sind, die inzwischen dreijährige Daniela liebevoll zu betreuen und so Druck aus der Belastung der „Jungen" zu nehmen. Für das „Rohbaufest" (statt Richtfest) kocht Irmgard einen Riesentopf der besten Erbsensuppe der Welt.

Stinnes – Pensionärstreffen in den 70-er und 80-er Jahren

In dieser Zeit organisiert ein alter Stinnes-Kollege, Kapitän Göttsche, jährliche Pensionärstreffen der im Ruhestand stehenden Kapitäne und Chiefs sowie ihren Ehefrauen. Die ersten Jahre findet es wechselnd bei etlichen Altgedienten statt, irgendwann wird es zu viel, eine Party den ganzen Tag für über 20 Personen auszurichten. Bei Ernst und Irmgard ist noch einmal im Juni 1976 eines der letzten privaten Treffen. Irmgard organisiert ein Matjesessen in allen Variationen: Nach einer frischen Spargelcremesuppe Matjes auf Eis mit Speckstippe und frischen grünen Bohnen, Matjes nach Hausfrauenart in Sahnesoße mit Äpfeln und Zwiebeln, dazu Brat- oder Pellkartoffel aus neuer hiesiger Ernte. Irmgard hat dazu Otto Richter, den Wirt des Lindenhofs, wo Ernst so gerne zum Frühschoppen weilte, als Bei-Koch engagiert. Zum Nachtisch serviert Irmgard frisch zubereitete Rote Grütze mit Vanilleeis. Es ist ein grandioses Hoffest bei schönstem Sommerwetter. Diese Stinnes-Zusammentreffen finden bis Ende der 80-er Jahre statt, allerdings die letzten Male in Restaurants mit Übernachtungsmöglichkeit. Jedoch verringert sich die Anzahl der Teilnehmer durch Krankheit und Ableben zunehmend, so dass dieser schöne Brauch irgendwann sein Ende finden wird.

Im Juni 1978 werden Klaus und Inge wieder Eltern und somit Ernst und Irmgard das zweite Mal Großeltern. Ein Junge, Malte, kommt auf die Welt, und er wird sofort Opas Liebling. Opa Ernst kommt jetzt oft nach *Helmstorf* gefahren, und er freut sich über seinen Enkel. Aber Malte kommt auch gerne in die

Triftstraße, dort kocht Oma Triftie für ihn und seine Schwester Griespudding mit warmer Himbeersoße aus eigenen Gartenfrüchten, und Opa zeigt seinem Malte die alten Fotoalben mit den Segelschiffbildern aus Padua-Zeiten. Als er etwas größer ist, zwischen seinem viertem und sechsten Lebensjahr, fährt Opa gerne mit dem Jungen nach *Finkenwerder*, wo sich „der Alte" in einen mitgebrachten Campingstuhl setzt und seinen Kaffee aus der Thermosflasche trinkt. Dabei er erzählt seinem interessierten Enkel alles über die vorbeifahrenden Schiffe, wo sie herkommen und voraussichtlich hinfahren und was die Flagge am Heck bedeutet. Ernst trägt dann immer seine alte Schiffermütze, und in seinem Geist und seinem Herzen fährt er auf diesen Pötten immer mit die Elbe hinunter und auf das Meer hinaus. Zufrieden kommen die beiden dann zurück in die Triftstraße, und Irmgard (und auch Klaus und seine Frau) freuen sich, dass Ernst so ein inniges Verhältnis zu seinem Enkel entwickelt hat.

Seit 1977 fahren Ernst und Irmgard immer wieder mit ihrer Kirchengemeinde in das „Haus der Kirche" nach *Norddorf* auf *Amrum*. Zu diesen dreiwöchigen Aufenthalten nehmen sie auch zweimal jeweils eines ihrer Enkelkinder mit. Das ist für alle eine Win-Win-Situation: Die Kinder genießen es, mit ihren Großeltern an die See zu fahren, Malte wird seine schon chronische Bronchitis los, die Eltern, beide voll berufstätig, sind entlastet, und die Großeltern haben Freude, und diese Freude vermitteln sie auch den anderen anwesenden Senioren, denen das Kinderlächeln von Malte oder Daniela auch ein Lächeln in die Herzen zaubert.

Auf der Fähre von Amrum

Am 30. März 1982 verstirbt Ernsts Mutter, Oma Lieschen. Plötzlich, ohne allzu lange zu leiden. Und auch viele Kollegen und Freunde von Ernst müssen auf ihrem letzten Weg begleitet werden. *„Es sind immer die Männer"*, stellt Ernst fest. Und er sitzt bald alleine in einem Kreis von Frauen. Das macht ihn, der sein ganzes Seemannsleben immer Männer um sich scharte, zunehmend depressiv.
220

Am 23. Dezember 1984 stirbt plötzlich und völlig unerwartet Ernsts Schwager Werner, mit dem seine Schwester Anneliese seit 1968 glücklich verheiratet war. Werner war Ernsts bester Freund in all den Jahren seines Ruhestandes. Es wird dieses Jahr besonders für ihn ein sehr trauriges Weihnachten in *Helmstorf*.

Als der rote Audi 80 neun Jahre alt ist, möchte Ernst 1982 noch einmal ein komfortableres Auto fahren. Klaus wird für ihn bei einem Autohändler in Harburg fündig, es wird wieder ein Audi 80, aber diesmal in Grün mit diversen Zusatzausstattungen. Ernst fährt den Wagen noch etliche Jahre, aber dann ist es oft schwierig für ihn, er bekommt einen „Linksdrall" und orientiert sich zunehmend am Mittelstreifen. Er fährt nur noch bekannte Strecken, wie zu Klaus nach *Helmstorf*, und im Dunkeln wagt er es kaum noch, sich selbst ans Steuer zu setzen. *„Fahr du mal, Klaus"*, sagt er oft zu seinem Sohn, wenn dieser mit ihm eine Tour machen will. Das hatte es vorher nie gegeben, da wollte er einfach die Richtung bestimmen und selbst das Ruder in der Hand haben.

Besuch der S. „Kruzenstern" im Hamburger Hafen

Auf der Fähre von Finkenwerder am Hafengeburtstag 1994

Um 1993 herum liegt mal wieder die „Kruzenstern" ex „Padua" im Hamburger Hafen. Irmgard möchte mit Ernst zusammen das Schiff besuchen, aber als sie an den Landungsbrücken in *Hamburg* ankommen, ist die Besuchszeit schon beendet. Irmgard verhandelt mit Händen und Füßen mit der Wache und bringt den jungen Kadetten dazu, einen englischsprechenden Offizier zu holen. Irmgard redet auf diesen ein und erzählt, dass es der sehnlichste Wunsch des alten Seemannes neben ihr, der als 17- Jähriger auf diesem Schiff sechsmal um *Kap Horn* gefahren war, sei, noch einmal die Planken dieses Schiff zu betreten. Der Offizier lässt sie an Bord und bietet ihnen eine Führung an. Für Ernst ist es eine Reise in seine Jugend. Er taut auf einmal auf und erzählt von seiner Fahrenszeit. Hinter dem Kartenraum ist ein kleines Museum eingerichtet, das sie jetzt besuchen. Auf einem dort hängenden Bild ist Ernst deutlich zu erkennen, er befindet sich in einer Gruppe mit den Töchtern deutscher Siedler, die die „Padua" besichtigt hatten.

Er ist voller Freude über diesen Tag und Irmgard sehr dankbar, dass diese die Initiative zu dieser Reise in die Vergangenheit ergriffen hat.

Irmgards Fahrradunfall

Irmgard wird am 26. März 1992 80 Jahre alt, es gibt in der Triftstraße wieder ein großes Fest mit vielen Gästen. Zwei Monate später hat sie einen Fahrradunfall, als sie vom Gemüsemann mit einer mit Kartoffeln gefüllten Tasche am Lenker kommt. Ihr Vorderreifen ist nur zu einem Drittel aufgepumpt, der Lenker schlägt herum und Irmgard stürzt schwer und kann nicht wieder aufstehen. Diagnose: Oberschenkelhalsbruch. Irmgard hofft auf eine künstliche Hüfte, eine Standardbehandlung in solchem Fall. Aber die Ärzte diagnostizieren eine fortgeschrittene Osteoporose, die diesen Eingriff ausschließt. Man schraubt ihr eine Platte ein, um in den Bruch zu stabilisieren. Nach einem zweiwöchigen Krankenhausaufenthalt geht sie gleich in die Reha nach *Gyhum* zwischen *Bremen* und *Hamburg*. Ernst kann sich nicht allein versorgen, das ist klar. Antje, Klaus und Peter wechseln sich in der Betreuung ihres Vaters ab. Für ihn eine ganz schwere Zeit, denn er ist jetzt auf ständige Hilfe und Betreuung angewiesen. Den Kindern wird es hautnah bewusst, wie groß die Last ist, die Irmgard auch schon vorher zu tragen hatte. Als sie von der Reha zurückkommt, zeigt sich, dass sie gehbehindert bleiben wird. Stock und Rollator sind ihr Begleiter, und sie muss Ernst nicht nur begleiten, sondern auch versorgen.

Es gibt im Laufe der Jahre neben Irmgards 80. Geburtstag noch drei weitere große Feste zu Ehren von Ernst und Irmgard in der Triftstraße. Es ist Ernsts 75-jähriger Geburtstag 1988, die Goldene Hochzeit Silvester 1988 und Ernsts 80-jähriger 1993. Irmgard besteht darauf, alle diese Feiern nicht im Restaurant ausrichten zu lassen, sondern zu Hause in der Triftstraße.

Zum 75. von Ernst wird mittags gegrillt, nachmittags gibt es Kaffee und Kuchen, abends geht die Party auf dem Hof weiter, bis um 23.30 Uhr die letzten der insgesamt 30 Gäste gehen. Ernst ist sehr glücklich über diesen Tag, an dem so viele Menschen an ihn gedacht haben.

Über die Goldene Hochzeit trägt Ernst in seinem Kalender folgenden Tagebuchtext ein:

„Goldener Hochzeitstag. Ganz nahrhaftes Büffet. Erlesene Platten. 42 Leute durchgeschleust. Mit Hilfe der Kinder und Freund (von Klaus) alles sehr gut gelaufen. Ich mich trotz angeschlagener Gesundheit gut gehalten."

Am 80. Geburtstag ist Ernst schon schwer gezeichnet. Große Schwierigkeiten, sich zu bewegen, beginnende Demenz (*„Wer ist die Frau in der Küche, sie schaut mich immer so böse an?"*) machen es nicht immer leicht. Meist sitzt Ernst am

Wohnzimmertisch, die geliebten Kreuzworträtsel legt er jetzt beiseite, weil ihn die einfachsten Lösungen nicht mehr einfallen. Und fast täglich holt er die Schachtel mit den Dollars aus der Nachttischschublage, die er Anfang der 50-er Jahre von der United Fruit als Gratifikation bekommen hat, um sie zu zählen. Ihm ist nicht bewusst, dass der Dollar keine 4,20 DM mehr wert ist, sondern nur noch ein Bruchteil dessen. Manchmal zündet er sich eine zweite Juno an, obwohl die erste noch brennend im Aschenbecher liegt, und zur Aufmunterung helfen ihm oft nur ein Korn und Bier. Dr. Wetzel tritt irgendwann aus diesem Leben ab, Ernsts Hausarzt wird jetzt ein alter Klassenkamerad von Peter, der sich auf alternative Medizin versteht. Irmgard redet ihm zu, eine Sauerstoffmehrschritttherapie durchzuführen, aber das ungewohnte Tragen der Maske und das gleichzeitige Strampeln auf dem Standfahrrad sind für Ernst belastendender als der positive Effekt dieser Therapie.

Der Freund von Peter beschäftigt in seiner Praxis einen zweiten Arzt, Dr. Wiesner, der bei Ernst die Hausbesuche übernimmt. Er war vor der Wende Flottenarzt bei der Seefischerei der DDR in Warnemünde, kennt sich in der Seefahrt aus und schnackt Platt. Zwischen beiden entwickelt sich eine intensive Männerfreundschaft, und die Betreuung geht weit über die üblichen Hausarztpflichten hinaus.

Auch auf dem letzten runden Geburtstag ist Dr. Wiesner anwesend. Und Ernst steht hier noch einmal seinen Mann und den nicht mehr ganz so zahlreichen Besuch durch.

Weitere Enkelkinder

Ernst erlebt es noch zweimal, dass er Opa wird. Im Mai 1992 wird Peters und Gabis Tochter Kirsten in Hennethal im Taunus geboren, Ernst und Irmgard fahren nicht zur Taufe, weil es Irmgard nach Ihrem Unfall noch schlecht geht, aber die Hennethaler kommen in die Triftstraße, um ihr Baby zu zeigen.

Im Februar 1994 erblickt die zweite Tochter Merle in Hennethal das Licht der Welt. Zur Taufe im Juni fahren Irmgard und Klaus gemeinsam mit Ernst und seinem grünem Audi 80 zur Taufe nach Hessen. Es ist die letzte größere Unternehmung außerhalb des Hamburger Raums. Klaus, der Chronist, hat diese Fahrt in guter Erinnerung. Ernst blüht noch einmal auf und genießt den schönen Sommertag inmitten vieler Gäste auf der Terrasse des Hauses in Hennethal, auch wenn man hinterher merkt, wie sehr ihn diese Unternehmung doch angestrengt hat

Vereinsamung

Klaus hat schon seit geraumer Zeit seinen Stundenplan in der Schule so eingerichtet, dass er donnerstags nur die erste Stunde geben muss und am Freitag
erst wieder die vierte. Er holt seinen Vater dann immer um 9 Uhr ab und fährt
meistens mit ihm zu Plätzen, die ihm vertraut sind. Mit Ernsts Auto, darauf
besteht dieser. Gelegentlich schläft er auch bei Klaus, aber dort belegt schon
dessen Schwiegermutter, die auch pflegebedürftig ist, ein Zimmer.
Es wird in der Familie überlegt, ob ein Platz in einem Seniorenpflegeheim Er-
leichterung bringen würde. Aber Irmgard will es nicht, und auch Klaus, der mit
Irmgard einige Einrichtungen anschaut, hält es nach diesen Besichtigungen für
keine gute Lösung, aber das Leben geht sehr stark zu Lasten der unter immer
größer werdenden Knochenschmerzen und Bewegungsunfähigkeit leidenden
Irmgard. Sie muss Ernst in den ersten Stock ins Schlafzimmer bringen, ihm
beim Aus- und Anziehen helfen, ihn waschen, darauf achten, dass er seine Medikamente nimmt, regelmäßig zum Klo geht und vieles mehr.

Weihnachten 1994 sind noch einmal alle zusammen in *Helmstorf*. Auch Daniela,
die inzwischen in *Istanbul* studiert, ist gekommen, Antje ist da, Oma Maybaum,
die Mama von Inge. Ernst geht es nicht gut. Er ist still, sein Appetit ist sehr
begrenzt, und er möchte wieder früh nach Hause fahren. Man spürt, dass Ernst
nicht mehr kann, aber noch mehr, dass er nicht mehr will. Er hat abgeschlossen.

Die letzte Reise

Klaus kommt jetzt fast täglich vorbei. Gelegentlich schneit es in diesem Januar
und Februar, dann ist er auch schon vor der Schule zum Schneefegen in der
Triftstraße, Ernst kann es nicht mehr, und auch Irmgard nicht. Im Haus liegt
Ernst sehr viel, oder er sitzt am Wohnzimmertisch und raucht, seine Stimmung
ist depressiv, er nimmt kaum noch Anteil. In der Nacht zum 20. Februar bekommt Ernst furchtbare Schmerzen im gesamten Bauchbereich. Dr. Wiesner
weist ihn noch am frühen Morgen ins nahe gelegene Krankenhaus ein, dort
wird er aufgenommen, ob er und wie er untersucht wird, lässt sich nicht nachvollziehen. Als Irmgard und Klaus gegen Mittag über den Krankenhaushof gehen, um Ernst zu besuchen, hören sie laute Schreie aus einem der Krankenhaus-
zimmer. *„Das ist Papa!"* ruft Irmgard ahnungsvoll aus und beschleunigt ihren
Schritt. Sie hat recht. Sie brauchen nur den gellenden Schreien nachgehen und

finden Ernst in einem Einzelzimmer, an Fuß- und Handgelenken am Bettgestell gefesselt.

Entsetzt sucht Klaus einen Arzt. Ein Pfleger kommt: *„Ihr Mann wollte immer das Bett verlassen und nach Hause, da blieb uns keine andere Möglichkeit, als ihn zu fixieren"* sagt er halb erklärend, halb entschuldigend zu Irmgard. Ernst hat sich inzwischen beruhigt. Irmgard und Klaus ziehen ihn an und teilen mit, dass sie ihren Papi *sofort* mit nach Hause nehmen. Dort ist Ernst ruhig und still, aber die Schmerzen scheinen noch da zu sein. Am frühen Abend kommt Dr. Wiesner und untersucht Ernst noch einmal eingehend. *„Ich vermute einen Darmverschluss"* diagnostiziert der Arzt, *„und das muss sofort operiert werden. Ihr Mann muss wieder ins Krankenhaus."* Dr. Wiesner ruft einen Krankenwagen an, schreibt einen Bericht, Klaus fährt mit und begleitet seinen Vater auf die chirurgische Station. Der untersuchende Oberarzt bestätigt Dr. Wiesners Diagnose und lässt Ernst, der inzwischen starke Medikamente gegen die Schmerzen bekommen hat, für die Operation fertig machen. Es ist inzwischen eine Stunde vor Mitternacht. *„Kommen Sie bitte mal zu uns in das Arztzimmer,"* fordert der Krankenhausarzt Klaus auf. Dort sitzt auch schon der Anästhesist, der die Operation einleiten muss. *„Dieses Gespräch jetzt dürften wir mit Ihnen überhaupt nicht führen,"* beginnt der Oberarzt, *„aber wenn es mein Vater wäre, würde ich die Einwilligung zur OP verweigern. Die Chance, dass Ihr Vater den Eingriff in seinem Zustand überlebt, beträgt weniger als 50 %. Und wenn er überlebt, dann ist zwar der Darmverschluss behoben, aber sein Gesamtzustand wird sich weiter verschlechtern."* Klaus ist äußerlich ruhig, aber innerlich total angespannt. *„Das kann ich nicht entscheiden",* entgegnet er, *„da ist vor allem meine Mutter und da sind meine beiden Geschwister. Wie viel Zeit haben wir?"* *„Circa eine Stunde, dann müssten wir spätestens operieren. Haben Sie einen Hausarzt, der Ihren Vater betreuen würde, wenn Sie sich gegen die OP entscheiden?"*

Klaus bittet darum, mit seiner wartenden Mutter telefonieren zu dürfen und teilt ihr mit, dass er gleich zu Hause sei und sie Dr. Wiesner anrufen solle, ob er auch noch kommen könne. Als er zehn Minuten später zu Hause ist, ist dieser schon unterwegs in die Triftstraße. Zu Peter hatte Irmgard schon telefonischen Kontakt, Antje ist beruflich zurzeit in *Los Angeles*, kann aber erreicht werden. Die Zeit drängt. Dr. Wiesner sagt zu, er würde Ernst betreuen und absolut schmerzfrei halten. Die Entscheidung fällt: Ernst soll nicht operiert werden.

Klaus fährt zurück ins Krankenhaus, teilt den Ärzten den Beschluss mit.

Ernst wird für diese Nacht in ein separates Zimmer verlegt, Klaus kann die Nacht bei ihm bleiben. Er hält seinem Vater die Hand, ansprechbar ist er nicht.

Am nächsten Morgen bringt ein Krankenwagen Ernst die wenigen Hundert Meter in die Triftstraße, die Männer tragen ihn in den ersten Stock ins Schlafzimmer. Nachbarn schauen, erkundigen sich. Klaus sagt nichts, aber er weiß, dass Ernst die Triftstraße in einem schwarzen Mercedes mit Milchglasscheiben verlassen wird.

Dr. Wiesner kommt dreimal am Tag, setzt seine Spritzen, Ernst nimmt nichts mehr wahr, atmet schwer und gleichmäßig. Klaus liegt die nächsten drei Tage nachts neben ihm, er hofft, dass das sanfte Röcheln des Atems aufhören möge. Dies passiert am späten Abend des 24. Februars 1995. Dr. Wiesner ist gerade wieder im Hause, er stellt den Tod fest. Ernst bleibt die Nacht zu Hause, mit einer Bibel unter dem Kinn. Am nächsten Morgen kommt ein Mann im schwarzen Anzug und dirigiert seine Träger in das Schlafzimmer im ersten Stock. Irmgard und die Kinder nehmen Abschied, als die Hecktür des schwarzen Mercedes mit den Milchglasscheiben zuschlägt.

Die Trauerrede hält eine Woche später Diakon Erhorn von der Petrusgemeinde in *Hamburg-Heimfeld*, mit dem Ernst und Irmgard mehrfach nach *Amrum* ins Haus der Kirche gefahren waren. Als der Sarg aus der Kapelle getragen wird, erklingt das Lied *„Rolling Home"*.

Die Beisetzung findet bei frostigem Wetter auf der Grabstätte neben der seiner Eltern statt. Dr. Wiesner spielt, etwas abseits zwischen Bäumen stehend, auf seinem Jagdhorn die „Abschiedsmelodie".

Der Kapitän hat seine letzte Reise angetreten.

Irmgard Wehmeyer überlebt ihren Mann um sieben Jahre und neun Monate. Sie verstirbt im Oktober 2002.

QR-Codes für Lieder und Quellentexte aus „Nimm uns mit, Kapitän, auf die Reise..."

Sie hieß Mary Ann (Ralph Bendix)
www.bit.ly/maryann-bendix

La Lupita (Antonio Aguilar - Mariachi)
www.bit.ly/lupita-aguilar

Tres Dias (Antonio Aguilar - Mariachi)
www.bit.ly/tresdias-aguilar

Nimm uns mit, Kapitän auf die Reise (Hans Albers)
www.bit.ly/kapitaen-albers

Rolling Home (Ronnie)
www.bit.ly/rollinghome-ronnie

„Tagebuch meiner Segelschulschiffreise mit der "Padua",
Herbert Schrödter
www.bit.ly/tagebuch-padua

„Meine Seefahrtzeit bei der deutschen Handelsmarine 1956 –
1970, Erlebnisse und Abenteuer rund um die Seefahrt", Ralf
Sander, www.bit.ly/erlebnisse-sander

Quellenangaben

- Aufzeichnungen, Dokumente und Fotos aus dem Besitz der Familien Grunwald, Wehmeyer und Dienhold
- Erzählungen der Zeitzeugen (Eltern, Großeltern, Geschwister, andere Verwandte, Freunde, noch lebende Kollegen)
- Eigene Erlebnisse des Verfassers
- Wikipedia
- Herbert Schrödter, „Tagebuch meiner Segelschulschiffreise mit der „Padua" http://www.vexilli.net/1HP/Padua/PaduaTagebuch.html
- Ralf Sander, „Meine Seefahrtzeit bei der deutschen Handelsmarine 1956–1970, Erlebnisse und Abenteuer rund um die Seefahrt", http://www.xochipilli.eu/seefahrt-index.html
- Briefe von Ernst Wehmeyer an seine Ehefrau Irmgard, 1961 – 1973
- Briefe von Irmgard Wehmeyer von ihrer Weltreise 1968 auf M/S. „Westfalen" an ihre Kinder
- Aufzeichnungen und Briefverkehr des Kapitäns Wehmeyer mit seinem Arbeitgeber, Otto Stinnes sowie der Stinnes-Reedereileitung in Königsberg (bis 1945) und Hamburg (ab 1950)
- Dokumente der der See-Berufsgenossenschaft und der der BVA
- Auszüge aus Wikipedia-Einträgen im „Anhang Segelschiffzeit"

und viele, viele schöne und unvergessliche Erinnerungen an unseren Vater.

Notizen